KB046566

체 게바라와 여행하는 법

체 게바라와 여행하는 법
길 위에서 만나는 소수자의 철학

2017년 3월 27일 1판 1쇄
2022년 6월 10일 1판 4쇄

지은이 신승철, 이윤경

편집 정은숙, 김혜영 **교정** 김미경 **디자인** 백창훈 **조판** 이은경
마케팅 이병규, 양현범, 이장열 **홍보** 조민희, 강효원
제작 박흥기 **인쇄** 한승문화사 **제본** J&D바인텍

펴낸이 강맑실 **펴낸곳** (주)사계절출판사
주소 (우)10881 경기도 파주시 회동길 252
전화 031)955-8558, 8588 **전송** 마케팅부 031)955-8595 편집부 031)955-8596
홈페이지 www.sakyejul.net **전자우편** skj@sakyejul.com
블로그 blog.naver.com/skjmail **트위터** twitter.com/sakyejul **페이스북** facebook.com/sakyejul

값은 뒤표지에 적혀 있습니다. 잘못 만든 책은 서점에서 바꾸어 드립니다.
사계절출판사는 성장의 의미를 생각합니다.
사계절출판사는 독자 여러분의 의견에 늘 귀 기울이고 있습니다.

ISBN 979-11-6094-047-3 44100
ISBN 978-89-5828-570-0(세트)

길 위에서 만나는 소수자의 철학

체 게바라와 여행하는 법

신승철 · 이윤경 지음

사□계절

차례

1

이주 노동자 최씨 아저씨

다들 나에게 '생각 없는 녀석'이라고 손가락질하지만, 때로는 나도 생각이란 걸 한다. 물론 아주 가끔이지만 말이다. 그러나 역시 생각 없이 사는 게 편하다는 것을, 오늘 나는 알아 버렸다. 늘 생각 없이 살던 내가 왜 하필 그때 '생각'이라는 걸 했을까?

시작은 정말 아무 생각 없이 한 일이었다. 어쩌면 생각이 없었기 때문에 가능한 일인지도 모르겠다. 한 달 동안 일한 대성플라스틱 공장에서 월급을 떼이게 됐다는 걸 안 순간, 내 안의 분노가 시키는 대로 그냥 돌멩이를 주워 들었을 뿐이다. 무슨 힘으로 그걸 던졌는지도 기억나지 않는다. 2층 총무과 창문에서 '쨍그랑' 유리창 깨지는 소리가 나고 깜짝 놀란 직원들의 목소리가 들려왔다. 나는 재빨리 건물 뒤쪽으로 몸을 피했다. 깨진 창문으로 누가 머리를 내밀고 고래고래 소리를 질렀다. 안쪽에서 직원들이 허둥대는 움직임도 느껴졌다. 통쾌했다. 생전 처음 맛보는 후련함이었다.

하지만 곧 정신이 들었다. 서둘러 공장을 빠져나가야 했다. 그 자리에서 오십 걸음 남짓, 폐자재 창고 뒤쪽으로 이어진 쓰레기 처리장 담을 넘으면 곧바로 밖이었다. 그리고 담장 너머에는 내 유일한 친구인 스쿠터가 기다리고 있었다.

후다닥. 창고 뒤편으로 난 비좁은 통로를 지나고 있을 때, 창고 뒷문으로 수상한 소리가 흘러나왔다.

퍽, 퍽, 퍽.

"으윽……."

누가 맞고 있다! 산전수전 공중전까지 다 겪어 본 나의 동물적인 직감으로 미루어 보건대, 이것은 분명 누가 여러 명에게 둘러싸여 일방적으로 맞는 소리다. 학교에만 있는 줄 알았던 일진이 여기에도 있나……? 내 코가 석 자인 다급한 상황에서도 목구멍 깊은 곳에서 솟아나는 호기심을 이기지는 못했다. 나는 살짝 열린 쪽문 틈으로 창고 안을 조심스레 들여다보았다. 어두웠지만, 눈이 어둠에 적응하면서 조금씩 안이 보이기 시작했다. 창고 한쪽에는 폐자재가 산더미처럼 쌓여 있고, 다른 쪽 구석에 사람들 형체가 보였다. 서너 명이 한 사람을 쓰러뜨려 놓은 채로 밟고 있었다.

"이봐, 남은 서류들 다 어디 숨겼어? 벌써 밖으로 빼돌린 거 아냐? 당신 그게 무슨 서류인 줄이나 알아?"

"여권도 비자도 없는 떠돌이를 불쌍해서 받아 줬더니 은혜를 원수로 갚네. 어서 실토해!"

"공모자가 있을지 몰라. 더 맞아야 말을 듣지."

그렇게 말한 사람이 옆에 있던 각목을 집어 드는 순간, 나는 질끈 눈을 감아 버렸다. 그때였다. 창고 앞문이 드르륵 열리더니 누가 머리를 들이밀고 급하게 소리쳤다.

"이봐, 다들 나와 봐. 어떤 녀석이 총무과 유리창을 깨고 도망갔어. 아마 멀리 못 갔을 거야. 일단 이쪽부터 잡고 해결해."

그 '어떤 녀석'이 바로 나라는 생각이 들면서 숨이 컥 막혔다. 이러고 있을 때가 아니다. 몸을 돌려 자리를 떠야 했다. 슬쩍 돌아보니 창고 안에 서 있던 사람들이 하나둘 밖으로 빠져나가고 있었다. 거대한 창고 문이 쾅 소리를 내며 닫히고, 소란은 공장 앞마당 쪽으로 옮겨 갔다. 심장이 쿵쾅쿵쾅 두방망이질 치기 시작했다. 여기서 잡히면 정말 끝이다. 하지만 그냥 갈 수가 없었다. 창고 바닥에 쓰러져 있는 사람이 괴로운 듯 몸을 뒤챘다.

그 짧은 시간 동안 머릿속에 온갖 생각이 스치고 지나갔다. 저 고통은 당해 보지 않은 사람은 정말 모른다. 누구 것인지도 모를 주먹이 내 등 뒤로 사정없이 날아들던 날들, 발길질하던 같은 반 아이들, 교실 바닥에 내팽개쳐지던 내 책들, 그리고 욕설들……. 이미 두어 달 전의 일이지만 바로 어제 일처럼 또렷했다. 기억을 떨쳐 버리기 위해 고개를 세차게 가로저었다. 이대로 내버려 두고 가면, 앞으로 두고두고 이 장면이 생각날 것만 같았다.

나는 결국 주먹을 불끈 쥐고서 뒷문을 열고 창고 안으로 들어갔다. 그리고 쓰러져 있던 사람을 일으켜 세웠다. 다행히 정신을 잃지는 않은 모양이었다. 서로 의지해 가면서 공장 뒷담을 뛰어넘어 스쿠터에 올라탔다.

“야, 저기 도망간다! 잡아!”

“거봐, 한 놈이 아니랬지. 이 새끼들 잡히기만 해 봐!”

한 무리의 남자들이 공장 담장을 넘어서 스쿠터 꽁무니를 향해 달려들었다. 하지만 손끝에 잡힐락 말락 아슬아슬하게 출발할 수 있었다. 아마 1초만 늦었어도 그들의 우악스러운 손길에 끌어 내려져 아스팔트 위에 내동댕이쳐졌을 터였다. 어떻게 스쿠터를 몰아서 집까지 왔는지 아무 기억도 나지 않는다. 다만 집에 도착했을 땐 온몸이 땀으로 범벅이 되어 있었다.

그렇게 나와 함께 공장을 빠져나온 사람은 이주 노동자 ‘최씨 아저씨’였다. 분명 생김새도 말투도 외국인인데, 어쩌다 ‘최씨’라는 한국 성을 얻게 됐는지 나는 모른다. 같은 공장에서 일하다 보니 그저 오다가다 얼굴만 마주쳤을 뿐, 한 번도 이야기를 나눠 본 적은 없으니까 말이다. 그래도 공장에서 일하는 다른 이주 노동자들이 무슨 일이 생기면 꼭 최씨 아저씨에게 달려가 상의한다는 정도는 알고 있었다. 그 이유가 살짝 궁금하긴 했지만, 그걸 물어볼 만큼 가까운 사람도 없었고 그럴 만한 시간적 여유도 없었다. 나 같은 초짜에게 공장 일은 냉혹한 프로의 세계였고, 하루하루 눈치 보며 적응하기에도 버거웠다.

어쨌든 다행인 것은 최씨 아저씨가 그토록 모진 매를 맞고도 어디가 부러지지는 않았다는 점이고, 더불어 불행인 것은 아저씨를 데려온 곳이 하필이면 우리 집이라는 점이다. 몇 시간 전까지만 해도 생판 모르던 사람과 무릎을 맞대고 앉아 있는 일은 아주 고역이었다. 자리를 피할 곳이 마땅치 않은 비좁은 단칸방이다.

“저기…… 최씨 아저씨는, 그러니까…… 음…… 어느 나라에서 왔다고 했죠?"

딱히 궁금했던 것은 아니었다. 난 그저 이 상황이 난처할 뿐이었다. 지금까지 내가 외국인을 가까이 접해 본 건 공장에 취직한 뒤 거기서 일하는 사람들이 처음이었다. 한 달 동안 함께 일하면서 그들이 우리말을 다 알아듣고 심지어 라면과 김치도 곧잘 먹는 것을 보다 보니 경계심은 좀 사라졌지만, 여전히 낯선 느낌은 어쩔 수 없다. 그런 외국인을 집에까지 데려올 일이 생기다니! 아무리 힐끔거려 봐도 어쩐지 적응하기 힘든 생김새인 것만은 확실하다. 하지만 오랜 침묵이 부담스러워서 한마디 던져 본 것이다.

최씨 아저씨는 한동안 생각에 잠겨 있다가 입을 열었다.

"국적은 없어. 음."

그러고는 뭔가를 회상하는 듯 말없이 허공을 바라보았다.

"내 고향은 아르헨티나야. 하지만 남미 여러 나라를 떠돌며 살았어. 한때 국적이 쿠바인 적도 있었지만 거기를 떠나올 때 반납해 버렸지. 여기 오기 직전에는 볼리비아에 있었어. 의식 잃은 상태에서 다른 곳에 옮겨진 적 없다면 아마…… 그럴 거야. 내 마지막 기억은 볼리비아 깊은 산속의 작은 학교 운동장에서 끊겼으니까."

남미? 아르헨티나? 쿠바? 볼리비아? 너무 이국적이어서 아예 비현실적으로까지 느껴지는 지명들이었다. 게다가 몇 번이나 눈을 씻고 봐도, 내 앞에 앉아 있는 남자는 분명 눈 코 입 어느 것 하나 한국인의 얼굴과는 거리가 멀다. 그런 사람이 신기하게도 지금 한국어로 말하고 있는 것이다. 가끔 조사를 빠뜨리거나 발음이 어색한 것을 제외하면 아저씨의 우리말 실력은 꽤 훌륭했다.

공장에 떠돌던 소문에 따르면, 몇 년 전 최씨 아저씨가 인천항 컨테이너 부두에서 넋이 나간 채 헤매고 있는 걸 인부들이 발견했다고 한다. 당시 아저씨는 민망하게도 완전히 벌거벗은 차림이었다고 했다. 마치 미래에서 전송되어 온 터미네이터처럼 말이다. 워낙 과묵하고 베일에 휩싸인 사람이어서 그런지 이런저런 황당한 헛소문이 많은 것 같았다. 하지만 터미네이터라니……. 진짜 말도 안 된다.

구레나룻이며 턱수염이 덥수룩해서 나이를 짐작하기 어려운 얼굴이었다. 시커먼 눈썹이 꿈틀대면 엄청난 카리스마가 느껴졌지만, 살짝 처진 눈매는 선해 보였다. 내가 자기 얼굴을 요리조리 뜯어보자 아저씨는 왜 그러느냐는 듯 한쪽 눈썹을 찡긋 올렸다. 그 바람에 사람들에게 맞아서 터진 이마의 상처가 다시 벌어지고 말았다.

최씨 아저씨는 수건으로 상처 난 곳을 조심스럽게 닦아 냈다. 그러면서 무심한 듯 나에게 물었다.

"꼬마…… 이름이…… 주농?"

꼬마라니! 주민등록증은 아직 안 나왔지만, 내 밥벌이는 충분히 할 수 있는 나이다. 한 달 동안 그 힘든 공장 일을 거뜬히 해낸 몸이다. 뭐, 비록 월급을 떼이고 쫓겨나긴 했지만 말이다.

"주농이 아니라 준영인데……. 사실 그건 형 이름이고요. 내 진짜 이름은 민영. 그리고…… 저 꼬마 아니거든요! 고등학생…… 아니, 열일곱 살이라고요!"

아저씨는 그 깊은 눈으로 나를 물끄러미 바라보더니, 피식 웃었다.

"미농? 민룽? 발음이 어려워, 하하하. 어쨌든 뜻하지 않게 너에게 큰 도움을 받았어. 그 상황에서 누가 나를 구해 줄 거라고는 상상도 못 했거든. 어떻게 그런 큰 용기를 낼 수 있었지? 마음속 깊은 곳에서 고맙다고 말하고 싶어. 앞으로 어떤 식으로든 내가 너를 도울 수 있는 기회가 있겠지. 넌 나의 작은 영웅이야. 그렇지 않아?"

그러게 말이다. 내가 생각해도 나는 참 멋진 놈이다. 하지만 겉으로는 그 정도쯤 별것 아니라는 듯이 쿨하게 웃으며 어깨를 한 번 으쓱해 보였다. 최씨 아저씨도 맞장구를 치듯이 너털웃음을 터뜨렸다.

"그런데 미농! 한국 나이로 열일곱 살이면 만으로 열여섯? 꼬마라고 불릴 만큼 어리진 않지만 그래도 아직 공부를 할 나이야. 그런데 미농, 왜 학교에 다니지 않지?"

순간적으로 움찔했다. 생명의 은인에게 다짜고짜 이런 걸 묻는 건 실례다. 나는 서둘러 고개를 돌렸다.

"그냥…… 다니기 싫어서요. 공부가 적성에도 안 맞고……. 아, 아저씨 배고프죠? 라면 먹을래요?"

서둘러 일어나서 부엌으로 갔다. 문짝이 고장 난 싱크대 안쪽을 뒤져서 라면 두 개를 꺼내 들고 냄비에 물을 채웠다. 내 눈시울이 빨개졌다는 걸 아저씨가 눈치챘을까? 우는 모습을 남에게 보이기 싫다. 이제 절대로, 남 앞에서 울지 않겠다.

내 이름은 조민영. 열일곱 살이지만 학교는 다니지 않는다. 한 달 전까지 앉아서 공부하던 K고등학교 1학년 4반 교실에는 내 이름이 적힌 책들과 책가방이 그대로 남아 있겠지만, 나는 이제 더 이상 학교에 가지 않을 작정이다.

물론 할머니가 살아 계셨을 때라면 꿈도 못 꿨을 일이다. 부모님 얼굴은 기억도 안 나고, 형과 나는 할머니 손에서 자랐다. 할머니는 우리가 비록 기초생활수급자로 동사무소에서 보조금을 받고 살긴 하지만, 남에게 함부로 고개 숙이지는 말라고 강조하곤 하셨다. 우리 형제를 키우느라 평생 고생만 하시던 할머니는 올봄 내가 고등학교에 입학하자마자 돌아가셨다.

이제 내 보호자는 네 살 위의 형이지만, 멀리 울산에서 일하느라 집에 올 틈이 별로 없다. 형은 회사 기숙사에 기거하면서 무조건 안 먹고 안 입고 자린고비처럼 돈을 모아 하루빨리 우리 형제가 함께 살 집을 마련하겠다는 일념으로 사는 고집쟁이다. 형은 가끔 전화를 하는데, 늘 하는 얘기는 비슷하다. 밥 잘 먹고 다니나, 친구들이랑은 잘 지내나, 아픈 데는 없나……. 그리고 마지막에는 곧 나를 울산으로 데려가겠다는 말을 잊지 않았다. 그런 형에게 부담이 되고 싶지는 않았다.

사실 할머니가 돌아가시고 내 법적 보호자가 형으로 바뀐 후부터 나는 기초생활수급 대상에서 제외되었다. 매달 통장에 꼬박꼬박 들어오던 보조금이 하루아침에 끊긴 것이다. 그 사실을 형에게 미처 말하지 못한 채 몇 달이 지났고, 할머니가 남긴 돈은 어느새 바닥이 드러났다. 물론 형이 용돈을 보내 주긴 하지만, 그건 그야말로 용돈 차원이었다. 그렇지만 차마 형에게 돈을 더 보내 달라고 할 수가 없었다.

어쩌다 학교까지 때려치운 이 마당에 내가 직접 나서서 돈을 벌어야겠다고 생각했다. 이왕이면 돈을 더 많이 받고 기술도 배울 수 있는 일이면 좋을 것 같았다. 그래야 하루라도 더 빨리 우리 형제가 함께 살 수 있을 테니까 말이다. 바로 그때 내 눈앞에 그 전봇대가 구세주처럼 나타난 것이다. A4 용지에 투박하게 박힌 글자들이 보였다.

'수습 직원 모집, 생산직(남), 만 19세 이상, 월 150, 대성플라스틱.'

나는 그 '월 150'이라는 글자에 그대로 꽂혀 버렸다. 형이 "넌 절대로 만져서는 안 된다."는 당부와 함께 잠시 맡겨 두고 간 스쿠터를 '출퇴근용'이라는 그럴듯한 명분으로 사용할 수 있는 기막힌 찰나였다. 그런데 '만 19세 이상'이라는 문구가 문제였다. 마침 서랍 밑에서 발견한 형 신분증을 무작정 들고 갔다. 나이 차이만 제외하면 판박이처럼 꼭 닮은 외모가 꽤나 잘 먹혔다고 한동안 생각하고 있었다. 그런데 지금 와서 그게 그렇게 큰 문제가 될 줄은 몰랐다. 총무과장은 입에 게거품을 물고 호통을 쳤다.

"덩치는 산만 한 놈이 이제 겨우 열일곱 살이란 말이야? 미성년자는 야간 근무도 안 되고 주 40시간 이상 일 시키면 추가 수당 줘야 해. 조목조목 법대로 다 계산하면 월급이 두 배인데, 지금 이 월급을 다 달라고? 이거 완전 사기꾼 아냐? 애초에 미성년자인 거 알았으면 회사가 너를 왜 쓰겠니? 아직 어린놈이 거짓말이나 하고 말이야. 너 이거 범죄인 거 몰라? 월급은 절대 못 주니까 그렇게 알아. 뭐야, 불만 있어? 너 감옥 가고 싶으면 신고해."

신분을 도용한 사실이 들통나는 바람에 한 달 동안 뼈 빠지게 일한 돈을 한 푼도 못 받긴 했지만, 총무과 유리창에라도 속 시원히 복수를 해 주었으니 후회는 없다. 그 과정에서 생각지도 않던 혹 하나를 달게 됐지만 말이다.

그나저나 최씨 아저씨는 왜 그렇게 험하게 두들겨 맞았던 걸까? 어쩐지 한 사람 목숨을 살렸으니 그걸로 됐다 싶기는 하지만, 괜히 공모자로 낙인이 찍혀 버려서 하마터면 나까지 큰일 날 뻔했다. 아까 공장 사람들에게 얻어맞는 모습을 이 두 눈으로 똑똑히 보지 않았는가 말이다. 아슬아슬하게 빠져나오긴 했지만, 정말 한끝 차이였다. 아까 스쿠터 뒤꽁무니를 따라오던 사람들을 간발의 차로 따돌릴 때, 하마터면 오줌을 지릴 뻔했다.

혹시라도 거기서 붙잡혀서 죽거나 다치기라도 했다면 난 필시 형에게 맞아 죽었을 것이다. 이미 한 번 죽었는데 다시 죽을 수는 없겠지만 말이다. 어쨌든 내가 몰래 학교를 때려치우고 공장에 다녔을 뿐 아니라 한 달 동안 일한 월급을 등신같이 떼였다는 사실을 형이 알게 되면, 내 다리몽둥이는 그날로 아웃이다. 아니다. 솔직히 말하면, 형은 지금까지 나에게 손찌검 한 번 한 적이 없다. 그냥…… 형이 가끔 나를 때리기도 하는 나쁜 형이었다면 내 죄책감이 좀 덜어질 것 같다.

부엌에서 라면을 끓이고 있자니, 아까부터 뒤통수가 따가웠다. 문턱 하나를 사이에 두고 최씨 아저씨가 내 뒷모습을 물끄러미 쳐다보며 앉아 있었다. 또 뭔가 곤란한 질문을 하면 어쩌나 싶은 걱정이 들었다. 이럴 땐 단연코 선수를 치는 게 최고다.

"근데 아저씨는 어쩌다 그 사람들한테 맞은 거예요? 무슨 큰 잘못을 했길래……."

그러자 벽에 기대고 있던 최씨 아저씨가 벌떡 몸을 일으키더니, 갑자기 화가 난다는 듯 짙은 눈썹을 꿈틀거렸다.

"잘못은 그들이 했지. 그건 미래 세대에게 죄를 짓는 일이야. 게다가 그것을 숨기려고 폭력까지 썼어. 무슨 일이 있어도 진실을 밝혀야 해."

밝혀야 할 진실이라는 게 무언지 궁금했다. 아마도 아까 창고 안에서 서류를 어디 감췄냐 어쩌고 하던 말과 관련 있을 것 같았다. 물어보고 싶었지만, 최씨 아저씨의 말이 계속 이어졌다.

"그들은 무조건 돈만 많이 벌면 된다고 생각해. 그들은 양심도 없고 부끄러움도 몰라. 그러면서 나에게 '마치 정의의 사도인 양 나댄다.'고 했어. 미농, '나댄다' 이게 무슨 뜻이지?"

그러면 안 되는데 나도 모르게 웃음이 났다. 아저씨가 심각한 얼굴로 '나댄다'의 뜻이 엄청 궁금하다는 표정을 지어 보였기 때문이다.

"어…… 나댄다는 건, 그러니까……."

뭐라 설명할 말을 찾지 못해 우물쭈물하고 있을 때, 문밖에서 무슨 소리가 들렸다. 곧이어 쾅쾅, 문 두드리는 소리가 났다.

"계십니까? 여기 조준영이 사는 집 맞습니까? 아 참, 조민영이었지! 계십니까? 아무도 안 계세요?"

귀에 익은 목소리, 대성플라스틱 공장에서 함께 일하던 김씨 아저씨였다. 공장에 내 주소 기록이 남아 있었던 모양이다. 갈수록 상황이 난감해진다. 그래도 김씨 아저씨는 평소에 나를 꽤 우호적으로 대해 주던 사람이니 열어 줘도 괜찮지 않을까? 나는 재빨리 최씨 아저씨를 돌아보았다. 아저씨는 조심스럽게 입술에 집게손가락을 대면서 가만히 있으라는 신호를 보냈다. 두어 번

문을 더 두드리는 소리가 나더니 잠시 조용해졌다. 그리고 다른 누군가의 목소리가 들렸다.

"없나? 여기로 안 왔나 보네. 분명히 그 녀석이 최씨를 빼돌린 것 같은데……."

심장이 쿵, 떨어졌다. 또 다른 목소리의 주인공은 총무과장이었던 것이다. 다시 김씨 아저씨의 목소리가 이어졌다.

"과장님, 이거 보세요. 밖으로 자물쇠가 걸려 있잖아요. 어디 딴 데로 튄 거 같은데요."

자물쇠는 일종의 속임수다. 사실 문을 조금만 더 세게 밀면 열리는데 모두들 자물쇠만 보고 그냥 돌아간다. 내가 학교를 뛰쳐나온 후, 학교에서 귀찮게 자꾸 찾아오는 바람에 집에 없는 척하려고 특별히 고안해 낸 장치다.

"최씨 다친 것 때문에 병원으로 빠진 거 아냐? 근처 병원들부터 쫙 수배해 봐야겠어. 나 원 참, 그 꼬맹이 녀석이 한패일 줄이야. 어리다고 얕봤더니 아주 지능범이야. 유리창을 깨서 사람들 주의를 돌리는 수법부터가 여간내기가 아니더라고."

목소리가 벽을 따라 서서히 이동하더니 창문 앞에서 멈추었다. 밖에서 창문을 열려는 듯 딸깍거리는 소리가 났다. 다행히 잠금쇠가 걸려 있었다. 총무과장이 신경질적인 목소리로 소리쳤다.

"어이, 김씨! 꼬맹이한테 전화나 한번 다시 해 봐."

그러자 김씨 아저씨의 볼멘소리가 따라 들렸다.

"아까부터 열 번도 더 했는데 안 받아요. 이 녀석이 눈치를 챘나? 어쨌든 다시 한 번…… 끄응."

따르르르, 따르르르. 볼륨을 얼마나 높게 해 놨는지 통화 연결음이 방 안까지 들렸다. 최씨 아저씨가 내 쪽을 돌아보며 눈을 동그랗게 떴다. 나는 안심하라는 손짓을 하며, 꺼져 있는 내 폴더폰을 들어 보였다. 남들이라면 벌써 오래전에 갖다 버렸을 고물 휴대폰의 잦은 방전 기능이 도움이 될 때도 있는 모양이다.

그나저나 총무과장은 사장의 오른팔이고 공장에서 아주 막강한 권력을 쥔 사람인데, 굳이 여기까지 몸소 찾아온 이유가 도대체 뭘까? 모르긴 몰라도 유리창 한 장 때문은 아닌 듯했다. 그러고 보니 총무과장의 목소리가 더 은밀하게 들려왔다.

"최씨는 여권도 기록도 없는 불법 체류자라서 바람처럼 사라지면 그만이지만, 어차피 꼬맹이는 이쪽으로 오게 돼 있으니까 내일 아침에 잡아서 족쳐 봐야지. 여차하면 자물쇠 부수고 들어가면 되니까. 일단 경찰에 기물 파손으로 신고부터 해 놓고."

갑자기 머릿속이 하얘지더니 그들의 목소리가 사라지고 나서도 숨을 쉬기가 힘들었다. 기물 파손? 경찰? 잡아서 족친다는 건 또 뭐야? 그리고…… 또 뭐랬더라? 내일 아침에 다시 온다고?

한참을 멍하니 서 있는 나를 최씨 아저씨가 툭 쳤다.

"꼬마, 아니…… 미농! 며칠 동안 몸을 피해야겠어. 어서 떠날 준비를 하자."

오늘 벌어진 일들이 너무 비현실적으로 느껴져서 나는 넋이 반쯤 나간 채로 물었다.

"네? 어디로요?"

내 앞에서 웬 낯선 외국인이 사람 좋은 표정으로 나를 바라보고 있었다. 집 앞 골목길로 오토바이 한 대가 요란한 소리를 내며 지나갔다.

“너는 커서 뭐가 되고 싶니?”

아이들은 어른들에게 이런 질문을 받곤 합니다. “너는 커서 뭐가 되고 싶니?” 대부분 공무원이나 의사, 변호사라는 직업을 말합니다. 참 이상하지요. ‘되기’(becoming)에 대해 물었는데 ‘이기’(being)를 대답하니까요. 물론 아이는 자라서 의사든 변호사든 뭐든 되겠지만, 단순히 ‘나는 의사다’ 또는 ‘나는 변호사다’라는 말이 그 사람을 다 설명해 줄 수는 없지 않을까요? 그보다는 “동물을 좋아해서 수의사가 되었고, 늘 더 좋은 수의사가 되기 위해 노력하고 있다.”거나 “민주주의를 향한 열망이 커서 인권 변호사가 되었다.”는 것이 자신을 설명하는 방식이어야 합니다. 진짜 ‘되기’에 대한 질문은 “무엇을 사랑할 것이냐?”라는 의도를 품고 있습니다. 그러므로 제대로 된 대답은 “평화를 추구하며 살겠다.”, “동물을 아끼고 돌봐 주는 사람이 되겠다.”와 같은 것입니다. 요컨대 ‘되기’의 질문은 사랑을 통해 어떻게 성숙하고 변화할 것인가에 대한 방향성을 묻는 것이라고 할 수 있겠지요.

‘되기’라는 개념을 만든 사람은 프랑스의 철학자 질 들뢰즈(Gilles Deleuze)와 심리 치료사 펠릭스 가타리(Félix Guattari)입니다. 이들은 ‘되기=사랑’이라고 말합니다. 여기서 사랑은 단지 연인들 사이의 사랑만이 아니라 가족이나 친구, 이웃, 처음 보는 사람, 나아가 동물이나 물건과의 교감, 민주주의와 생명 · 평화 · 세상에 대한 염원까지 포함하는 광범위한 사랑입니다. 즉 사랑함으로써 상대방 처지에서 생각하고, 자신의 고정된 위치를 버리고, 경계와 지위를 넘어설 때 바로 '되기'가 시작됩니다.

becoming이라는 영어 단어가 말해 주듯, '되기'는 점점 상대방처럼 되어 가는 진행형적인 변화라는 의미도 담고 있습니다. '되기'의 경험은 섬광처럼 나타나 돌이킬 수 없는 변화를 유발합니다. 사랑의 순간에는 갑자기 열정, 에너지, 활력이 생기고 세상이 달리 보이게 되니까요. 그래서 사랑을 경험한 사람은 계급, 지위, 권력, 명예 같은 것을 버리고 홀연히 사랑이라는 인생의 숙제에 전념하게 됩니다. 반면 '되기'의 반대말은 '이기'입니다. '이기'는 직분, 역할, 기능, 정체성에 따라 고정된 존재를 뜻하는 개념입니다. 세상에는 자신을 한 사람의 자유로운 인간보다, 아버지로서 선생님으로서 군인으로서 특정 지역 출신으로서 위치시키고 매사에 그런 잣대를 들이대는 사람들도 있지요.

들뢰즈와 가타리가 생각한 '되기'는 소수자 되기입니다. 그런데 소수자는 사회적 약자나 양적 소수자가 아니라 특이한 사람을 뜻하는 말로, 그 존재만으로도 활력소가 되고 감초가 되고 촉매제가 되어 공동체를 풍부하고 다양하게 만듭니다. 그렇기 때문에 이주민 되기, 아이 되기, 동물 되기, 여성 되기, 장애인 되기, 투명 인간 되기는 약자에 대한 관용이나 배려에 머무르는 것이 아니라 우리 안에 숨어 있는 다른 측면, 즉 타자를 발견하고 우리 자신이 풍부해지는 사랑의 흐름을 발견하는 것이라고 할 수 있습니다. 혁명이 세상을 바꾸는 일이라면, 내가 달라짐으로써 주변 사람들을 바꾸고 결국 세상을 변화시킨다는 점에서 소수자 되기는 하나의 혁명과도 같습니다. 소수자 되기를 통해 우리는 자신이 지닌 미세한 변화의 힘과 마주칠 수 있습니다.

지구 마을
여인숙
RENT
ROOM

2

길 위의 사람

최씨 아저씨가 나를 흔들어 깨웠다. 이런저런 걱정에 뒤척거리다가 깜빡 잠들었다 생각했는데, 깨어나 보니 벌써 새벽 다섯 시였다. 어젯밤에 미리 싸 둔 배낭을 챙겨 들고 비몽사몽인 상태로 집을 나섰다. 자물쇠를 잠그고 돌아서는 마음 깊숙이 알 수 없는 뭔가가 똬리를 틀고 있는 것처럼 갑갑했다. 저 멀리 건물들 사이로 영종도 불빛이 보이고, 그 아래 시커먼 바다가 음울하게 어둠에 잠겨 있었다. 나는 언제쯤 집으로 다시 돌아올 수 있을까?

엉겁결에 집을 나서긴 했지만, 이게 맞는 건지도 확신이 서지 않는다. 아저씨는 본의 아니게 자기 일에 휘말려 들게 만들어서 미안하다고 했다. 물론 그 말은 나에게는 전혀 위안이 되지 않았다. 솔직히 이런 위험한 상황에 빠질 줄 알았다면 그런 무모한 영웅 노릇은 하지 않았을 거다. 겨우 유리창 하나 깬 것 때문에 공장 사람들은 물론 경찰에게까지 쫓기는 신세가 되다니, 이게 말이 되나? 지금이라도 공장에 찾아가 유리창 값을 물어 주고, 나는 최씨 아저씨와 아무 관련이 없는 사람이라고 자수하고 싶은 마음이 굴뚝같다. 하지만 누가 그걸 믿어 주겠는가?

이 수상한 외국인 아저씨 때문에 내 열일곱 인생이 꼬일 대로 꼬였다는 것만큼은 명백한 사실이다. 게다가 최씨 아저씨는 나와 공범 취급을 받게 된 이 마당에도 자기가 무슨 이유로 쫓기는 신세가 됐는지 나에게 알려 줄 생각이 전혀 없는 모양이다. 무슨 중요한 서류를 빼돌렸다고 했는데……. 혹시 최씨 아저씨는 산업 스파이? 하지만 첨단 산업도 아니고 겨우 플라스틱 사출 공장에서 무슨 산업 스파이란 말인가? 끙……. 역시 생각이라는 건 애초부터 내 체질에 안 맞는 모양이다. 나의 이런 복잡한 속내를 아는지 모르는지 최씨 아저씨는 먼저 나가서 스쿠터 상태를 점검하고 있었다.

최씨 아저씨가 앞에서 운전하고 내가 뒷자리에 앉아 배낭을 멨다. 배낭은 묵직했다. 만일을 대비해서 어젯밤에 쌀과 라면, 간단한 취사도구까지 챙겼다. 혹시나 싶어 오래전 형이 쓰던 침낭도 챙겨 넣었다. 짐 싸는 것을 돕던 최씨 아저씨는 구급약 상자에서 할머니가 생전에 드시던 천식약을 발견하고는 어찌나 좋아하는지, 그 뒤로 눈에 띄게 쾌활해져서 아예 수다쟁이가 되어 버렸다. 어제 낮에 집에 도착했을 때 숨을 몰아쉬면서 쌔액쌔액 소리를 내는 모습이 어쩐지 낯익다 싶더니, 우리 할머니처럼 최씨 아저씨도 천식을 앓고 있나 보다.

두 사람 체중과 짐 때문에 스쿠터 최대 속력이 시속 20킬로미터도 채 나지 않았다. 이쯤 되면 자전거 수준이라고 볼 수밖에 없다. 특히 오르막길을 올라갈 땐 끄응, 하는 소리가 절로 나왔다.

게다가 날이 밝기 전에 대성플라스틱 공장에 들러야 했다. 겨우겨우 빠져나온 그 호랑이 굴로 다시 들어가야 한다니 기가 막힐 노릇이었다. 아무리 말려도 최씨 아저씨는 꼭 가져가야 할 물건이 있다고 고집을 피웠다. 스쿠터를 얻어 타는 주제에 고집이 너무 세다. 하는 수 없이 나도 가겠다고 따라나섰지만, 살짝 겁이 나긴 했다. 아주 많이는 아니고 조금, 아주 조금은 아니고 중간쯤……. 솔직히 심장이 쿵덕쿵덕 너무 세게 뛰는 바람에, 앞에 딱 붙어 앉은 최씨 아저씨가 눈치를 채면 어쩌나 걱정될 정도였다.

공장에 도착한 것은 동쪽 하늘이 서서히 밝아 올 무렵이었다. 다행히 야간 당직자는 경비실에서 텔레비전을 켜 놓은 채 졸고 있었다. 공동 식당 옆쪽으로 돌아가면, 창고 같은 조립식 컨테이너 건물에 10여 명의 외국인 노동자들이 먹고 자는 기숙사가 있었다. 아직 다들 자는지 불이 꺼져 있었다. 최씨 아저씨가 조심스럽게 창가로 다가가서 한두 차례 창문을 두드린 후 휘파람으로 이상한 새소리를 냈다. 한 번, 두 번……. 그러자 안쪽에서 인기척이 나면서 유리창이 슬그머니 열렸다. 곧이어 창살 사이로 누군가의 얼굴이 드러났다.

"체!"

안에 있던 사람이 놀라서 소리치자, 최씨 아저씨가 집게손가락을 입술에 댔다. 둘은 알아들을 수 없는 언어로 한동안 속닥거렸다.

"어제 그들이 와서 당신 짐을 다 가져갔어요. 방 구석구석 다 뒤지고 온통 난장판을 만들었어요. 심지어 화장실까지……. 의심스럽다고 생각되는 건 모조리 다 가져가 버렸어요."

순간 최씨 아저씨의 굵은 눈썹이 살짝 흔들렸다. 안에 있던 사람은 잠시 사라지더니 곧 창가에 다시 나타났다.

"이것만 빼고요."

좁은 창살 틈으로 낡은 서류 봉투 하나가 밀려 나왔다. 그것이 바로 문제의 '빼돌린 서류'인 모양이었다. 최씨 아저씨의 표정이 다시 밝아졌다.

"당신이 말한 대로 쓰레기통에 아무렇게나 쑤셔 넣어 놨어요. 그들은 우리 짐까지 다 뒤졌지만 쓰레기통은 그냥 지나치더군요. 뒤팽도 깜빡 속을 '도둑맞은 편지'* 작전이었어요."

안쪽 사람의 목소리에 웃음기가 섞여 있었다. 그제야 최씨 아저씨는 안도의 한숨을 내쉬었다. 그리고 안쪽 사람의 손을 꼭 감싸 쥐었다. 둘은 그렇게 한참을 가만히 손을 마주 잡고 있었다.

"체, 미스터 샤가 어제부터 당신 많이 기다리고 있대요. 잘 가요. 그리고 몸조심해요. 우리는 당신이 준 선물 잊지 않아요. 께 디오스 로 아꼼빠녜(Que Dios lo acompañe)."

---

* 에드거 앨런 포의 단편소설 「도둑맞은 편지」(*The Purloined Letter*)의 내용은 다음과 같다. 유럽 어느 나라의 냉혹한 정치가 D장관이 왕비의 과거 연애사가 담긴 편지를 훔친 뒤 왕비를 협박한다. 왕비는 경시 총감을 불러 편지를 되찾아오라고 했지만, 장관의 집을 샅샅이 뒤지고도 편지를 찾아내지 못한다. 이에 경시 총감은 탐정 뒤팽에게 도움을 청하는데, 뒤팽은 장관의 집에 들어가 벽난로 위에 의외로 허술하게 놓여 있는 편지를 금세 찾아 나온다. 사람들의 고정 관념을 이용한 트릭의 대표적인 예로 거론되곤 한다.

"호세, 고마워요. 신이 당신과 함께하시길."

두 사람이 창살을 사이에 두고 악수를 나누었다. 사나이들의 찐한 의리가 느껴지면서 지켜보던 내 코끝까지 찡해졌다.

이번에는 내가 운전대를 잡았다. 최씨 아저씨가 안전한 곳을 알고 있다고 했다. 안산에 있는 무슨 게스트하우스라나? 게스트하우스라니 어쩐지 놀러 가는 기분마저 들었다. 드디어 출발! 호기롭게 외치고 시동을 걸었지만, 도통 속력이 붙지 않는 고물 스쿠터 덕분에 그 뒤로 한참 동안 낯익은 인천 시내를 가로질러야 했다. 방과 후에 동네 형들을 따라 허구한 날 쏘다니던 거리, 할머니 손을 잡고 시청 자선 행사에 나갔다가 돌아올 때 앉아서 쉬던 벤치, 중학교 때 체험 활동을 나왔던 공원, 얼마 전 맹장 수술 때문에 입원한 적이 있는 길병원 사거리를 차례차례 지나갔다.

이미 시간은 꽤 흘러서 도로는 출근길 자동차들로 꽉 막혀 있었다. 헬멧을 썼지만 자꾸만 신경이 쓰였다. 어쩌면 저 옆 차선에서 있는 버스 안에서 같은 반 아이나 중학교 때 친구가 나를 발견했을지도 모를 일이었다. 등교 시간에 교복도 안 입고 학교와 반대 방향으로 스쿠터를 몰고 있는 내 모습 때문만은 아니었다. 왠지, 뒷자리에서 내 허리를 끌어안고 있는 최씨 아저씨가 자꾸만 신경 쓰였다. 외국인, 시커먼 얼굴에 초라한 옷을 입은 이주 노동자……. 혹시라도 아는 사람들 눈에 띌까 두려워 자꾸 골목 쪽으로 스쿠터를 몰았다.

"미농, 골목길은 너무 좁고 복잡해. 왜 큰길로 가지 않아? 큰길로 가야 더 빨라."

아무튼 눈치라고는 정말 눈곱만큼도 없는 아저씨다.

안산에 접어들 즈음부터는 허리가 몹시 아프고 어깨와 목도 결려 왔다. 운전을 최씨 아저씨와 번갈아 하고 중간중간 쉬었는데도, 총 세 시간이 넘게 스쿠터를 타고 왔다는 사실이 온몸으로 생생하게 느껴졌다.

그사이 주머니 속에서 휴대폰이 일곱 번쯤 울렸다. 아마도 대성플라스틱에서 온 전화일 터였다. 아침 일찍 우리 집에 와서 텅 빈 방을 발견하고는 노발대발했을 총무과장의 얼굴이 눈에 선했다. 이제 아무리 휴대폰이 울려도 모르는 번호는 함부로 받을 수 없는 처지가 되었다. 사실 형이 아니면 내게 전화할 사람도 없으니, 크게 걱정되지는 않는다. 그나저나 형은 왜 전화를 안 받는 걸까? 혹시 무슨 일이 생겼나? 살짝 걱정이 됐지만, 그 또한 금세 날려 버릴 만큼 스쿠터 뒷좌석에 닿은 엉덩이가 너무 아팠다.

최씨 아저씨는 스쿠터 운전은 꽤 능숙했지만 길은 잘 모르는 모양이었다. 애초에 '안다'고 했던 게스트하우스는 그 뒤로 한 시간 넘도록 안산 시내를 헤맨 후에야 찾을 수 있었다. 최씨 아저씨는 같은 자리를 수없이 맴돌면서 머리를 긁적이곤 했다. 그럴 때마다 아저씨가 엄청난 길치라는 사실만 거듭 확인했다.

시간은 벌써 정오를 넘어서고 있었다. 그렇게 어렵게 찾은 '지구마을 여인숙'이라는 간판은 한눈에도 반쯤 썩어 보이는 옛날식 건물 위에 비뚜름하게 달려 있었다.

문을 열고 안으로 들어서자 따뜻한 음식 냄새가 훅 끼쳐 왔다. 대여섯 명의 사람들이 둘러앉아 점심을 먹는 중이었다. 백인과 동남아계, 그리고 흑인까지 섞여 앉아서 김이 펄펄 나는 감자수제비에 겉절이를 곁들여 아주 맛있게 먹고 있었다. 그 모습을 보자 게스트하우스라는 공간에 대한 호기심보다, 외국인들도 감자수제비를 꽤 잘 먹는구나 하는 놀라움보다, 바로 지금 내가 몹시 배가 고프다는 현실이 가장 먼저 다가왔다. 음식 냄새를 맡자 빈 위장이 본능적으로 반응하는 것이다. 그러고 보니 어젯밤 라면을 먹은 뒤로 한 끼도 먹지 못했다는 게 생각났다. 그 사실을 깨닫자마자 위장이 더 격렬하게 반응했다. 꼬르륵꼬르륵.

그때 식사 중이던 사람들 중 하나가 우리를 발견하고는 소리쳤다.

"체!"

왁자지껄 웃고 떠들며 수제비를 먹던 사람들이 일제히 고개를 돌려 우리가 서 있는 현관 쪽을 쳐다보았다. 쵀씨 아저씨가 손을 들어 인사하자 환호성이 터져 나왔다. 몇몇 사람은 들고 있던 숟가락을 내려놓고 뛰어왔다. 그들은 쵀씨 아저씨를 끌어안으면서 반갑게 인사를 나누고는 배낭을 받아 주었다. 그때까지도 문 앞에 엉거주춤 서 있던 나는 신발을 벗고 쵀씨 아저씨를 따라 안으로 들어섰다. 이슬람식 모자를 쓴 50대의 덩치 큰 외국인이 쵀씨 아저씨와 악수를 하며 인사했다.

"체, 잘 왔어. 우리 모두 걱정했어. 무사해서 다행이야."

그가 말하는 소리를 듣고서 나는 다시 한 번 그 사람 얼굴을 돌아볼 수밖에 없었다. 지금까지 쵀씨 아저씨 한국어 실력이 대단하다고 생각했는데, 그 외국인은 한국 사람처럼 발음도 아주 매끄럽고 자연스러웠다. 아마 쵀씨 아저씨가 찾던 미스터 샤라는 사람인 듯했다.

감자수제비를 먹으면서 이런저런 얘기를 나누다 보니, 그 이유를 알 것 같았다. 미스터 샤는 초창기 이주 노동자 출신으로 무려 20년 전에 한국으로 귀화한 사람이었다. 자칭 '안산 샤씨'의 시조라고도 했다. 이곳 사람들 모두가 미스터 샤처럼 한국어에 능통하지는 않겠지만, 이렇게 다 섞여 있으니 외국인과 한국인의 구분이 무색하게 여겨졌다. 이질적이라고 느꼈던 최씨 아저씨의 모습도 여기서는 전혀 낯설지 않아 보였다.

최씨 아저씨는 그들에게 나를 소개할 때 '친구'라는 표현을 썼다. 나는 아직 아저씨를 잘 알지 못하는데 말이다. 하지만 어른 대접을 받는 것 같아서 그리 나쁘지는 않았다. 그중에서도 "곤경에 빠진 나를 미농이 나서서 구해 주었다."는 표현이 가장 마음에 들었다. 최씨 아저씨의 얘기를 듣고 난 후 그곳 사람들이 나를 바라보는 눈빛부터가 좀 달라진 느낌이 들었기 때문이다.

감자수제비 맛도 정말 환상이었다. 한 그릇을 뚝딱 다 비우자마자 두세 번 연거푸 그릇을 채워 주는 인심 좋은 사람들의 배려를 굳이 사양하지 않았다. 냄비 바닥까지 닥닥 긁어 먹고 나서야 나는 숟가락을 놓았다.

그제야 실내 풍경이 눈에 들어오기 시작했다. 비교적 널찍한 거실 여기저기에는 묵직한 여행 가방들이 쌓여 있고, 한쪽 벽면을 다 차지하고 있는 커다란 화이트보드에는 간단한 한국어 인사말들이 괴상한 문자들과 함께 빼곡 적혀 있었다. 그리고 벽에는 크레파스로 서툴게 그린 각 나라 국기들과 천으로 만든 이국적인 장식품들, 다양한 인종의 사람들이 함께 어우러져 찍은 사진들이 다닥다닥 붙어 있었다. 분명 한국 땅인데 마치 한국이 아닌 것만 같은 묘한 분위기를 풍기는 공간이었다.

식사를 마친 미스터 샤와 최씨 아저씨는 긴히 할 얘기가 있다며 둘이만 사무실로 들어갔다. 나는 가방에서 휴대폰과 충전기를 꺼냈다. 그새 부재중 전화가 아홉 통이나 더 와 있었다. 언제든 울산의 형과 통화하려면 충전을 충분히 해 둬야만 했다. 전원 콘센트를 찾는 척하면서, 최씨 아저씨가 들어간 사무실 근처를 어슬렁거렸다.

살짝 열린 문틈으로 최씨 아저씨와 미스터 샤가 이야기하는 모습이 조금 보였다. 최씨 아저씨가 공장 기숙사에서 들고 나온 낡은 서류 봉투를 미스터 샤에게 내놓았다. '산업용 폐수' 어쩌고 하는 소리가 들렸다. 나는 방문 옆에 있는 콘센트에 전원을 꽂으면서, 문짝에다 최대한 가깝게 귀를 대고 대화를 엿들었다. 좋지 않은 짓이라는 건 알지만 어쩔 수 없다. 뜻하지 않게 최씨 아저씨와 '한패거리' 취급을 받게 됐으니, 적어도 어떤 일들이 벌어졌는지는 알아야 하지 않겠는가 말이다.

둘이 나누는 대화의 내용은, 대성플라스틱이 인근 공장들과 작당해서 유독성 폐수를 인천 앞바다에 무단 방류해 온 사실을 몇 달 전 최씨 아저씨가 우연히 알게 되었고, 혼자 끈질기게 조사한 끝에 며칠 전 총무과에서 관련 서류를 빼내 오는 데 성공했다는 것이었다. 미스터 샤가 아는 환경운동 단체에서 그 서류를 맡아 줄 수 있는지 의논하는 중에, 갑자기 사무실 문이 탁 닫히면서 말꼬리가 싹둑 잘려 버렸다. 둘의 이야기를 끝까지 들을 수 없어서 아쉬웠지만, 지금껏 남아 있던 최씨 아저씨에 대한 오해는 웬만큼 사라지는 것 같았다. 그제야 나는 심호흡을 한번 크게 하고는 소파 쪽으로 슬금슬금 돌아와 앉았다.

아무도 나에게 관심은 없어 보였지만, 온통 낯모르는 외국인들 틈에 혼자 덩그러니 앉아 있자니 조금 민망했다. 되도록 구석에 짱 박혀서 눈에 띄지 않으려고 했다. 솔직히 이 낯선 사람들이 알아들을 수 없는 이상한 언어로 나에게 말을 걸면 어쩌나 잔뜩 겁을 집어먹고 있었던 것이다. 아니나 다를까, 누가 내 팔을 살짝 건드리며 인사를 했다.

"봉주르! 헬로! 앗살람 알레이쿰! 아녕하쎄요?"

아, 드디어 올 것이 왔구나! 나는 몸을 움츠린 채 조심조심 뒤를 돌아보았다. 덩치가 커다란 흑인 남자가 나를 내려다보고 있었다. 나는 그만 그 자리에 얼어붙은 것처럼 아무 말도 못하고 망연자실 서 있을 수밖에 없었다. 하필 이럴 때 최씨 아저씨가 옆에 없다니…….

"어…… 어……."

긴급 상황이었다. 나를 도와줄 누군가 있는지 주위를 둘러보았다. 아, 간절하게 원하면 우주가 도와준다고 했던가? 저 앞에 검은 머리에 살구색 얼굴을 한, 아주 상냥해 보이는 20대 여자 한 명이 앉아 있었다. 머나먼 이국땅에서 동포를 만난 기분이었다.

"저기…… 누나! 여기 이분이 뭐라고 하는 건지 혹시 통역 좀……."

그러나 그녀는 몹시 난감하다는 표정을 지으며 어깨를 들썩해 보였다.

"오, 노! 아이 캔트 스피크 코리언. 음…… 아노…… 와따시와 니혼진데스. 오하요 고자이마스!"

그러고는 나를 향해 싱긋 웃으며 꾸벅 고개를 숙였다. 아, 지금 저 누나가 일본인이라고 소개하는 것 같은데……. 한쪽은 국적을 알 수 없는 흑인이고, 또 한쪽은 한국어를 못 하는 일본인이라! 이쯤에서 하나 드는 의문은, 여기가 정말 한국 땅이 맞냐는 거다. 나는 거의 자포자기한 심정으로 아는 영어 단어를 생각나는 대로 내뱉어 보았다.

"아…… 헬로! 아이 엠 어 코리언. 그리고…… 마이 네임 이즈 민영 조. 헐, 또 무슨 얘기를 하지? 아, 맞다! 웨어 아 유 프롬?"

내가 띄엄띄엄 말하자 그는 빙그레 웃으며 정식으로 악수를 청했다.

"오우, 미농! 아녕하쎄요? 아임 프롬 프랑스. 아임 앙리. 앙샹떼!"

손짓 발짓, 그리고 잘 모르는 영어까지 다 동원해 가며 그와 대화(이것도 대화라고 할 수 있다면 말이다)를 나눠 본 결과, 그는 프랑스에서 사회학을 공부하는 대학원생인데 안산 공단의 이주 노동자에 관한 논문을 쓰기 위해 이곳에 한 달째 머무르고 있다고 했다. 또한 자신을 일본인이라고 소개한 누나는 '세월호 추모'라는 주제로 한국에 배낭여행을 왔고, 안산에 사흘 동안 머무르다가 내일 팽목항으로 내려갈 예정이라고 했다. 외국인들이 이주 노동자 문제나 세월호에 관심을 기울이는 것도 신기했지만, 그 복잡한 내용을 내가 어느 정도 알아들었다는 사실은 정말 놀라울 따름이었다. 이 간단한 정보를 주고받기 위해 30분도 넘게 서로의 언어와 싸워야 했지만 말이다. 어쨌든 어떤 식으로든 외국인들과 의사소통이 가능하다는 걸 깨닫고, 나는 짜릿한 전율을 느꼈다.

물론 중간에 주변 사람들이 우리 대화에 끼어들고, 한국어를 할 줄 아는 이들이 가끔씩 통역을 해 준 덕도 있었다. 한국어를 아는 사람들은 이곳에 1년 넘게 머무른 장기 투숙객이거나 이주 노동자들이었다. 특히 이주 노동자들이 많았는데, 내 옆에서 아까부터 뭔가 말하고 싶어 입술을 옴짝거리던 인도계 청년이 나를 향해 입을 열었다.

"너는 왜 체에게 '최씨 아저씨'라고 했어? 그의 별명인가? 그는 그렇게 불리는 걸 좋아해?"

쏟아지는 질문 공세에 정신이 혼미해졌다. 나는 그저, 공장에서 다들 '최씨'라고 불렀기에 별 생각 없이 따라 불렀을 뿐이다. 아마 최씨 아저씨 진짜 이름이 '체'인 모양이었다. 나는 대답 대신 고개를 한 번 갸웃해 주었다. 내 딴에는 잘 모르겠다는 표현이었는데, 청년은 '당연한 걸 왜 물어?'쯤으로 이해한 듯했다. 그는 눈을 반짝이며 내 곁으로 더 다가앉았다.

"작년에 체가 나 구해 줬다. 나쁜 사기꾼 혼내 주고, 여권 찾아 줬다. 그는 내 은인이다."

그러면서 청년은 나를 선망의 눈빛으로 바라보았다. 내 마음 속에서는 '그래, 너의 은인 최씨 아저씨를 내가 구해 줬다.'고 뻐기고 싶은 욕구가 자꾸만 목구멍을 간지럽혔다. 하지만 나는 남자답게 꾸욱 눌러 삼켰다. 그 옆에 있던 남자도 나를 향해 몹시 흥분한 말투로 떠들었는데, 정말 하나도 알아들을 수 없는 외국어였다. 그러자 청년이 통역을 해 주었다.

"무함마드는 불법 사람이라 한국 정부에 쫓겨 다녔다. 나쁜 사장님 많이 만났다. 체가 그에게 게스트하우스로 와서 미스터 샤의 도움 받으라고 소개했다. 무함마드는 체에게 고맙다. 나도 체에게 고맙다."

청년의 통역을 듣고 주변에서 몇몇 사람들이 고개를 끄덕이며 맞장구를 쳤다.

"체가 사람들 도와주면, 그들도 다른 사람 돕는다. 여기 게스트하우스에 오는 이주 노동자들, 체와 많이 관계 있다. 우리 이제 서로 돕는 커뮤니티 되었다."

그들은 하나같이 아주 흐뭇한 표정을 지어 보였다. 그때 청년이 갑자기 뭔가 생각났다는 듯 기쁘게 손뼉을 치며 말했다.

"아, 내 친구들도 체 만나기 원한다. 그들에게 전화할 거다. 우리 오늘 밤 여기서 파티 한다. 내 친구 요리 솜씨 매우 좋다. 인도 음식 맛있다."

무슨 소리인지 전부 다 알아들을 수는 없었지만, 이들이 최씨 아저씨를 일종의 영웅처럼 생각하는 것 같아서 나도 덩달아 어깨가 으쓱해졌다.

어느덧 그들과의 대화가 마무리되고, 나는 소파에 엉덩이를 걸친 채 계속 하품을 하고 있었다. 밤잠을 설치고 새벽부터 내내 스쿠터를 몰고 돌아다녔더니 몸이 천근만근 무거웠다. 점심을 너무 많이 먹은 탓이다. 게다가 게스트하우스가 주는 편안한 느낌도 한몫한 듯하다. 낯선 사람들 앞에서 잠들면 안 되는데, 자꾸 눈꺼풀이 감겨 왔다. 아, 눈꺼풀이…… 너무 무겁다……. 잠시 눈을 감고 소파 깊숙이 몸을 기댔다.

얼마나 잠들어 있던 걸까? 사람들 웃음소리에 잠에서 깼다. 뭔가 포근한 것이 나를 감싸고 있었다. 소파에 쓰러져 잠든 나에게 누군가 담요를 덮어 준 모양이다. 비몽사몽간에 몸을 일으키는데, 주변에서 왁자지껄한 웃음소리가 더 또렷하게 들려왔다. 잘 떠지지 않는 눈을 비벼서 억지로 떠 보았다.

눈앞에는 뜻밖의 광경이 펼쳐져 있었다. 조금 전까지만 해도 식탁 구실을 하던 탁자는 옆으로 세워져 있고, 대신 바닥 여기저기에 옷가지들이 산더미처럼 쌓여 있었다. 그리고 그 사이에서 10여 명의 사람들이 패션쇼(?)를 하는 중이었다. 거실부터 현관까지 런웨이를 만들고, 사람들은 자기 옷차림을 한껏 뽐내며 차례대로 걷고 있었다. 반팔 티셔츠에 털모자를 쓴 사람이 있는가 하면, 레깅스를 머플러처럼 목에 두르고 춤을 추는 사람도 있었다. 배경 음악도 깔렸다. 누가 즉석에서 노래를 불렀던 것이다. 다른 사람들의 박수 소리까지 뒤엉켜 마치 딱따구리가 나무를 쪼는 것처럼 들리는 묘한 노래였다. 어느 모로 보나 패션쇼라기엔 상당히 기괴한 모양새였다. 인종도 의상도 전부 제각각인 그들 사이의 유일한 공통점은 모두들 즐거워 보인다는 점이었다. 그렇게 자기들만의 패션쇼에 온통 집중해 있었다.

한동안 엉거주춤 서 있는데, 언제 내 곁으로 왔는지 미스터 샤가 말을 걸었다.

"아, 민영이 일어났구나? 어수선하지? 서울에 있는 단체에서 헌옷을 후원해 줘서 다 함께 감상하고 있었어. 따뜻한 나라에서 온 친구들은 10월 초부터 겨울옷이 필요하거든. 한국의 혹독한 겨울을 견디려면 지금부터 부지런히 월동 준비를 해야지. 참, 너도 맞는 게 있는지 한번 골라 봐. 며칠 동안 지내려면 여벌이 필요할 테니까."

급박한 상황이라 집에서 얇은 티셔츠 몇 장밖에 챙겨 나오지 못했다. 10월로 접어들면서 저녁 바람이 꽤 쌀쌀해져서 감기 걸리면 어쩌나 걱정이 된 것도 사실이다. 최씨 아저씨는 벌써 제법 멀쩡해 보이는 패딩 점퍼 하나를 '득템'하고는 내 쪽을 보며 의기양양하게 웃고 있었다.

왁자지껄 떠드는 사람들의 무리 속으로 나도 쭈뼛쭈뼛 다가갔다. 옷들 중에서 하나를 슬쩍 집어다가 나에게 맞는지 살펴보고 있으려니, 흑인 형이 두툼한 후드 티셔츠 하나를 불쑥 내밀었다. 형은 다짜고짜 나를 붙들어 세우고는 옷을 들이댔다.

"미농, 이츠 유어스. 테이크잇, 테이크잇!"

크기는 얼추 맞는데 스타일이 좀 유치하다. 내가 고개를 가로젓자, 형은 또 다른 것을 가져다 내 몸에 대어 봤다.

"오, 퍼펙트! 딱 미농 스타일! 하하하."

뭐, 유행하는 스타일은 아니지만 그리 나쁘진 않다. 내게 옷을 골라 주고는 만족스러워하는 흑인 형의 얼굴이 이제 좀 친숙하게 보였다. 처음엔 온통 시커멓다고만 여겨지던 그 얼굴에서 어느 순간부터 따뜻한 웃음이 보이고, 장난기가 읽히고, 나를 향한 배려가 느껴졌다.

그러고 보니 이곳 공기가 처음과는 조금 달라진 것 같았다. 아니, 공기가 아니라 내 마음이 달라진 것일까? 처음에는 사람들 생김새부터 표정, 말투, 사소한 습관 하나까지 외국인들의 존재 자체가 그냥 낯설고 어색하기만 했다. 그런데 지금은 그 낯선 것들이 더 알고 싶고 들여다보고 싶은 것으로 바뀌었다. 나도 모르는 새 내 마음이 변해 있었다니!

저녁이 되자, 또 다른 사람들이 최씨 아저씨가 왔다는 소식을 듣고서 속속 모여들었다. 게스트하우스 안은 한국어와 영어와 그 밖에 전혀 알아들을 수도 없고 심지어 어느 나라 말인지도 모를 언어들로 가득 찼다. 물론 영어라고 해서 딱히 내가 알아들을 수 있는 것은 아니지만 말이다.

저녁 식탁이 펼쳐지자 저마다 가져온 음식들로 밥상 위가 그득 찼다. 떡이나 파전 같은 한국 음식도 있었지만, 대부분 난생처음 보는 외국 음식들이었다. 나는 뻥튀기처럼 동그랗고 납작하게 생긴 빵에다 찍어 먹는 연갈색 커리 맛에 홀딱 반해 버렸다. 지금껏 3분 카레밖에 먹어 본 적 없는 나에게 인도식 커리는 그야말로 신세계였다. 결국 점심에 이어 저녁마저 과식을 해 버렸다.

최씨 아저씨와 미스터 샤가 소화도 시킬 겸 옥상에 올라가자고 해서 따라나섰다. 옥상에는 운동 기구 몇 개가 놓여 있고, 누가 키우는 것인지 텃밭 상자들로 가득 차 있었다.

"미농, 여기 와서 진짜 노마드들을 만나 보니 어때?"

최씨 아저씨는 다짜고짜 이상한 외계어부터 쓰고 있다. 그러잖아도 게스트하우스에서 내내 외국어들을 듣고 있었더니 머리가 어지러울 지경인데…….

"노마드가 뭔데요?"

내가 시큰둥하게 반응하자, 옆에 있던 미스터 샤가 대신 대답했다.

"유목민이라고도 한단다. 그러니까 한곳에 머무르지 않고 늘 여행자로 사는 사람, 목적지보다 그곳을 향해 가는 과정을 더 중요시하는 사람, 낯선 것을 두려워하지 않는 사람, 길 위의 사람,

방랑자들……. 이를테면 체 같은 사람을 말하는 거지."

그냥 떠돌이 같은 거 아닌가? 설명을 더할수록 점점 미궁 속으로 빠져 들어가는 느낌이다. 게다가 최씨 아저씨 같은 사람이라고? 그렇다면 나도 그거 할 거다. 그러니까 그게…… 노마드?

"음…… 저도 일단은 도망 나온 거긴 하지만, 당분간 집을 떠나온 거니까 여행자나 마찬가지로 노마드인 거죠?"

내 말이 채 끝나지도 않았는데 미스터 샤는 냅다 박수부터 쳤다. 이 아저씨 의외로 수다스러운 인물인 게 분명하다.

"오호, 하나를 얘기하면 둘을 아는구나. 제법인걸! 정해진 장소나 일정에 제약받지 않고 자유롭게 여행하는 게 노마드야. 네가 돌아갈 날을 정해 놓지 않고 집을 나왔다는 점에서 그 또한 '이주민 되기'라고 할 수 있지."

'이주민 되기'는 또 뭐란 말인가! 이주민이라면 외국인들을 부르는 말 아닌가? 당최 이해가 가지 않는다는 표정을 짓고 있자니, 최씨 아저씨가 내 마음을 읽은 듯 조심스레 물었다.

"여기저기 옮겨 다니는 사람들을 이주민이라고 하겠지? 우리 시대 노마드에 가장 가까운 사람이 이주민이야. '이주민 되기'는 노마드의 일종인 거지. 미농은 평소에 길 가다가 외국인들을 보거나 공장에서 같이 일하던 이주 노동자들을 볼 때 어땠어? 여기서 만난 사람들은 또 어떤 것 같아?"

"음…… 전에는 그저 '외국인'이라고만 생각했죠. 일단 우리랑 생김새도 다르고 말도 잘 안 통하니까 멀게만 느껴졌어요. 그리고 공장에서 본 이주 노동자들은 주위에서 워낙 차별적인 시선을 던지니까 스스로도 매사에 눈치를 보는 것 같기도 하고 좀 위축된 것 같다는 느낌……? 그런데 여기 게스트하우스에서는 뭔지 모를 활기가 느껴졌어요. 얘기를 나누다 보니 가족사진도 보고, 고향 얘기도 듣고, 어떤 음식을 잘 만드는지, 왜 한국을 좋아하게 됐는지도 알게 되고…….”

내 이야기를 듣고 최씨 아저씨는 예의 그 사람 좋은 너털웃음을 지어 보였다. 그렇지만 나는 마음 한구석이 무거워졌다. 이주 노동자에 대해서 전에 들은 얘기가 있었기 때문이다. 아무래도 이 무거운 마음을 털어놓아야 할 것 같았다.

“사실 저는 오늘을 계기로 전보다 외국인들을 조금 더 이해할 수 있게 되긴 했지만, 아직 잘 모르겠어요. 솔직히 외국인들이 너무 많이 이주해 들어오면 우리나라 사람들의 일자리를 다 차지해 버릴 수 있고, 또 그들이 낮은 임금으로 일하면 우리 임금도 더 적어지는 건 아닐까 걱정도 돼요. 정부에서는 무슨 보조금 같은 걸 준다는데, 그게 다 우리 세금 아닌가요?”

물론 이건 내 머릿속에서 나온 생각은 아니고, 어젯밤 총무과장과 함께 우리 집에 찾아왔던 김씨 아저씨가 늘 입버릇처럼 하던 말이다. 솔직히 이런 생각을 하는 사람이 한둘이 아니다.

이번에는 미스터 샤가 입을 열었다.

“너 혹시 한국 사람들도 옛날에 외국에 이주 노동자로 많이 나갔던 사실을 알고 있니? 불과 30~40년 전에 너희 할아버지들은 중동에 나가 건설 노동자로 외화를 벌어들였어. 지금은 성공해서 잘 살고 있는 재미 교포나 재일 교포들 중에도 이주 노동자로 건너간 사람들이 많아. 1960년대에는 독일로 2만여 명의 사람들이 광부와 간호사로 일하러 나갔지. 당시 그분들이 받았을 차별과 무시를 가슴 아프게 생각한다면, 지금 이 나라에 일하러 온 외국인들을 그렇게 대해서는 안 되겠지."

"그땐 그랬지만 지금은 상황이 바뀌었잖아요. 우리나라 사람들 몫을 떼서 외국인들에게 줄 수는 없는 거 아니에요? 그 사람들은 우리처럼 군에 입대해야 하는 것도 아니잖아요."

내가 투덜거리자 미스터 샤는 더 강한 어조로 말했다.

"그래, 상황이 너무나 많이 변했기 때문에 이주민을 대하는 태도가 더 중요해지는 거야. 지금은 기업들도 더 좋은 조건을 찾아서 중국이나 동남아로 공장을 옮기고 있고, 노동자들도 비싼 임금을 좇아서 국경을 넘나드는 시대야. 아마 국적이라는 건 앞으로 존재감이 점점 더 희미해질 테지. 그럼 그 대신에 뭐가 중요해질까? 한국 사람이건 베트남 사람이건 중국 사람이건 프랑스 사람이건 간에, 우리 모두 존중받으면서 더불어 살 수 있는 방법을 모색해 봐야 한다는 거야. 이주민들을 계속 저임금과 차별과 배제로 내몬다면, 언젠가는 결국 우리 자신도 그런 취급을 받게 되는 거야. 이주민들을 대하는 태도가 앞으로 우리 인권의 기준이 될 거란 말이지. 어때, 존중받고 싶다면 이주민들을 존중하는 태도부터 갖춰야 하지 않을까?"

미스터 샤는 조금 흥분한 듯했다. 아마도 이주 노동자들이 고통받는 모습을 많이 보아 왔고, 또 자신도 이주 노동자였던 적이 있어서 그런 모양이었다. 내가 이해할 수 있는 내용은 아주 적었지만 그 핵심만은 어렴풋이 전해져 왔다.

잠자코 듣고 있던 최씨 아저씨가 조심스레 입을 열었다.

"이주민들을 돌봐 주고 존중하는 태도는 매우 중요해. 그렇지만 나는 미농이 우리 이주민들을 현실에 쩔쩔매는 유약한 사람으로 생각하지 않았으면 좋겠어. 이주민들은 전혀 알아들을 수 없는 언어와 색다른 음식, 이질적인 문화가 기다리고 있다는 것을 알고도 이곳에 왔어. 그런 것을 두려워하지 않는 강건한 기질과 도전 정신만이 국경을 넘어 낯선 땅에 발붙일 수 있게 해 주지. 새로운 문화, 새로운 사람들을 만나는 것은 상상 이상의 용기와 지혜가 필요한 일이거든."

"용기와 지혜라고요? 돈과 시간이 아니고요?"

나름 농담을 한 건데 아무도 웃지 않았다. 아저씨들은 너무 진지해서 문제다, 쳇.

"미농이 낯선 곳에 간다고 한번 상상해 보자. 만약 한국인이라는 확고한 정체성과 김치가 없으면 밥을 먹을 수 없다는 고정관념을 그대로 안고 간다면 새로운 장소에 잘 적응할 수 없을 거야. 이렇게 한 번도 경험해 보지 않은 색다른 장소와 색다른 흐름을 받아들이고 그 흐름에 몸을 실을 준비가 되어 있지 않으면 이주민이 될 수 없어. 앞으로 어떤 상황이 닥칠지 모르기 때문에 늘 불안하지만, 반면 언제든 다시 떠날 수 있기 때문에 자유로울 수 있는 사람이 이주민이야. 말하자면 새로운 환경을 두려워하지 않고 그에 맞춰서 변화할 수 있는 사람만이 이주민으로 살 수 있는 거야. 그게 바로 '이주민 되기'의 출발점이거든."

최씨 아저씨의 얘기를 가만히 듣고 있노라니, 문득 아침에 인천에서 안산으로 오는 길에 느꼈던 감정들이 떠올랐다. 익숙한 인천 시내를 벗어나 점점 낯선 풍경을 대하면서 조금 두렵기도 하지만 다른 한편으로는 무척 자유롭다고 느꼈다. 그리고 이곳 지구마을 여인숙에서 낯선 사람들을 만나 이야기 나누면서 나 자신이 완전히 새로운 사람처럼 느껴졌더랬다. 어디를 가든 인천 K고등학교 1학년 조민영이 아닌 새로운 사람으로 살 수 있을 것 같은 자신감이 솟아나는 걸 경험했다. 내 삶에도 변화가 가능하다는 희망이 느껴졌다.

최씨 아저씨의 설명은 계속 이어졌다.

"그런데 말이야, 과연 노마드는 이 장소에서 저 장소로 실제로 이동해야만 가능한 것일까? 난 아닐 수도 있다고 생각해. 미농은 여기 와서 특이한 사람들을 만났잖아. 그 사람들 이야기를 듣고 그들에게 감정 이입이 돼서 마음이 아프기도 하고 슬프기도 하고 또 기쁘기도 했지. 너무 특이해서 이질적이라고 여겼던 그들의 삶에 잠시나마 들어갔다 나온 기분을 느꼈을 거야. 일종의 색다른 세상과 만난 거지. 그것 역시 노마드야. 그렇게 특이한 사람들을 만나 관계를 맺고 그들의 세계를 이리저리 탐험하다 보면 실제로 여행하는 것만큼이나 내 안의 심원한 변화가 느껴지지 않을까?"

굳이 먼 곳으로 이동하지 않아도 평소에 못 보던 환경을 접하고 낯선 사람들을 만나는 것만으로 새로운 생각을 하게 된다는 말에 나도 모르게 고개가 끄덕여졌다. 지금까지 살면서 인천을 벗어나 본 적이 거의 없지만, 어쩌면 학교를 뛰쳐나온 그 순간부터 나는 노마드가 된 것인지도 모르겠다. 그 뒤로 또래 친구들과는 다른 정말 특이한 존재가 됐으니까.

이게 바로 최씨 아저씨가 말한 심원한 변화의 일종인가? 어쩐지 가슴속에 뭉클한 것이 꽉 차오르면서, 내일부터 나도 이곳 지구마을 여인숙에서 낯선 사람들과 어울리며 노마드로 다시 태어날 테다, 하는 의지가 불끈불끈 솟았다. 유목민, 이주민 되기, 특이한 것들, 변화……. 오, 마이 갓! 생각이라니……. '생각 없는 녀석'이었던 내가 지금 무슨 짓을 하고 있는 거지?

그때 아래층에서 "체! 체!" 하며 요란스럽게 부르는 소리가 들렸다. 또 다른 누가 최씨 아저씨를 만나러 온 모양이었다. 최씨 아저씨가 서둘러 아래층으로 내려가고, 옥상에는 미스터 샤와 나만 남았다.

"왜 다들 최씨 아저씨를 못 만나서 안달이죠? 완전 영웅 대접이네. 최씨 아저씨 본명이 체예요? 쳇, 이름이 뭐 그래!"

"글쎄……. 아마 그의 본명은 '에르네스토 게바라 데 라세르나'일 거야. 내 직감이 틀리지 않다면 말이야. 너무나 비현실적인 일이라서 믿기 어렵지만, 오랜 고민 끝에 나는 믿어 보기로 결정을 내렸지. 더도 말고 덜도 말고 그저 내 눈에 보이는 자체로서 체의 존재를 인정하자고……."

아, 그렇게 길고 복잡한 이름이라면 짧게 '체'라고 부르는 편이 낫겠구나 싶다. 미스터 샤는 '직감', '존재' 어쩌고 하는 어려운 말을 꺼내서 다시 내 머릿속을 휘저어 놓고 있었다. 나는 그런 단어들과는 어울리지 않는 단순한 사람이다. 그저 느낀 대로 정직하게 표현하고, 궁금한 게 있으면 단도직입적으로 묻는 게 내 스타일이다.

"미스터 샤 아저씨, 저 뭐 하나만 물어봐도 돼요?"

미스터 샤는 가볍게 고개를 끄덕였다. 별 얘기 아니겠거니 쉽게 생각하는 듯했다. 나는 침을 꿀꺽 삼켰다.

"저기…… 대성플라스틱에서 최씨 아저씨를 잡으려고 하는 거 말이에요. 최씨 아저씨가 대성플라스틱에서 가져온 서류랑 관련이 있는 거죠? 아까 공장 폐수 무단 방출, 뭐 그런 얘기를 하시던데……."

미스터 샤는 그걸 어떻게 아느냐는 표정으로 눈을 동그랗게 뜨고 조심스럽게 말했다.

"너도 걱정이 됐던 모양이구나. 하긴 체를 도와주다가 엉겁결에 집에도 못 들어가는 신세가 됐으니 그럴 만도 하지. 하지만 너무 걱정 안 해도 돼. 체가 결정적인 증거를 확보했으니까 뒷일은 환경 단체가 맡아서 잘 해결할 거야. 이제 며칠 동안 여기서 푹 쉬면서 여행 온 기분이나 내라고. 하하하."

"잘 해결될 수 있다니 다행이네요. 하지만 최씨 아저씨는 그렇게 훌륭한 일을 해 놓고 왜 저한테는 일언반구 없었을까요? 한패거리로 몰려서 하마터면 저까지 죽을 뻔했는데 말예요. 맞아 죽더라도 좋은 일 하는 중이라는 자긍심은 품었을 텐데……. 제 나이가 어려서 그런 건가요? 솔직히 좀 서운해요."

나는 속마음을 감추기 어려웠다. 지금까지 겪은 일들이 주마등처럼 머릿속을 지나갔다.

그러자 미스터 샤는 한참 잔소리를 늘어놓기 직전의 우리 할머니 같은 표정으로 나를 물끄러미 내려다봤다. 아까부터 누구를 빼닮았다 싶더니 그게 돌아가신 우리 할머니일 줄이야. 잔소리 대마왕에 알록달록한 실뜨개 모자를 쓴 모습까지 할머니와 꼭 닮았다. 자, 이제 곧 시작할 모양이다. 잔소리 일발 장전, 발사!

"민영아, 그렇게 서운해하지 마. 워낙 과묵한 사람이라서 체는 자신의 선행을 드러내 놓고 싶어 하지 않아. 그게 체의 미덕 중 하나지. 어제 위험한 상황에 빠진 체를 네가 구해 줬다는 얘기는 들었어. 아주 용감한 일을 했더구나. 체는 생명의 은인에게 은혜를 갚지는 못할망정 더 힘든 상황으로 끌어들인 게 못내 미안한 모양이야. 너에게 지나친 부담을 주고 싶지 않았겠지. 염려 마라. 체는 그냥 믿고 따라도 될 사람이야."

아, 또다시 최씨 아저씨에 대한 칭찬 퍼레이드가 시작될 모양이다. 이 게스트하우스 사람들은 왜 다들 최씨 아저씨라면 무조건 찬양 일색인지 모르겠다. 얼른 이 자리를 뜨는 게 낫겠구나 싶다. 그만 인사하고 내려가려는데, 미스터 샤가 내 티셔츠를 손가락으로 가리키며 빙그레 웃었다.

"그 옷은 네가 고른 게 아닌가 보구나."

그제야 나는 고개를 숙여서 내 티셔츠에 그려진 그림을 내려다보았다. 거기에는 베레모를 쓴 한 사내의 얼굴이 있었다. 어딘지 모르게 결연한 표정을 한 그 모습이 어디서 많이 본 듯한데 도대체 생각이 나질 않았다. 유명 영화배우인가? 베레모 중앙에 박힌 별 하나가 유난히 도드라져 보였다.

상상력에 국경을 개방하라!

집 떠나면 고생이라고들 하지만, 집에만 틀어박혀 있어서는 풍부한 경험을 할 수도 없고 새로운 것을 만들어 내기도 어렵습니다. 그래서 사람들은 주말마다 부지런히 여행도 하고, 체험 학습도 가고, 자원봉사도 다니는 모양입니다. 그런데 잠시 여행을 떠나온 게 아니라 항상 길 위에서 살아가는 사람들도 있습니다. 이를테면 유럽 전역을 평생 떠돌아다니는 집시, 가축을 기르며 목초지를 찾아 여기저기 옮겨 다니는 몽골의 유목민, 또는 전 재산을 다 털어서 온 가족이 세계 여행을 떠나는 모험심 강한 사람들처럼 말이지요. 이런 사람들을 노마드(nomade)라고 합니다. 노마드는 유목민의 다른 말이며, 최근에는 직장을 찾아 국경을 넘나드는 이주민들을 잡 노마드(job nomade)라고도 합니다. 또한 굳이 국경을 넘지 않더라도 하나의 직업이나 직장에 얽매이지 않고 새로운 일에 도전하는 사람들도 잡 노마드라고 부를 수 있지요. 이처럼 노마드는 한곳에 머무르지 않고 이곳에서 저곳으로 가로질러 이동하는 사람들을 뜻합니다.

본래 유목민(遊牧民)은 몽골이나 중앙아시아에서 목축으로 살아가는 사람들입니다. 가축이 먹을 풀을 찾아다니다 보니 언제든 떠날 준비가 되어 있어야 하지요. 한곳에 정착해서 농사짓는 정주민(定住民)은 어쩌다 한 장소를 벗어나더라도 곧 다시 돌아오지만, 유목민은 계속 벗어나고 탈주합니다.

여기서 탈주는 도망치는 행위가 아니라, 새로운 삶을 개척하고 새로운 곳을 향해 나아가는 도전입니다. 여행을 예로 들자면, 여행 과정이 힘들더라도 당분간 참고 나중에 집으로 돌아가 편히 쉬자는 생각을 하는 것과, 지금 힘든 시간도 내 삶의 중요한 과정이니 당당히 버티면서 즐기자는 생각을 하는 것은 근본적인 태도의 차이를 불러옵니다. 이처럼 정주민이 결과에 의미를 둔다면 유목민은 과정을 중요시하고, 정주민은 안정을 우선시하는 반면 유목민은 자유를 추구합니다. 이 둘 중 어느 태도가 더 마음에 드나요?

들뢰즈와 가타리는 노마드 개념을 설명하면서 '제자리에서 여행하기'를 제안하기도 합니다. 비록 몸은 제자리에 머물더라도 고정 관념에서 벗어나 자유롭게 사유하는 것도 노마드라는 것이지요. 국경이나 경계뿐만 아니라 규칙, 제도, 고정 관념을 자유롭게 넘나드는 사람들이라는 의미로도 다가옵니다.

들뢰즈와 가타리가 활동하던 1968년 무렵, 유럽에서는 권위주의적인 체제와 공고한 질서·관습에 맞선 하나의 혁명이 일어납니다. 이를 68혁명이라고 하지요. 68혁명은 예전의 프랑스 혁명이나 소비에트 혁명과도 차이가 납니다. 정치 체제를 뒤집어엎고 새로운 정권을 만들어 내는 기존의 혁명들과 달리, 젊은이들이 이끈 68혁명은 상상력, 자발성, 욕망, 직접 행동 등을 통해서 축제나 카니발 같은 분위기가 거리에서 연출되었습니다. 그래서 68혁명을 '상상력의 혁명'이라고도 합니다.

이런 상황을 접한 들뢰즈와 가타리는, 혁명이란 적대적인 세력에 물리적으로 대항하고 체제를 전복하는 것이라는 사고방식을 벗어나, 기존 질서와 체제에서 끊임없이 탈주하여 새로운 삶의 방식을 개척하는 것이라는 점을 발견합니다. 이에 따라 노마드라는 단어가 68혁명을 설명할 수 있는 개념이 되었습니다. 68혁명에 참여했던 젊은이들은 오로지 시스템이 요구하는 일만 하며 시계추처럼 틀에 박힌 삶을 견딜 수 없기 때문에 "일하지 말라", "금지를 금지하라", "상상력에게 권력을", "네가 진정으로 원하는 것이 무엇인가?"라는 구호를 외치며 기존 질서에서 벗어나려 했지요.

노마드 개념은 거대한 평원을 응시하는 유목민의 눈으로 세상을 바라보고 고정 관념 없이 자유롭게 사고하자는, 그리고 자유로운 생각을 바탕으로 새로운 세계를 만들어 보자는 제안을 담고 있습니다. 그런 점에서 유목민은 자유인, 방랑자, 음유 시인, 떠돌이와 같은 시적이고 예술적인 감각을 불러일으킵니다. 노마드는 세상이 정해 놓은 규칙과 제도에서 끊임없이 벗어나려는 우리의 욕망을 뜻합니다. 그 욕망은 기존 질서가 정해 놓은 틀을 벗어던지고 다른 세상, 다른 생각, 다른 삶을 만들어 보자는 거침없는 제안입니다.

3

내 안의 동심을 만나다

새벽에 다급하게 전화벨이 울렸다. 미스터 샤의 사무실 소파에 누워 자고 있던 나는 불길한 예감에 퍼뜩 눈을 떴다. 잠결에 전화를 받은 미스터 샤의 목소리가 굳어졌다. 그리고 최씨 아저씨와 작은 소리로 대화를 나누었다. 곧 최씨 아저씨가 내 어깨를 흔들었다.

"미농, 대성플라스틱 사람들이 지금 여기로 오고 있대. 내 친구 호세가 방금 연락해 줬어. 동료 중 하나가 그들의 협박을 이기지 못하고 미스터 샤 얘기를 했대. 조금 전 인천에서 출발했다고 하니 아마 30분 안에 이리로 들이닥칠 거야. 자, 어서 떠나자."

이곳 지구마을 여인숙에 며칠 묵으면서 외국인들과 어울리며 '제자리 노마드'가 되어 보겠다던 게으른 희망이 한순간에 날아가 버렸다.

긴박한 상황인데도 최씨 아저씨는 침착해 보였다. 이런 일을 꽤 여러 차례 겪어 본 사람처럼 차근차근 물건들을 챙겼고, 그러면서도 골목길 쪽으로 촉각을 곤두세우며 경계를 늦추지 않았다. 미스터 샤만 이리저리 쓸데없이 분주하게 오가며 안절부절못했다. 그는 어디서 다 삭은 듯한 2인용 텐트 하나를 찾아내 스쿠터에 실어 놓고 걱정스러운 표정으로 우리를 배웅했다.

"며칠 더 묵을 수 있을 줄 알았는데 갑자기 떠나게 되어 서운하군. 서류는 잘 처리해 두었으니 걱정 마. 체, 부디 몸 건강히! 그리고 민영, 이제야 진짜 노마드가 됐네. 축하해야 하나? 하하."

미스터 샤의 겸연쩍은 웃음과 걱정스런 시선을 뒤로하고 우리의 스쿠터는 앞으로 앞으로 달려…… 아니, 기어 나갔다. 하룻밤 사이 짐이 더 늘어나는 바람에 도대체 속도가 붙지 않았다. 그래도 대성플라스틱 사람들을 따돌리는 데는 일단 성공한 듯했다. 새벽녘의 어둠이 어느새 등 뒤로 저만치 물러나고 있었다. 우리의 느린 스쿠터 때문에 지체된 차들이 뒤에서 사납게 경적을 울려 대다가 옆 차선으로 옮겨서 쏜살같이 추월해 지나갔다. 육중한 트럭들이 옆으로 쌩쌩 지나갈 때면 스쿠터가 휘청거릴 정도로 거센 바람이 일었다.

덜덜거리는 스쿠터 소음과 매운 바람 소리가 내내 귀를 울렸다. 나는 뒷자리의 최씨 아저씨에게 큰 소리로 물었다.

"우리, 어디로 갈까요?"

아저씨는 잠시 생각하는가 싶더니, 곧 경쾌하게 대답했다.

"남쪽으로!"

39번 국도는 안산을 지나고 화성을 거쳐 평택까지 쭉 이어졌다. 두 시간이 지나면서 점점 허리가 아파 왔지만, 쉬지 않고 달렸다.

어디로 가야 할지 몰랐지만, 쫓는 자들도 우리가 가는 길을 알지 못할 것이기에 마음만은 가벼웠다. 집을 떠나왔다는 걱정이나 두려움도 없었다. 나는 이제 제대로 노마드가 되어 볼 작정이다. 쫓기는 몸이라는 건 그다지 큰 의미가 없어졌다. 최씨 아저씨에 대한 오해가 풀렸고 며칠만 있으면 어떻게든 해결될 일이니 말이다. 아저씨 말처럼 낯선 장소들을 여행하며 나와 다르게 살아온 사람들을 만나서 더 풍부해진다는 게 어떤 건지 경험해 보고 싶을 뿐이다. 단 하루 동안 게스트하우스에서 겪은 일만으로도 나는 어쩐지 키가 조금 큰 것 같은 기분이랄까, 체적이 넓어진 기분이랄까? 어쨌든 '이주민 되기'가 나를 조금은 성숙시킨 느낌이었다. 이번 여행을 마친 뒤에 내가 어떻게 달라질지는 아무도 모르는 일이다.

어젯밤 최씨 아저씨가 말했다. "세계는 기다리고만 있어서는 열리지 않는다. 자기 자신이 다가가서 열어야 한다." 쿠바의 시인 호세 마르티가 한 말이라고 한다. 나는 기다리고만 있지 않고 세상을 향해 나갈 것이다. 세상아, 기다려라! 조민영이 달려간다! 저만치 앞서 나가는 내 마음속 열정은 아랑곳 않고 고물 스쿠터는 달달거리며 천천히 국도를 달렸다.

아산만 방조제를 건너 계속 남쪽으로, 남쪽으로 직진했다. 건물들 사이로 띄엄띄엄 논밭이 보이기 시작하더니 얼마 지나지 않아 드넓은 평야 지대가 눈에 들어왔다. 들판에서는 추수가 한

창이었다. 콤바인이 누런 들판을 가로지르며 벼를 베고 있었고, 농부 부부가 마주 앉아 콩이랑 깨를 터는 모습도 보였다. 이것이 진짜 시골 풍경이구나 하는 감격이 점점 시들해질 즈음, 이번에는 너무 깊은 시골로 들어가는 것은 아닐까 하는 걱정이 슬슬 고개를 들었다. 뒤에 앉은 최씨 아저씨도 살짝 눈치를 챈 듯했다.

"미농, 이 근처 마을에서 쉬어 가자. 우리에게는 굳이 서둘러 가야 할 곳도 없잖아?"

아저씨 말대로 더 이상 이 행진을 계속해 나갈 이유도 없었고 오랜 시간 스쿠터에 시달린 허리와 엉덩이가 아팠다. 저 멀리 마을 하나가 눈에 들어왔다. 여기가 어딘지부터 확인해야 했다. 방금 전 청양군이라고 쓰인 표지판을 지나친 것 같았다. 마침 길 옆을 지나는 아이가 있어 불러 세웠다.

"꼬마야, 너 이 동네 사니? 지금 여기가 예산이니 아니면 청양이니?"

작달막한 키로 미루어 초등학교 5~6학년쯤 돼 보이는 여자아이였다. 그리 길지 않은 머리카락이 어깨에서 찰랑대고, 손에 든 바구니에는 들꽃이 가득 담겨 있었다. 하여튼 여자아이들 소꿉놀이 취향이란……. 속으로 혀를 끌끌 차며 아이의 얼굴을 쳐다봤다.

"청양."

아이는 당돌한 눈빛으로 최씨 아저씨와 나를 훑어보았다. 어쩐지 반말을 하는 것 같아서 귀에 거슬렸지만, 초면에 혼을 내기는 애매해서 그냥 넘어가기로 했다. 다음 질문이 더 중요했기 때문이기도 했다.

"꼬마야, 혹시 이 동네 이장님 댁이 어딘지 아니?"

이 말이 사실 '우리 좀 거기로 안내해 주겠니?'라는 의미라는 것은 눈치가 조금만 있어도 알아들을 것이다. 그러나 아이는 턱으로 마을 어귀 쪽을 성의 없이 가리키며 말했다.

"이리로 쭉 올라가다 보면 커다란 당산나무 앞에 마을 회관이 있고, 거기서 위로 세 번째 파란 대문 집."

반말 맞네. 속으로 부아가 치밀어 오르는 걸 애써 참으며 스쿠터를 출발시켰다. 한참을 구시렁대고 있자니, 최씨 아저씨가 뒤에서 큭큭 웃었다.

"왜 웃어요?"

"숙녀한테 꼬마라고 부르면 어떡해? 그러니까 당연히 쌀쌀맞게 굴지. 적어도 중학생은 돼 보이던데."

절대 그럴 리 없다. 그 아이 손등에는 최근 초딩들 사이에 유행하는 텔레비전 만화 판박이가 선명하게 찍혀 있었다. 솔직히 초딩이 아니라 유딩 수준 아닌가 의심스러울 정도다. 그래, 너무 어려서 철이 없는 거겠지. 스스로 마음을 달래며 아이가 가리킨 방향으로 스쿠터를 몰았다.

어렵사리 찾아가서 만난 이장님은 대놓고 곤란하다는 표정을 지었다.

"아이구, 시골 인심이 거시기해서가 아니라 요즘 마을 회관에 처자 하나가 와서 묵고 있시유. 뭔 토종 씨앗을 모으러 댕긴다든가? 암튼 남녀가 거시기한디 워트게 거기다 남자 손님을 들인대유. 근디 우덜 집에 있는 빈방도 다 곡식이 들어차서…… 요새 같은 수확기에는 쌓아 놓을 디가 없다니께요. 우짠디야……. 저 아래 당골집 굿당이라도 괜찮으면 당골네 아줌니한테 얘기해 볼까나?"

묵을 곳이 한 군데 있다는 얘기를 들은 최씨 아저씨는 물정도 모르고 얼굴에 금세 화색이 돌았다. 아마 아저씨는 당골집이 어떤 곳인지 상상도 못할 테지. 하지만 나는 안다. 어릴 때 할머니를 따라 몇 번 가 본 적이 있다. 말하자면 무당집이다. 덕지덕지 천 조각들 나풀대면서 귀신 나올 것 같은 분위기에, 사방 벽에서 험악한 표정으로 노려보고 있는 사천왕 그림들……. 밤이슬을 맞는 한이 있어도 굿당에서 자는 것만은 피하고 싶다.

나는 서둘러 이장님 말허리를 자르고 끼어들었다.

"저, 그럼 마을 회관 앞마당에 텐트를 치고 자도 될까요? 씻고 화장실 쓰는 것만 마을 회관에서 해결할게요."

"고것은 그 처자헌티 직접 물어보시지유. 먼저 맡은 사람이 임자니께. 안 그류? 허허허."

이장님은 사람 좋은 웃음을 흘리며 "그 처자한티 잘 얘기해 봐유."를 반복했다. 우리는 하는 수 없이 당산나무가 있는 마을 회관 앞으로 내려왔다. 문제의 처자는 어디 나갔는지 마을 회관은 텅 비어 있었다.

당산나무 옆 평상에 걸터앉아서 하릴없이 지나가는 개미들 수를 세고 있으려니, 얼마 지나지 않아 마을 뒷산 쪽에서 아이들 대여섯 명이 왁자지껄 몰려왔다. 손에 손에 밤이며 도토리, 잣, 머루, 으름 등 산과 들에서 딴 열매들을 들고 있었다. 아이들은 다 같이 한목소리로 노래를 부르며 춤을 추듯이 흥겹게 걸어오고 있었다.

"방귀 소리 나면 내가 달려간다네. 뿌이 뿡 뿌이 뿡 뿌이뿌이 뿡뿡 방귀대장 뿡뿡~."

적게는 대여섯 살쯤 먹은 어린아이부터 초등학교 고학년까지 다양했다. 그중에 낯익은 얼굴도 하나 섞여 있었다. 아까 마을 어귀에서 만났던 당돌한 여자아이였다. 그 아이도 나를 보더니 "어!" 하고 한번 알은척을 하고는, 이내 아이들과 섞여 놀이에 빠져들었다. 그중에서도 가장 큰 누나뻘인 것 같은데, 신발까지 벗어 던지고 꼬꼬마들 속에서 제일 신나게 뛰어다녔다.

아이들은 당산나무 아래 공터에서 발로 땅에 선을 하나 쓱쓱 긋더니 놀이를 시작했다. 사방치기부터 시작한 놀이는 눈 깜짝할 새 '무궁화꽃이 피었습니다'가 됐다가, 숨바꼭질이 됐다가, 꼬리잡기가 됐다가 하면서 10여 분마다 한 번씩 종목을 바꿨다. 특별히 "이거 하자!" 하고 정식으로 제안하는 아이가 있는 것도 아니고 모여서 규칙을 의논하는 것도 아닌데, 한 아이가 노래하듯 "무궁화 꽃이 피었습니다!"를 외치면 아이들은 까르르 웃으며 자연스럽게 놀이를 바꿔 나갔다. 장난감이나 놀이 도구도 없이 아이들은 한 시간이 넘도록 쉬지 않고 뛰놀았다.

최씨 아저씨는 마을 회관에 묵고 있다는 처자를 기다리는 게 아니라 아예 아이들의 놀이를 보는 게 애초의 목적인 것처럼 흥미진진하게 지켜보고 있었다. 나는 아이들의 변덕에 적응하기가 힘들었다. 그러나 '아니, 조금 전에 새로 시작했는데 왜 또 금방 바꿔?' 투덜거리면서도 아이들이 노는 모습에서 눈을 뗄 수가 없었다.

나도 어릴 때 저렇게 놀았었나? 생각해 보면 나는 또래 아이들과 어울려 놀았던 기억이 별로 없다. 네 살 많은 형이 나를 책임지고 돌봐야 했기 때문에, 나는 늘 내 친구들보다 형 친구들을 따라다니며 놀았더랬다. 항상 코흘리개 동생을 달고 다니는 데 짜증이 난 형 친구들이 결국은 형을 따돌리기 전까지 말이다. 그 과정에서 형은 마음의 상처를 많이 입은 것 같았다.

나는 형이 아주 서럽게 울던 날을 지금도 똑똑히 기억한다. 그날 형은 자기를 따돌리고 무시하는 친구들을 찾아가서 당당히 맞짱을 떴다. 비록 얼굴이 퉁퉁 부어오르고 무릎이 까졌지만 싸움에서 이기고 돌아온 형은 그날 밤 이불을 뒤집어쓴 채 엉엉 소리 내어 울었다. 나 때문에 형이 울고 있다는 것을 어렴풋이 알았지만, 모른 척했다. 그 뒤로 형은 한 번도 내색하지 않고 나와 둘이서만 놀았다. 네 살이나 어린 동생과 노는 게 얼마나 지루했을까? 그때부터였을까, 형이 저렇게 말 없고 재미없는 범생이가 되어 버린 것은?

그때, 어디서 축구공 하나가 아이들 쪽으로 데굴데굴 굴러왔다. 당산나무에 대고 말뚝박기를 하고 있던 아이들은 순식간에 축구공을 향해 우르르 몰려갔다.

"와아아, 공이다!"

앞서간 아이가 공을 집어 들고 뛰기 시작했다. 기본적으로 축구공은 발로 차야 한다는 개념이 없는 모양이었다. 다들 마찬가지였다. 공을 다른 아이가 낚아챘지만, 새로운 주인 역시 공을 손에 들고 뛰었다. 아이들은 그렇게 공이 가는 방향을 따라서 열심히 우르르우르르 몰려다녔다. 마치 과학 실험 시간에 책받침 위의 철가루가 자석이 움직이는 대로 일제히 일어서던 모양과 꼭 같았다.

이리저리로 굴러다니던 공이 갑자기 평상 쪽으로 훌쩍 날아왔다. 나는 공에 맞을까 봐 몸을 최대한 움츠렸다. 그런데 옆에 있던 최씨 아저씨가 펄쩍 뛰어오르더니 나이스 캐치! 공을 잡은 아저씨는 아이들 속으로 뛰어들었다. 마치 번개처럼 날랜 움직임이었다.

"와, 외국인 아저씨다!"

최씨 아저씨는 현란한 드리블로 아이들의 시선을 단숨에 사로잡아 버렸다. 아이들은 이제 축구공보다 최씨 아저씨를 따라다니는 재미에 빠진 것처럼 보였다. 공은 한 번도 만져 보지 못한 채 마냥 따라다니며 웃기만 하는 아이, 최씨 아저씨의 바짓가랑이를 붙잡고 늘어지는 데 재미를 붙인 아이, 쫓아가다가 넘어지는 아이……. 놀이는 바야흐로 새로운 국면으로 접어들고 있었다.

그때였다. 누가 저쪽에서 소리쳤다.

"그거 내 공이야! 내놔!"

마을 회관과 담 하나를 사이에 두고 있는 옆집 대문 앞에 축구화에 축구복, 무릎 보호대, 골키퍼용 장갑까지 갖춰 입은 한 소년이 기세등등하게 서 있었다. 아이들은 슬슬 뒤로 물러나며 웅성거렸다.

"큰대문집 엉아예요. 6학년인데, 대따 무서워요."

"서울서 살다가 작년에 이사 왔어요. 큰대문집 할머니 손자래요."

아이들은 최씨 아저씨 뒤로 숨어 버렸다.

"왜 너희랑 같이 안 놀아?"

"칫, 우리더러 촌놈이래요."

"저 엉아는 읍내 애들하고만 놀아요. 매일 읍내 나가서 국영수 학원이랑 축구 교실이랑 다녀요. 청양군 소년 축구단 주전 선수래요."

아이들은 참새처럼 잘도 재잘댔다. 최씨 아저씨는 소년을 한참 동안 지그시 바라보더니, 들고 있던 축구공을 가만히 땅에 내려놓았다. 그리고 멀찍이 대문 앞에 서 있는 소년을 향해 큰 소리로 외쳤다.

"자, 받아 봐라. 골키퍼 군!"

아저씨는 뒤로 서너 발짝 물러섰다가 공을 향해 앞으로 달려나갔다. 그러고는 힘껏 찼다. 뻥! 눈 깜짝할 사이에 축구공은 대문 앞의 소년을 향해 일직선으로 날아가 꽂혔다. 헉, 나는 순간적으로 눈을 질끈 감아 버렸다. 잘못해서 소년이 공에 맞기라도 하면 어쩌려고 저러는 걸까? 그리고 잠시 후 들려오는 아이들의 환호성에 조심스레 실눈을 떴다.

"와아아아아!"

땅바닥에 넘어져 있던 소년이 툭툭 흙을 털며 일어서고 있었다. 옆구리에 축구공을 꼭 낀 채 말이다. 소년의 표정은 더욱더 의기양양해져 있었다.

"제법 잘하는구나. 우리 정식으로 한판 뛰면 어떨까?"

최씨 아저씨가 활짝 웃으며 대문 앞으로 바짝 다가갔다. 그때 집 안에서 인기척이 들려왔다. 소년의 엄마로 보이는 아줌마가 대문을 열고 나왔다.

"현우야, 시합에 늦겠다. 어서 가자."

아줌마는 웬 외국인이 자기 아들에게 다가서려는 모습을 보고 깜짝 놀라 경계하는 눈빛을 보냈다. 소년은 서둘러 최씨 아저씨 앞을 지나치며 낭랑한 목소리로 말했다.

"노 쌩큐 썰, 아임 비지 나우, 씨 유 레이러."

버터를 듬뿍 바른 발음이었다. 영어 학원 물깨나 먹었구나 싶었다.

모자가 내 앞으로 바삐 지나가면서 소곤대는 소리가 들렸다.

"누구니?"

"몰라. 근데 나 저 외국인 아저씨랑 영어로 얘기해 보고 싶어, 엄마."

"글쎄다. 별로 좋은 생각 같지는 않구나. 저 사람 행색을 봐. 영어권에서 온 사람은 아닌 것 같아. 너무 관심 두지 마라, 아들. 오늘 시합 때문에 특별히 학원 빼 준 거 알지? 내일 보충 수업 잊지 마!"

그러고는 소년의 엄마는 뒤를 휙 돌아보며 최씨 아저씨의 얼굴을 재차 확인했다. 영문을 모르는 최씨 아저씨는 눈을 동그랗게 뜨고서, 멀어져 가는 그들 모자의 뒷모습을 바라보고 있었다.

어느덧 해가 서산으로 기울고, 아이들은 골목 구석구석에서 밥 먹으라고 부르는 목소리를 따라 저마다 자기 집으로 돌아갔다. 아까 만났던 여자아이만 마을 회관 앞마당에 남았다.

아이는 최씨 아저씨에게 다가와 정식으로 인사를 했다.

"전 귤이라고 해요, 외국인 아저씨. 만나서 반가워요."

귤……? 먹는 귤 말인가? 자꾸 놀려 대고 싶은 이상한 이름이었다. 최씨 아저씨는 아주 흥미롭다는 표정으로 귤에게 악수를 청했다.

"그래, 반가워. 내 이름은 좀 긴데, 그냥 편하게 체라고 불러. 아까 너 참 재미있게 놀더구나. 이 마을에 사니?"

아이는 고개를 가로저었다. 알고 보니 마을 회관에 묵고 있다는 처자가 바로 귤이었다. 키도 작고 어려 보여서 초등학생인 줄 알았는데, 무려 고등학생이라고 했다. 남쪽 지방에 있는 어느 대안 학교에 다니는데, 올 한 해는 '자유 학기' 기간이라서 몇 달 전부터 전국을 돌아다니며 시골 어르신들에게 지혜를 배우고 토종 씨앗을 모으면서 배낭여행을 하고 있다고 했다. 자유 학기라는 제도가 있다는 사실이 놀라웠다.

"같은 학년 친구 중에는 해외에 있는 생태 공동체 마을로 실습을 하러 간 아이도 있고, 또 협동조합에서 인턴으로 일하는 아이도 있어요. 다들 자기가 하고 싶은 일이 뭔지 찾아보면서 세상 경험을 하는 중이죠."

"헐, 그냥 학교 안 가고 노는 거잖아? 세상에 그런 학교가 어딨어?"

내가 코웃음을 치자 귤은 새침한 목소리로 대답했다.

"물론 비인가 학교여서 졸업할 땐 검정고시를 봐야 하긴 해. 하지만 남들처럼 국영수 빡세게 공부해서 좋은 대학 가고, 대기업 취직해서 돈 많이 벌고, 그렇게 남들과 똑같이 살지 않으려는 아이들을 위한 학교야. 물론 너 같은 아이는 이런 문제를 고민해 본 적 없겠지만. 흥!"

나는 어쩐지 뻘쭘해져서 저만치 물러나 있기로 했다. 다행히 귤이 마을 회관 안에 있는 화장실을 써도 좋다고 허락해 준 덕분에, 나는 온종일 미뤄 두었던 중요한 볼일을 해결할 수 있었다. 귤은 적어도 개인적인 원한 관계 때문에 상대방에게 불이익을 주는 속 좁은 아이는 아닌 모양이었다.

화장실에서 나오니 최씨 아저씨와 귤이 평상 위에 앉아서 한창 이야기꽃을 피우고 있었다. 아까부터 웃음소리가 끊이질 않는 것을 보니, 둘이 무슨 얘기를 나누고 있는지 궁금해졌다. 나는 스트레칭을 하는 척하면서 슬쩍 평상 옆으로 다가가서 둘이 하는 얘기를 엿들었다.

"그때 우리 엄마는 주의력 결핍 과잉 행동 장애(ADHD)가 약으로 치료할 게 아니라는 걸 딱 알았대요. 소아 정신과에서 처방해 준 약을 먹이니까 제가 축 늘어져서 잠만 자더라는 거예요. 에너지 펄펄 넘치던 아이가 말이에요. 초등학교 1학년 때 아이들 한글 공부하고 있는데 혼자서 교실 안을 막 뛰어다니고 갑자기 크레파스를 꺼내 그림을 그리고 그랬대요. '난 지금 한글 공부보다 이걸 더 하고 싶어!' 그러면서요, 하하하."

어둑어둑해진 당산나무 아래 귤의 목소리가 낭랑하게 울려 퍼졌다. 작은 몸집에 저렇게 큰 목청이 숨어 있다는 게 신기할 정도로 귤은 큰 소리로 마구 웃어 댔다.

"칫, 고집 센 게 무슨 자랑인가?"

혼잣말로 중얼거려 봤지만, 아무도 내 얘기에는 신경을 안 썼다. 내가 무슨 말을 하건 아랑곳없이 오로지 둘의 대화에만 열중해 있었다.

이번에는 최씨 아저씨가 맞장구를 치며 말했다.

"맞아! 아이들은 산만하고 현실감이 떨어지고 충동적인 게 당연한 거지. 누구나 아이 땐 그렇게 자기가 욕망하는 대로 살잖아. 그림 그리고 싶을 땐 그림을 그리고 뛰놀고 싶을 땐 놀아야 해. 그저 시간표대로 교실에 앉아서 공부를 하는 게 아니라 말이지. 사실 아이는 야생의 사람이야. 그 야생성이 교육을 통해 차츰 문명에 길들여지면서 틀에 박힌 어른이 되어 가는 거지. 그게 어른의 비극이야. 물론 때로는 문명에 길들여지기를 거부하고 항상 아이로 살고자 하는 사람들도 있지만 말야. 규칙이나 규범에 얽매이지 않고 이리저리 횡단하면서 항상 재미있게!"

"하하하하, 그러게요. 저도 늘 아이로 살고 싶어요. 아이들이랑 노는 게 제일 재미있다니까요."

둘이 마치 예전부터 잘 알던 사람들처럼 쿵짝이 아주 잘 맞았다. 하긴 유치하기로는 최씨 아저씨도 만만치 않다.

최씨 아저씨가 한층 싹싹해진 목소리로 귤에게 물었다.

"귤, 그래서 학교는 어떻게 됐어? 그때 정규 교육을 관둔 거야?"

"네. 담임 선생님은 제가 ADHD라서 다른 애들한테 피해를 주니까 꼭 치료를 받아야 한다고 했는데, 엄마는 절대 약으로 치료하지 않겠다는 입장이었거든요. 그래서 엄마가 직접 홈스쿨링을 시작했어요. 초등학교 때 일 년 정도. 나중엔 너무 힘에 부친다는 걸 깨닫고는 바로 대안 학교로 보내 버렸지만 말이에요."

"귤 엄마는 참 재미있는 사람일 것 같아. 귤을 보면 알 수 있단 말야. 어때?"

"맞아요. 엄마도 저랑 약간 비슷해요. 대책 없고, 기분 내키는 대로 일단 저질러 버리는 타입이랄까? 이렇게 여자애 혼자 여행하게 한 것도 다들 놀라워해요. 사실 언제 어디서든 엄마가 전화하면 꼭 받는다는 조건으로 이 여행을 허락했지만요. 전화를 받지 않을 땐 한밤중에라도 즉시 차 몰고 달려오겠대요. 그러다 보니 엄마 기분 내킬 때마다 하루에도 열두 번씩 전화를 해 대서 아주 곤혹스럽다니까요. 마치 전자 발찌처럼 이 휴대폰과 떨어질 수가 없어요."

귤은 손에 들고 있던 휴대폰을 지긋지긋하다는 듯 평상 위에 툭 던져 놓았다. 하지만 엄마의 관심이 그리 싫지만은 않은 듯 보였다.

"홈스쿨링 하면서 엄마랑 단둘이 하던 놀이들이 지금도 다 기억나요. 매일매일 둘이서 놀기만 하고 공부는 한 적이 없어요. 또래 애들은 영어 알파벳도 웬만큼 알 때였는데 저는 한글도 몰랐어요. 그래도 엄마는 그냥 마음껏 놀게만 했어요. 무슨 배짱인지……. 덕분에 제가 노는 데는 좀 일가견이 있죠, 하하하. 그런데 신기한 건, 글자도 덧셈 뺄셈도 놀다 보니까 자연스럽게 익혀지더라는 거예요. 그때 우리 엄마는 제가 천재인 줄 알았대요, 하하하."

최씨 아저씨가 고개를 끄덕이며 말을 받았다.

"아이들은 누구나 천재야. 자기만의 방법과 자기만의 지혜로 스스로의 세계를 구성할 능력이 있거든. 그런데 어른들은 아이들의 그런 능력을 인정하지 않고, 부모가 원하는 방향으로 손목을 잡아끌어 데리고 가려 하지. 아까 그 골키퍼 소년의 엄마처럼 말이야."

아저씨가 씁쓸한 표정을 짓자, 귤도 한숨을 폭 내쉬었다.

"맞아요. 비단 걔 엄마만 그러는 게 아니에요. 그 모자가 서울

강남에서 살다 왔다지만 꼭 그 때문만도 아니고요. 한국에서는 교육이 다 그런 방식이에요. 다양한 경험을 통해서 스스로 답을 찾게 하기보다 부모와 교사가 '지름길은 이쪽이다' 하고 미리 가리키고 있다는 것, 그래서 다들 그 길로 우르르 몰려가고, 남보다 빨리 그쪽으로 달려가지 않으면 뒤떨어진 아이 취급을 받곤 하죠. 이게 왜 필요한 지식인지 묻기보다 시험에 나오니까 밑줄 쫙 긋고 외우라고 하고요. 그게 우리나라 교육의 현주소라는 사실이 속상해요."

"듣고 보니 좀 슬퍼지는군. 그런 시스템이 양산해 낸 아이들은 아이다움을 일찍 잃어버리겠지. 아이들은 본래 늘 질문을 하는 존재인데, 답을 말하도록 길러진다니 비극이야."

최씨 아저씨도 한숨을 쉬었다. 나도 저절로 한숨이 나왔다. 한숨이라는 게 전염성이 있는 모양이었다.

"질문을 하는 존재들이라는 게 뭐예요?"

귤이 최씨 아저씨에게 물었다. 나는 왠지 그 의미를 알 것 같아서 재빨리 끼어들었다.

"이게 뭐야? 저건 또 뭐야? 왜? 왜 그러는데? 이건 왜 빨간색이야? 왜 해는 동쪽에서 떠서 서쪽으로 져? 이건 왜 이름이 이거야? 뭐 이런 쓸데없는 질문이 많잖아. 그래서 난 애들이랑 같이 있으면 엄청 귀찮고 피곤하던데……."

그러자 귤이 갑자기 발끈해서 쏘아붙였다.

"흥, 아이들의 호기심을 얕잡아 보지 마! 너는 해바라기 이름이 왜 해바라기인지 한 번이라도 생각해 본 적 있어? 그걸 궁금해할 줄 아는 사람이 시인인 거야. 해가 왜 동쪽에서 떠서 서쪽으로 지는가 하는 질문이 어린애 같다고? 하지만 그 질문이 있었기 때문에 지구가 둥글다는 사실을 알아내고 신대륙을 발견할 수 있었잖아. 만약 뉴턴이 사과가 아래로 떨어지는 걸 당연하다고 생각했다면 아직도 우린 만유인력의 법칙을 모르고 있을지 몰라. 이 세상의 진보는 질문이 만들어 낸 거나 다름없어. 아이와 같은 호기심이 세상을 풍부하게 만들어 주는 거라고."

최씨 아저씨가 고개를 끄덕였다.

"아이들은 모험가야. 늘 질문을 던지고, 새로운 것을 발견하고, 낯선 것을 상상하지. 물론 아이뿐 아니라 어른도 좋은 질문을 던짐으로써 아이와 같은 창조적인 존재가 될 수 있어. 그걸 '아이 되기'라고 해. 지혜로운 사람이 되기 위해서는 내가 어떤 답을 갖고 있느냐가 아니라 어떤 질문을 하느냐가 중요해. 좋은 질문이 좋은 학생을 만드는 거지."

최씨 아저씨의 이야기는 무척 심오하게 느껴지긴 하지만, 내가 이해하기에는 여간 어려운 게 아니었다. 답보다 질문이 중요하다고? 오지선다형 문제들이 빽빽이 들어찬 시험지와 빳빳한 OMR 카드를 눈앞에 두고도 과연 그런 소리가 나올까?

아, 오늘도 팔자에 없는 생각이라는 걸 하다 보니 배가 무지 고파졌다. 자리를 툭툭 털고 일어나며 최씨 아저씨에게 물었다.

"아, 배고프다! 저녁 뭐 먹을까요?"

"하하하, 그것도 참 좋은 질문이군!"

최씨 아저씨와 귤이 까르르 웃어 댔다. 그래, 내가 잠시나마 웃음을 줬다면 다행이다. 쩝.

저녁을 대충 챙겨 먹고 수돗가에 쪼그리고 앉아 설거지를 했다. 최씨 아저씨는 미스터 샤가 구해 준 구형 텐트를 조립하느라 짝이 맞지도 않는 폴대들과 뒤엉켜서 아예 싸움을 치르고 있었다. 그때 어디서 동네 개 한 마리가 나타나 킁킁거리며 스쿠터 주변을 맴돌았다. 최씨 아저씨가 다가가 손을 내밀자, 개는 꼬리를 흔들며 아저씨 손바닥을 할짝할짝 핥기 시작했다.

"넌 누구니? 우리랑 친해지고 싶어서 그래?"

아저씨 말이 채 끝나기도 전에, 개는 아예 그 자리에 발라당 배를 보이고 누워서 이리저리 뒹굴었다. 기분이 엄청 좋은 모양이었다.

"폴, 이리 와!"

옆집이었다. 낮에 만났던 골키퍼 소년이 대문 앞에서 소리쳤다. '폴'이라니! 개의 생김새를 보니 서양식 이름이 어쩐지 민망하게 느껴졌다. 녀석은 아무리 봐도 내가 어릴 때 우리 집에서 키우던 누렁이와 흡사한 토종 똥개였기 때문이다.

"폴! 낯선 사람 함부로 따라가지 말랬지? 이리 와, 어서!"

그러나 '폴'이라는 이름의 누렁이는 소년의 말을 들었는지 못 들었는지, 또는 들어도 당최 이해를 못 하는지, 여전히 최씨 아저씨 곁을 맴돌면서 자기가 할 수 있는 온갖 애정 표시를 다 하고 있었다.

"우, 쒸! 너 자꾸 이렇게 말 안 들으면 할머니한테 이를 거야. 할머니가 너 개장수 집에 갖다줘 버린댔어. 이리 안 와? 이 말썽쟁이야!"

소년이 억지로 끌고 가려 하자 불쌍한 누렁이, 아니 폴은 겁먹은 표정을 하고 몇 번 낑낑거리더니 어둠 속으로 달아나 버렸다.

누렁이의 뒤꽁무니를 안쓰럽게 바라보던 최씨 아저씨는 소년에게 타이르듯 말했다.

"골키퍼 군, 친구를 너무 막 대하는 것 아냐? 내가 보기엔 이 마을에서 너의 '유일한' 친구인 것 같은데……. 안 그래?"

나는 소년이 평소 이 마을 아이들을 촌놈이라고 부르며 무시했다던 말이 그제야 떠올랐다. 소년은 잠시 조용히 서 있었다. 속으로 뭔가를 꾹꾹 눌러 참고 있는 것 같았다.

드디어 소년이 입을 열었다.

"아니에요! 아저씨가 저에 대해 뭘 안다고 그런 말을 하는 거죠?"

그러고는 뒤돌아서 대문을 향해 뚜벅뚜벅 걸어갔다. 몇 발짝 걸었을까, 소년이 그 자리에 우뚝 서서 최씨 아저씨를 돌아보았다. 어쩐 일인지 소년의 얼굴에는 수심이 가득했다.

"아저씨, 저 뭐 하나만 얘기해도 돼요?"

최씨 아저씨가 묵묵히 고개를 끄덕였다. 소년은 그 자리에 서서 긴 독백을 시작했다. 그냥 독백이 아니라 영어로 된 독백을 말이다.

"아윌 비 인 트러블 이프 마이 맘 파인즈 아웃 댓……."

안타깝게도 내가 알아들을 수 있는 문장은 그 정도였다. 스쿨 어쩌고, 풋볼 저쩌고 하는 단어들은 띄엄띄엄 알아듣겠는데, 나머지는 그냥 블라블라 하는 무의미한 의성어처럼 들릴 뿐 무슨 말인지 알아들을 수가 없었다.

혼자 떠들던 소년은 갑자기 고개를 푹 숙이더니 한참을 그렇게 가만히 서 있었다. 조용히 듣고 있던 최씨 아저씨가 소년에게 성큼성큼 다가가 소년의 어깨를 토닥여 주었다.

"경기에 졌다니 안타깝구나. 하지만 걱정하지 마. 승패를 떠나서 엄마는 너를 무척 자랑스러워하실 거야. 네가 얼마나 열심히 했는지 알고 계시잖아. 어쨌든 앞으로도 네가 계속 축구를 할 수 있다면 좋겠구나. 방법이 없을까?"

소년은 살짝 떨리는 목소리로 대답했다.

"아뇨. 우리 집이 예전처럼 잘살지 못하기 때문에 뒷바라지하기가 어렵대요. 아빠 회사가 망해서 시골 할머니 집으로 내려왔거든요. 엄마 말로는 요즘은 아이들 축구 교실이 바이올린 레슨보다 돈이 더 많이 들어간대요. 만약 오늘 시합에서 이겼다면 축구 팀이 있는 중학교로 스카우트될 수 있었을 테고, 그러면 엄마도 한 번쯤 다시 고려해 볼 수 있었겠죠. 하지만 이제 다 틀렸어요. 우리 집은 영어 학원비도 간신히 낼 만큼 가난해졌고, 난 축구 실력을 증명할 기회를 잃었으니까요."

"너무 비관적으로만 생각하지 마라. 네가 좋아하는 일을 열심히 하다 보면 언제든 기회는 다시 오기 마련이란다."

최씨 아저씨의 말에 소년은 입꼬리 한쪽을 올리며 담담하게 웃어 보였다.

"위로해 주지 않아도 돼요. 전 괜찮아요. 원래 세상은 늘 생각처럼 되지는 않는 거잖아요."

이 말을 듣자 나도 모르게 숨이 턱 막혔다. 겨우 초등학교 6학년짜리가 지금 '세상은 원래 그렇게 녹록지 않은 거야!' 하면서 세상만사 다 아는 듯이 얘기하고 있었다. 이 녀석, 완전히 애늙은이잖아! 모든 일을 어른의 기준에서 판단하고, 현실적인 조건에 따라 미리 결론을 내려 버리고 있지 않은가 말이다.

아까 최씨 아저씨가 얘기한 '아이 되기'라는 말이 갑자기 떠올랐다. 아무리 어른이라도 쉽게 '답'을 내리지 않고 늘 '질문'하면서 세상을 새롭게 보고 호기심을 품는다면 아이 되기를 할 수 있다던 말이……. 반면 아무리 아이라 해도 세상을 뻔하게 여기고 호기심을 잃어버린다면, 질문이 없다. 애어른이 돼 버린 이 소년처럼 말이다.

최씨 아저씨는 어느새 흥미진진하다는 표정으로 팔짱을 낀 채 조용히 소년을 지켜보고 있었다. 소년은 이런 분위기를 느끼지 못한 듯 씁쓸한 미소를 흘리며 집 쪽으로 몸을 돌렸다. 그러고는 이쪽을 살짝 돌아보더니 중얼거리듯 이야기했다.

"그냥…… 그냥 속상한 제 마음을 털어놓을 대상이 필요했어요. 사실은 그동안 폴이 해 주던 역할인데, 아저씨가 아까 쫓아 버렸잖아요. 아무튼 얘기 들어 줘서 고마워요. 덕분에 스피치 연습도 잘 했고요."

역시 영어 스피치 연습 상대를 찾은 거였다. 잔망스러운 녀석 같으니……. 게다가 개를 쫓아 버리긴 누가 쫓아 버렸단 말인가. 미처 화를 내기도 전에 아이는 휙 돌아서서 대문 안으로 쏙 들어가 버렸다.

최씨 아저씨는 허허 헛웃음을 지었다.

"조숙한 소년이로군. 어른 행세를 하는 아이야. 음, 그러고 보니 내가 아는 누군가를 닮은 것 같은데……. 안 그래, 미농?"

그러면서 아저씨는 내 얼굴을 빤히 바라보았다. 물론 내가 어른 행세를 한 적이 있긴 하지만……. 그래도 저렇게 영악스럽지는 않았다고 생각한다. 진심이다.

혼자서 툴툴거리고 있는데 누가 뒤에서 어깨를 툭툭 건드렸다. 귤이었다. 저녁 먹을 때부터 어디로 사라지더니 어느새 돌아와 있었다. 귤이 손에 들고 있던 찐 감자를 내밀었다.

"당골네 할머니가 이거 갖다주래. 돼지감자 찐 거야. 그리고 텐트에서 자기 힘들면 찾아오래. 굿당에라도 이부자리 펴 주신다고."

굿당이라니! 나는 대답 대신 온몸에 진저리를 쳐 보였다. 그러자 귤은 조롱기 어린 목소리로 혀를 끌끌 찼다.

"혹시…… 너, 굿당이 무서운 거야? 하하하. 엄청 어른인 척 굴기에 철 좀 든 줄 알았더니만 아직 애기구나, 애기. 그러면서 아까 나한테 꼬마라고 했던 것 같은데? 이 꼬맹아, 내가 너보다 나이가 많단다. 이제 누나라고 불러!"

내가 언제 그렇게 어른 행세를 했었나? 잘 생각해 보니 어른들처럼 '세상은 원래 다 그런 거야'라며 뻔하게 여긴 적이 한두 번 있었던 것도 같다. 나는 쥐구멍을 찾고 싶어졌다.

그날 밤 귤은 고맙게도 우리에게 마을 회관을 기꺼이 양보하고 당골네 할매 집으로 자러 갔다. 대신 우리에게 몇 가지 조건을 걸었다. 내일 하루 당골네 할매 농사일을 도와준 뒤 하루 더 묵고 가기로 말이다. 어쨌든 귤 덕분에 노숙은 면하게 되었다. 아저씨는 귤의 제안을 듣자마자 영 마음대로 설치되지 않던 텐트 폴대부터 저만치 휙 집어 던졌다.

이튿날, 당골네 할매가 우리를 데리러 온 시각은 새벽 여섯 시였다. 당골네 특유의 귀기 어린 듯한 눈빛에 압도되어 아저씨와 나는 눈곱도 떼지 못한 채 감자밭으로 끌려 나갔다. 얼핏 봐도 끝을 알 수 없을 만큼 드넓은 밭이었다. 오늘 중으로 다 거두어들일 수는 있을까? 이 농사를 그동안 할매 혼자 어떻게 다 지은 걸까? 정말 불가사의한 게 한둘이 아니었다.

밭두렁에 걸터앉아 귤이 공수해 온 아침밥을 먹은 뒤 곧바로 작업을 시작했다. 최씨 아저씨과 내가 삽으로 땅을 파서 밭고랑을 뒤엎어 놓으면, 당골네 할매와 귤이 감자에 묻은 흙을 털어서 한 무더기씩 쌓아 놓았다. 허리 한 번 제대로 펼 틈도 없이 땀을 삐질삐질 흘리면서 삽질을 하고 있자니, 막노동도 이런 막노동이 따로 없었다. 당골네 할매는 채찍만 안 들었다 뿐이지, 눈에서 연신 퍼런 레이저를 쏘아 대며 우리를 노예처럼 부리고 있었다.

최씨 아저씨와 내가 그렇게 인권을 유린(?)당하며 죽어라 일만 하고 있을 때, 귤은 저쪽에서 감자를 가지런히 늘어놓으며 장난을 치고 있었다. 나는 머리 뚜껑이 열리는 걸 가까스로 참으며 귤에게 따져 물었다.

"야, 너 뭐야! 왜 우리만 일하고 너는 노는 건데?"

귤은 이러는 내가 도저히 이해가 안 간다는 듯 고개를 갸웃거렸다.

"너도 놀면서 해. 누가 쫓아오니? 노는 듯 즐기면서 해야 오래오래 할 수 있는 거지. 그렇게 힘든 일 얼른 끝내고 나서 실컷 놀아야지 하는 사람들은 막상 나중에 잘 놀지도 못하더라. 힘들 땐 쉬고 재미를 발견해 가면서 해야 일이 훨씬 쉬워진다는 사실 모르니? 너도 나처럼 해 봐. 이 무더기엔 예쁜 감자, 저 무더기엔 미운 감자를 담는 거야. 이거 봐, 여기 고양이 닮은 것도 있다!"

내가 보기엔 다 똑같이 못생긴 돼지감자들일 뿐이었다. 그런데 귤은 뭘 어떻게 비교하는 건지 감자를 이리 놨다 저리 놨다 줄을 바꿔 가면서 고심하고 있었다.

"이게 얼마나 재미있는데……. 난 재미없는 일은 안 해! 그나저나 이건 좀 고민된단 말이야. 이 감자는 오른손 모양이긴 한데 엄지가 살짝 잘렸어. 이건 어느 쪽에 담는 게 좋을까? 예쁜 쪽? 아님 미운 쪽?"

그 모습을 보고 있노라니 절로 울화통이 터졌다.

"똑같은 일을 하는데 어떻게 쉽게 느껴질 수 있단 말이야? 할머니, 얘 계속 이렇게 놀게 놔두실 거예요?"

좀 남자답지 못한 일이긴 해도 당골네 할매에게 고자질을 해 버렸다. 할매는 이쪽을 한번 쓱 쳐다보고는 하던 일만 계속 이어 갔다.

"아이구, 내비 둬. 놀고 싶으믄 놀다가 하믄 되지. 원래 애기덜은 다 그런 벱이여. 내가 애기 장군님 모셔 봐서 알지. 우리 장군님도 그렇고, 귤이도 그렇고, 애기들은 다 그러고 노는 거여."

정말이지 이건 말도 안 된다. 우리한테는 감시의 레이저를 뿜어 대던 당골네 할매가, 귤한테는 왜 저렇게 관대하단 말인가!

"얘는 무슨……. 지가 나보다 누나라고 얼마나 갑질을 해 대는데요!"

그러나 귤을 바라보는 할매 입가에는 흐뭇해하는 '할매 미소'가 흐르고 있다.

"귤이는 천상 애여. 쟈는 스무 살 묵어도 아흔 살 묵어도 딱 여섯 살 나이로 살 애기구먼. 기운이 참 맑다니께. 근디 내가 보기에 너는…… 백 살 묵은 할아부지가 속에 들어앉었어. 속이 아주 시꺼매. 이 의뭉시런 것!!!"

아, 똑같은 소리를 어제부터 도대체 몇 번을 듣는 건지……. 이러다가는 어른도 되기 전에 폭삭 늙어 버릴 것만 같다. 어제 최씨 아저씨와 귤이 주고받던 '아이 되기'니 뭐니 하던 얘기를 잘 들어 둘 것을, 하는 후회가 밀려왔다.

그때 당골네 할매가 저쪽을 힐끔 쳐다보더니 갑자기 목소리를 깔면서 음험하게 말했다.

"저기 저 냥반도 보통이 아닌디 속을 통 들여다볼 수가 없어. 우리 장군님도 저 속이 안 보인다고 이상하다고 하잖여. 나라를 두어 번 갈아엎을 위인인 것만큼은 분명한디, 손에 총을 든 것 같기도 하고 꽃을 든 것 같기도 하단 말여. 으른도 아니고 애도 아니고, 죽은 것도 아니고 산 것도 아니여. 거참 수상햐, 수상햐……."

할매가 가리키는 손가락 끝에서는 최씨 아저씨가 땅에 너무 깊이 꽂혀 버린 삽날을 빼내느라 안간힘을 쓰고 있었다. 내가 보기엔 그냥 어리숙하고, 쓸데없이 호기심만 많고, 귀찮을 만큼 오지랖 넓은 외국인 노동자일 뿐인데……. 이런저런 생각과 의문이 교차하는 사이, 감자 무더기들이 돌탑처럼 밭고랑 여기저기에 만들어졌다.

이제 마무리할 차례였다. 최씨 아저씨가 감자를 차곡차곡 가마니에 담는 일을 하고, 나와 귤이 집까지 리어카로 실어 나르는 일을 맡았다. 당골네 할매는 감독관이자 관리자로 밭에 남아 최씨 아저씨를 끝까지 괴롭힐 모양이었다. 나는 감자 가마니들을 리어카에 옮겨 싣고 할매의 레이저 광선 사정거리에서 서둘러 벗어났다.

아까부터 땀을 삐질삐질 흘리며 앞에서 리어카를 끌고 있는데, 뒤에서 촐랑촐랑 따라오던 귤이 말을 걸었다.

"너 그거 아니? 감자는 몸체를 칼로 뚝뚝 썰어서 자른 상태 그대로 흙에 심는 거야. 원래 감자는 뿌리가 아니라 줄기가 변형된 거래. 그러니까 마치 꺾꽂이하는 것처럼 씨감자를 잘라서 심는 거지. 정말 신기하지 않아? 아무리 잘게 잘라도 씨눈만 있으면 거기에서 새로운 줄기가 뻗어 나와 감자가 된다는 거잖아. 생명이란 정말 신비로워."

"원래 감자는 그런 거야. 덩이줄기 식물이잖아."

수업 시간에 졸지 않고 들었던 걸 기억해 낸 덕분에 나는 큰 소리로 아는 척할 수 있었다. 그러나 정작 귤은 내 얘기를 들었는지 못 들었는지 혼자서 감격에 겨워 환호성을 질러 댔다.

"그리고 아까 봤지? 땅속에서 감자들끼리 다 연결돼 있는 거! 땅속에 묻혀서도 서로 소통하고 있는 거잖아. 와우, 정말 신비스러운 식물이야!"

뭐가 그리 신기하다는 건지……. 산은 산이요, 물은 물이요, 감자는 감자일 뿐이고, 난 이 무거운 리어카가 엄청나게 버거울 뿐인데!

하지만 솔직히 귤이랑 단둘이 리어카를 끌고 가면서 이런저런 얘기를 나눈 건, 뭐 그리 나쁘지 않았다. 귤이 좀 별종이고 특이하긴 하지만, 함께 있으면 이제까지 내가 알던 식상한 세상도 아주 신기한 뭔가가 된다. 뻔하게 보던 것도 색다른 시각으로 보면서 특별한 의미를 발견하게 된다. 물론 돼지감자도 그중 하나다. 어쩌면 아이처럼 산다는 건 언제나 세상을 처음 대하는 것처럼 설렘을 안고 사는 게 아닐까 하는 생각이 문득 들었다.

마을 앞 오르막길에서 리어카가 제대로 나가지 못하고 주춤거리자, 귤이 앞으로 뛰어와서 리어카를 함께 당겨 주었다. 귤은 왜 뒤에서 밀지 않고 앞으로 와서 잡아당긴 걸까? 리어카 손잡이를 통해 뭔가 찌릿한 것이 전해지면서, 별안간 심장이 '쿵' 하고 내려앉았다. 나는 살짝 얼굴이 빨개졌지만 귤에게 들키기 싫어 고개를 돌렸다.

저녁때 당골네 할매가 집에서 키우던 토종닭을 잡았다며 백숙을 해서 가져왔다. 최씨 아저씨와 나는 열심히 먹었는데, 귤은 손도 대지 않았다. 강아지의 선한 눈빛에 매료된 뒤로 고기를 먹지 않기로 했다고 한다. 쳇, 아무튼 까다로운 여자임에 틀림없다.

우리가 저녁을 먹는 내내 당골네 할매는 밥상머리를 지키고 앉아서 닭고기를 솜씨 좋게 뜯어 주었다. 그러면서 우리에게 들으라는 듯 연신 한숨을 내쉬었다.

"어이구, 낼은 콩이랑 깨를 거둬야 허는디……. 이 늙은이 혼자 그 많은 걸 다 어트게 헌다! 애구, 내 팔자야!"

최씨 아저씨가 나를 건너다보더니 씨익 웃었다. 결국 우리는 그렇게 암묵적인 동의 아래 이 마을에서 하루 더 머물기로 했다. 나도 이 마을을 금방 떠나기가 어쩐지 아쉽긴 했다. 귤은 아까부터 찐 감자를 먹으면서 아이처럼 까르르까르르 웃고 있었다.

아이는 어른의 선생이다!

네 살 무렵의 아이들은 하루 평균 98번의 질문을 한다고 합니다. "나는 왜 고양이가 아니에요?" "꿈은 왜 만질 수가 없나요?" "왜 그런 거죠?" "왜요?" 아이들의 기상천외한 질문에 어른들은 곤혹스러워 하곤 합니다. 평소에 그런 호기심을 품어 본 적이 없기 때문입니다. 심지어는 너무나 당연한 것을 질문하는 건 쓸데없다고 생각하는 어른들도 있지요. 그러나 세상은 늘 변화합니다. 어느 것도 당연한 것은 없고 사람들이 미처 모르는 다양한 가능성이 있는데, 어른들은 왜 모든 것을 당연하다고 생각하는 걸까요?

세상을 흔히 알고 있는 방식 그대로 받아들이는 것을 고정 관념이라고 하지요. 아이들에게는 이런 고정 관념이 없습니다. 대신 아이들은 생명력과 활력으로 가득 차 이리저리 움직이고 엄청난 호기심과 상상력으로 깜짝 놀랄 만한 창조적인 질문을 던집니다. '아이는 어른의 선생'이라는 말은 아이들의 그런 특성을 거울로 삼자는 뜻일 것입니다.

들뢰즈와 가타리도 '아이 되기'를 제안했습니다. 아이 되기를 하려면 아이들처럼 고정 관념이 없는 참신한 질문을 던질 수 있어야 합니다. 그러니까 아이 되기는 유치해지고 유아적으로 바뀌는 퇴행이 아니라 창조성, 상상력, 영감의 순간으로 돌아가는 역행(involution)을 뜻합니다.

그런데 들뢰즈와 가타리보다 400년이나 먼저 아이 되기를 주장한 철학자가 있습니다. 바로 명나라 때의 양명학자 이탁오(李卓吾)입니다. 그는 관직에 몸담고 있다가 어느 순간 그만두고 유불선(儒佛仙)의 경계를 넘나들며 도를 찾는 학문 활동에 전념합니다. 당대의 유교적인 관습과 도덕에 맞선 사상을 전개한 결과 그의 책은 모두 금서가 되었으며, 그 역시 끝내 감옥에 갇혀 죽음을 맞이합니다. 특히 그의 저서 『분서』(焚書)는 공자의 '정명론'(正名論)을 정면에서 부정함으로써 이단적인 사상으로 낙인찍히게 됩니다. 이탁오는 명분을 중시하는 정명론이 아닌 마음을 중시하는 양명학(陽明學), 그중에서도 아이의 마음을 중시하는 동심설(童心說)로 이행한 것이지요.

그 시대의 주류 사상인 유교는 아이들의 마음을 동물과 같은 것으로 여기고, 혹독한 배움의 과정을 거쳐 성인이 되게 만들려는 내용으로 이루어져 있었습니다. 이탁오는 이에 맞서 아이들의 마음으로 돌아가는 것이 배움이라고 주장했습니다. 즉 문명은 동심의 상실을 초래했으니, 동심을 회복함으로써 억압과 획일화 같은 문명의 병리적인 상황에서 벗어나야 한다는 것이지요.

이탁오의 동심설에 영향을 받은 인물이 우리나라에도 있었습니다. 바로 조선 후기의 문필가 허균입니다. 그는 중국에서 금서로 취급받던 이탁오의 책을 몰래 조선으로 가져와 이를 바탕으로 소설을 씁니다. 문제의 작품이 바로 그 유명한 『홍길동전』입니다. 허균은 『홍길동전』에서 마치 ADHD 증상처럼 이리저리 놀이를 바꾸는 아이의 모습을 도술을 부리는 것이라고 했고, '아버지를 아버지라 부르지 못하는 아이', 즉 기존 질서에 포섭되지 않는 아이를 등장시켰으며, 동심으로 돌아간 이상향으로서의 나라 율도국을 상상했습니다. 아이 되기는 정치·경제·사회·문화로 질서 잡힌 '아버지의 세계'가 아니라 '아이의 세계'인 놀이·활동·재미·활력과 생명 에너지의 질서로 나아가자고 제안하는 것입니다.

예나 지금이나 아이들이 나서면 세상이 바뀐다고 합니다. 그래서 어른들에게 아이들이 배우는 것이 아니라, 오히려 어른들이 아이들에게 배워야 하는 것이지요. 동심의 순수함을 상실한 현존 문명에서 아이 되기는 세상을 달리 볼 수 있는 또 하나의 창을 만들어 냅니다.

4

나를 자유케 하라

밤새 개 짖는 소리에 잠을 설쳤다. 처음 시작은 옆집 개였던가, 뒷집 개였던가? 사실 그게 뭐가 중요하겠는가? 밤 열 시쯤 한 마리가 두어 번 짖어 대는가 싶더니 어디서 화답하듯 몇 마리가 한꺼번에 짖는 소리가 들리고, 곧이어 그 아랫집과 그 옆집의 옆집 개들까지 가세했다. 그러니까 온 동네 개들이 밤새 한목소리로 '지금 니들이 잠이나 자고 있을 때냐!'고 성토대회를 벌였다는 것이 이 사건의 핵심이다.

어쩐지 듣는 사람을 슬프게 만드는 묘한 울음소리였다. 때가 되면 그치겠지 싶어 이불을 뒤집어쓰고 기다렸지만 좀처럼 잦아들 기미가 보이지 않았다. 나중에는 뉘 집 아기 울음소리까지 섞여 들었다. 온 동네 개들이 한꺼번에 시위라도 하는 것 같았다.

도저히 참을 수 없어서 부스스 일어나 마을 회관 문을 열고 나가니, 최씨 아저씨가 당산나무 아래 평상에 올라가 마을을 향해서 있었다. 동네 개들이 울부짖는 이유를 피부로 느끼겠다는 듯 조용히 눈을 감고 소리 나는 쪽으로 온 신경을 쏟은 상태였다. 하지만 개들의 슬픈 울음소리는 좀처럼 그치지 않고, 밤하늘에 촘촘히 박힌 별들 사이로 강물처럼 흘러갔다. 개 짖는 소리는 그렇게 새벽까지 오래오래 이어졌다.

그럼에도 당골네 할매는 어김없이 새벽 여섯 시에 맞춰 마을 회관에 나타났다. 최씨 아저씨는 벌써 일어나 양말을 챙겨 신고 있었지만, 나는 이부자리에서 나가지도 못하고 비몽사몽간에 눈만 끔벅거렸다. 할매도 어젯밤 잠을 설쳤는지 두 눈에서 뿜어 나오던 레이저 광선의 기운이 꺾여 있었다. 늑장을 부리는데도 별로 타박을 하지 않기에, 나는 이불 속으로 더 파고들었다.

당골네 할매가 계속 하품을 해 대며 말했다.

"장정들, 어제 잠은 좀 잤나 몰러. 아휴, 동네 개덜이 밤새 뭔 난리랴!"

"동네에 개가 많은 모양이죠? 무슨 일인지 아주 구슬프게 짖더군요."

최씨 아저씨가 묻자 당골네 할매는 지긋지긋하다는 표정으로 고개를 저었다.

"저 건너 개장수네 아들놈 땜에 그려. 허구한 날 황구를 패 쌓더니만, 어제는 동네 개덜까지 다 때려잡겠다고 생난리가 났다누먼. 으이구, 흉악한 인종 같으니라고!"

할매는 혀를 끌끌 찼다. 할매 말로는 이 마을 외곽에 몇 년 전까지 개 사육장으로 쓰던 빈 농장이 하나 있다고 한다. 을씨년스럽게 흉물이 되어 버린 개 사육장에 이제 딱 한 마리 남은 늙은 개 황구를, 그 집 아들이 날마다 두들겨 팬다는 것이다.

"그거 동물 학대죄로 걸려요. 경찰에 신고하세요, 신고! 아, 놔, 이 어르신들이 법을 잘 모르시네."

언젠가 텔레비전 동물 관련 프로그램에서 동물 학대하는 사람을 경찰에 신고하고 동물을 구출하는 장면을 본 것이 생각나서 나는 재빨리 아는 척을 해 보았다. 그러자 당골네 할매 눈에서 순간적으로 레이저 광선이 번쩍 점화했다.

"야가 뭔 소리랴! 5년 전에 개장수 내외가 사고로 세상 뜨고 그 아들내미 혼자 남은 거여. 아무리 넘의 자식이라도 한동네 사람인디 경찰에 고발을 하란 말여? 나 참, 서울 것덜은 이르케 정이 없어, 정이."

할매의 기세에 움찔한 나는 슬그머니 이불 속에서 기어 나와 주섬주섬 양말부터 찾아 신었다. 더 이상 게으름을 피우다가는 된통 혼날 것 같았기 때문이다. 당골네 할매 얼굴에는 걱정 반, 노여움 반, 복잡한 표정이 서려 있었다.

"학대라고 할 것까지 있나, 뭐……. 개 잡는 일이 지 아부지가 하던 일이었고, 지도 어려서부터 늘 보던 게 개 잡는 광경이었으니께 말이여. 그래두 남의 개는 건들지 말어야지. 지나가는 동네 개덜 반빙신 맨들어 놓은 게 벌써 몇 마린지 몰러. 어제도 동네 개 한 마리를 아작을 냈다더만. 으이구, 육시럴 것!"

개들을 때린다는 말을 들은 최씨 아저씨가 놀란 표정으로 할매를 쳐다봤다. 할매는 그 흉악한 녀석 얘기는 꺼내지도 말라면서 손을 내저었다.

그러니까 어젯밤에 동네 개들이 개 사육장을 향해 단체 농성을 벌인 셈이다. 개들의 억울한 사정이야 이해하지만, 야밤에 온 동네가 떠나가라 짖어 대서 무고한 사람들의 잠을 빼앗은 죄는 용서하기 어렵다……고 나는 잠결에 생각했다. 잠결에……? 앗! 내가 지금 졸고 있었던 건가? 깜짝 놀라 정신을 차렸다. 낫질을 하다가 깜빡 졸았던 모양이다. 하마터면 콩대와 함께 내 손가락까지 쓱 베어 버릴 뻔했다.

'아, 한숨도 못 잤는데! 이 많은 콩을 언제 다 벨 수 있을까?'

그냥 밭두렁에 큰대자로 뻗어서 실컷 잠이나 자고 싶은 생각이 굴뚝같았다. 나보다 조금 앞에서 낫질을 하던 최씨 아저씨도 잠시 허리를 쭉 펴고 한숨 돌리는 중이었다.

"미농, 지금 저 소리 들려?"

사방이 조용했다. 도대체 무슨 소리가 들린다는 거지? 나는 먼 우주에서 들려오는 외계인의 신호라도 잡으려는 것처럼 귀를 쫑긋 세웠다. 아무 소리도 안 들리…… 아니, 뭔가 들렸다. 개 짖는 소리였다. 멀리 마을 쪽에서 희미하게 개 짖는 소리가 나고 있었다. 한두 마리가 아닌 듯한 게 어젯밤 같았다. 나는 자동적으로 마을 쪽을 획 돌아보았다.

저 멀리 콩알만 한 점이 밭둑길을 따라 굴러오는가 싶더니, 얼마 지나지 않아 이쪽으로 헐레벌떡 뛰어오는 귤이 보였다.

"어, 귤이다!"

우리 앞에 도착했을 때 귤은 숨을 헐떡이느라 말도 제대로 하지 못했다.

"개가…… 헉헉헉, 옆집, 큰대문집 개가 다쳐서…… 헉헉헉, 피를 엄청 많이…… 꼬마가 마을 회관에 와서 도와 달라고…… 헉헉헉."

무슨 얘기인지 알아듣기가 힘들었다. 하지만 균의 설명이 채 끝나기도 전에 번개처럼 내 앞을 가로질러 뛰어가는 것은 바로 최씨 아저씨였다. 최씨 아저씨는 낫을 집어 던진 채 마을을 향해 뛰었다. 그 뒤를 균이 따라서 뛰었고, 나도 엉겁결에 달려 나갔다. 아무튼 이 힘든 콩 수확 작업에서 해방된다는 사실이 나는 그저 기쁠 따름이었다.

큰대문집 앞에 도착했다. 골키퍼 소년이 '폴'이라고 부르던 누렁이 모습이 떠올랐다. 어제도 둘이 원반을 던지면서 노는 소리가 담 너머로 들렸는데, 지금은 소년이 흐느끼는 소리만 을씨년스럽게 들려왔다.

앞서 뛰어가던 최씨 아저씨가 큰대문집 안으로 불쑥 들어갔다. 폴은 사랑채 댓돌 위에 처연하게 누워 있고 골키퍼 소년은 폴의 등을 연신 쓰다듬으며 훌쩍이고 있었다. 소년의 엄마도 걱정스러운 얼굴로 마당을 서성이고 있었다. 폴은 피 묻은 뒷다리를 가끔씩 파르르 떨었다. 통증이 심한지 계속 낑낑거리며 앓는 소리를 냈다. 당연히 동물 병원이라곤 없는 시골 마을이었다. 얼마 전까지 면 소재지에 있던 축산 병원도 문을 닫았다고 했다.

최씨 아저씨가 성큼 다가갔다.

"폴의 상태가 어떤지 제가 한번 봐도 될까요?"

낯선 얼굴의 외국인이 한국말을 유창하게 하는 것을 보고 소년의 엄마는 조금 놀란 기색이었다. 그러나 아저씨는 개의치 않고 폴을 여기저기 살펴보았다.

"어쩌다 이렇게 많이 다쳤나요? 단순한 사고는 아닌 것 같은데……."

"아침 일찍 동네 개들이랑 어울려 나가더니 이 꼴이 되어 돌아왔어요. 아까부터 개 사육장 쪽에서 개 짖는 소리가 유난히 소란스럽기에 오늘 또 뉘 집 개가 다치겠구나 생각했는데, 그게 우리 폴일 줄이야……."

소년의 엄마가 울고 있는 소년의 어깨를 다독거리며 대답했다. 최씨 아저씨가 폴의 다리 쪽을 가리키며 말했다.

"다리뼈에 금이 갔을 수는 있지만 다행히 부러진 건 아니에요. 문제는 탈골인데……. 이대로 두었다가는 장애가 생길 수밖에 없어요. 뼈를 맞춘 후에 움직이지 않도록 고정해야겠군요."

아저씨의 눈빛이 전에 없이 초롱초롱 빛나고 있었다. 사람들은 아저씨의 설명에 빨려 들어갈 것처럼 귀를 기울이고 있었다.

"하지만 마취 없이 하기엔 통증이 심할 텐데……. 괜찮으시다면 진통제라도 먹인 다음에 시도해 볼까요? 그럼, 일단 각자 가지고 있는 구급약들을 여기로 다 모아 봅시다."

최씨 아저씨가 말을 마치자마자 다들 약속이나 한 듯이 일사불란하게 움직였다. 뒤늦게 도착한 당골네 할매도 허겁지겁 자기 집 쪽으로 뛰어갔다. 사람들이 약을 찾아서 가져오는 동안 최씨 아저씨는 마당에 뒹구는 굵은 나뭇가지 하나를 주워서 폴의 주둥이에 꽉 물려 놓았다.

각자 가져온 구급약들을 한데 모았다. 최씨 아저씨가 핀셋이며 붕대까지 빠짐없이 챙겨 온 우리 집 구급약 상자부터 귤이 내

놓은 렌즈 세척용 식염수와 변비약, 그리고 큰대문집 할머니와 당골네 할매가 그동안 병원에서 처방받아 먹고 남겨 놓은 감기약과 관절염약, 당뇨약까지 종류도 참 다양했다. 최씨 아저씨는 약봉지들을 하나하나 분해하더니 필요한 약만 쏙쏙 골라서 분류했다. 그러고는 귤에게 몇 종류의 알약을 빻아 가루로 만들라고 지시했다. 먼저 진통제로 보이는 약 가루를 물에 잘 개어 폴에게 먹였다. 그 솜씨가 예사롭지 않아 보였지만, 상황이 상황이니만큼 궁금증은 꾹 눌러 삼켰다. 나는 폴이 움직이지 못하게 뒷다리를 붙잡는 역할을 맡았다.

최씨 아저씨는 폴의 아픈 다리를 양손으로 붙잡고 손으로 더듬어 가면서 관절 상태를 점검하는 듯했다. 그러더니 갑자기 뚝, 소리를 내면서 관절을 잡아 뺐다. 순식간이었다. 모두 숨을 멈추고 폴에게로 시선을 모았다. 폴은 입에 물린 나뭇가지 때문에 컹컹 짖지도 못하고 숨을 몰아쉬면서 으르렁댔다. 원래 순한 녀석인지라 자리를 박차고 달아나거나 사람을 물지는 않았다. 다만 다리를 지탱해 줄 부목을 대는 동안 녀석이 너무 심하게 발버둥을 친 탓에, 뒷다리를 잡고 있던 나는 팔뚝이며 얼굴이며 가리지 않고 고스란히 발길질을 당해야만 했다.

상처를 소독하고 소염제를 바른 뒤 마지막으로 아저씨는 몇 가지 알약을 가루 내서 1회분씩 나누어 먹이라고 설명해 주었다. 한참을 낑낑거리며 뒤채던 폴은 따뜻한 물주머니로 보온을 하고 담요를 덮어 주자 어느새 잠이 들었다. 그제야 소년은 울음기를 거두고 차츰 웃음을 되찾았다. 소년의 엄마는 최씨 아저씨에게 연신 허리를 굽히며 고맙다고 인사했다.

그렇게 다시 평화가 찾아오는가 싶었다. 하지만 큰대문집 문을 열고 나서자마자 우리를 둘러싼 공기가 묘하게 돌변했다. 당골네 할매가 한동안 꺼 두었던 레이저 광선을 재가동하면서 최씨 아저씨를 아래위로 꼼꼼히 훑어보기 시작한 것이다.

"외국인 선상님은 뭐 하던 분이시유? 나는 그냥 막일꾼인 줄만 알었더니 치료하는 솜씨를 보니께 의술을 할 줄 아는 게벼. 얘기 좀 해 봐유. 어디서 뭐 하다 왔슈?"

줄곧 '최씨'라고 하던 호칭도 어느새 '외국인 선상님'으로 바뀌어 있었다. 당골네 할매만이 아니었다. 바로 옆에서 귤도 최씨 아저씨의 정체를 알고 싶다는 의지로 눈을 반짝이고 있었다. 아저씨는 답하기 곤란하다는 듯 허허 웃기만 했다. 할머니와 귤이 한꺼번에 뿜어내는 광선이 여간 부담스럽지 않은 모양이었다.

"여기 오기 전에는 그러니까, 음…… 전쟁터에 있었지요. 싸우다 다친 동료들을 돌봐 주기도 하고. 하하하."

아저씨가 뒤통수를 긁적이자 귤이 고개를 갸웃거렸다.

"아저씨, 여기 오기 전에 볼리비아에 있었다고 하지 않았나요? 지금 볼리비아가 전쟁 중인가요? 전쟁은 이라크나 아프가니스탄 같은 데서만 하는 줄 알았는데……."

귤의 질문에 대답할 말을 찾느라 아저씨는 팔짱을 끼고 곰곰이 생각에 잠겼다. 두 사람의 지나친 호기심이 부담스러운 듯 보였다. 아무리 궁금한 게 있어도 이렇게 사람을 몰아붙이는 것은 어쩐지 옳지 않은 일 같았다. 나라도 나서서 최씨 아저씨를 보호해 줘야 할 것 같은 의무감이 느껴졌다. 급하게 머리를 굴린 끝에 텔레비전 여행 프로그램에서 본 내용이 생각나, 귤이 얘기하는 중간에 슬쩍 끼어들었다.

"어, 내가 알기로는 몇 년 전 볼리비아에서 큰 내전이 벌어졌어. 아마 일부 지역은 아직도 준내전 상태일 거야. 다시 쿠데타가 나네 마네 그러고 있다던데……. 거리에 총 들고 돌아다니는 민병대원들도 있고."

최씨 아저씨가 놀란 눈으로 나를 돌아보더니 입가에 살짝 웃음을 머금었다. 내가 자기를 감싸 주려 한다는 것을 알아차린 듯했다. 의외라는 표정이었다.

"미농, 마치 볼리비아에 다녀온 것 같아. 하하, 맞아. 거기 사람들은 가끔 총상을 입기도 해. 간단한 의료 기술은 생존에 꼭 필요하지. 어떤 기술이든 배워 두기만 하면 요긴하게 쓰이니까."

이 말은 당장 효력을 발휘했다. 당골네 할매가 고개를 끄덕이며 격하게 공감을 나타낸 것이다.

"아이고, 그랬구먼! 거참, 전쟁 중에 고생이 많었겄네. 거기는 의사가 귀하겄지. 우리도 전쟁 때는 병원이 어디 있었나? 공습 때 사람들 숱하게 죽고 다쳐도 약이 변변치 않으니께, 피가 철철 나는 데다 약초 뿌랭이 씹어서 붙이고 그랬어. 아무나 의원 노릇을 했으니께. 쯧쯧, 그러니께 전쟁 통에 살기 힘들어서 이 나라로 돈 벌러 왔구먼. 그런 사연이 있었네그랴."

최씨 아저씨 입에서 직접 나온 얘기는 별로 없는데, 당골네 할매는 단숨에 모든 걸 이해했다는 투였다. 할매가 6·25 때 경험을 떠올려서 사연을 '창작'해 버리는 통에 어쨌든 아저씨는 질문 공세에서 벗어날 수 있었다. 그러나 할매 옆에서 조용히 듣고 있던 귤의 예리한 눈은 여전히 최씨 아저씨에게 꽂혀 있었다.

그 사실을 아는지 모르는지 아저씨는 더는 부연 설명을 않고 할매에게 불쑥 물었다.

"그 개 사육장이라는 곳이 어디죠?"

그렇다. 천하의 오지라퍼 최씨 아저씨가 그냥 지나칠 리 없었다. 나는 상황이 복잡해질 것 같은 불길한 예감을 속으로 삼키며, 벌써 저만치 앞서 걸어가는 최씨 아저씨의 뒤를 따랐다. 당골네 할머니와 귤이 걱정스러운 눈으로 우리를 바라보고 있었다.

개 사육장은 마을에서 조금 떨어져 뒷산으로 가는 모퉁이에 한적하게 자리 잡고 있었다. 곳곳에 빈 철창이 나뒹구는 풍경은 을씨년스러움 그 자체였다. 이런 곳에서 과연 누가 살 수 있을까 싶을 만큼 폐허가 된 마당에는 부서진 가재도구들이 여기저기 쌓여 있었다.

사위는 조용했고, 가을 햇볕이 발끝에서 바스락바스락 부서졌다. 나는 누가 안채에서 몽둥이를 들고 뛰어나올 것만 같은 두려움에 심장이 바짝 오그라들었다. 하지만 최씨 아저씨는 전혀 망설임 없이 마당 안쪽으로 뚜벅뚜벅 걸어 들어갔다. 찌그러진 양철 대야가 아저씨 발에 차이면서 쿵쾅 소리가 났다. 깜짝 놀란 나는 그대로 얼어붙어 버리는 줄 알았다.

'이크, 이제 집주인에게 제대로 들키겠구나!'

그러나 안채에서는 아무 반응도 없었다. 서늘해진 가슴을 조용히 쓸어내렸다. 마당 안쪽으로 더 들어가니 어디서 이상한 소리가 들려왔다. 뭔가 낑낑거리는 소리였다. 마당에 버려진 가재도구들 사이로 뭐가 조금씩 움직이는 것이 보였다. 개였다. 여기저기 딱지가 져서 지저분한 모습으로 땅바닥에 쭈그려 앉아 상처를 열심히 핥고 있었다.

"여기 있었구나. 네가 황구지? 어디 보자."

이 아저씨는 개나 소나 모두 다 자기 말을 알아들을 거라 생각하는 걸까? 마치 사람에게 하듯 개에게 인사를 하다니……. 나는 혼자 투덜대면서 아저씨 등 뒤에 서 있었다.

그런데 황구는 정말로 아저씨의 말을 알아들었는지, 꼬리를 흔들며 아저씨에게 다가왔다. 정말 알다가도 모를 일이었다. 오히려 서너 발짝 떨어져 있는 나를 보고는 으르렁거리며 위협하는 행동을 했다. 아저씨가 뒷목을 긁어 주면서 "괜찮아, 괜찮아." 하며 달래자, 황구는 언제 그랬냐는 듯 낑낑거리며 바닥에 몸을 뉘였다. 설마…… 진짜 알아듣는 건 아니겠지……?

황구의 몸에는 오랫동안 학대받은 흔적이 그대로 새겨져 있었다. 여기저기 피딱지가 앉은 털은 저절로 눈살이 찌푸려질 정도로 지저분했다.

"녀석, 많이 힘들었구나. 내가 너를 여기서 곧 데리고 나가 줄게. 잠깐만 기다려……."

아저씨는 황구의 등을 쓰다듬으며 중얼거렸다. 황구는 통증을 참느라 끙끙대면서도 연신 아저씨의 손바닥을 핥고 있었다.

그때였다. 안채에서 현관문이 벌컥 열리면서 누가 밖으로 나왔다. 현관 앞에는 수십 개의 소주병이 널려 있었다. 두어 번 기침 소리가 들리고 슬리퍼 끄는 소리가 이어졌다. 그리고 후줄근한 추리닝을 입은 남자가 한쪽 다리를 절뚝이면서 나타났다. 남자는 눈 밑에 칙칙한 다크서클을 드리우고 세상 모든 존재들이 다 불만스럽다는 듯 잔뜩 찌푸린 얼굴로 등장했다. 대여섯 발짝이나 떨어진 내 자리까지 술 냄새가 역하게 밀려왔다. "젊은 놈이 대낮에도 술에 취해 있기 일쑤"라던 당골네 할매 말이 생각났다. 한눈에도 그가 알코올 중독인 것을 알 수 있었다.

남자는 낯선 사람들이 마당에 들어와 있는 것을 보고 깜짝 놀란 모양이었다. 특히 외국인인 최씨 아저씨를 보고 눈이 휘둥그레졌다. 그러고는 난감하다는 표정으로 나를 쳐다봤다. 나이는 어려 보여도 한국인인 내가 말이 통하겠다 싶은 모양이었다.

"누구……?"

그때 내 눈에 들어온 것은 남자의 한쪽 손에 들려 있는 지팡이였다. 나는 본능적으로 최씨 아저씨를 돌아보았다. 아저씨는 그 남자가 지팡이를 쭉 뻗으면 한 대 맞을 자리에 앉아 있었다. 게다가 남자의 공격을 방어할 도구도 하나 없이 표정부터가 그야말로 무방비 상태였다. 나는 조마조마한 마음으로 남자와 최씨 아저씨를 번갈아 바라보았다.

"저…… 개를…… 저희한테 파시겠어요?"

나도 모르게 튀어나온 말이었다. 내 생각에는, 황구를 여기서 데리고 나가겠다는 최씨 아저씨의 말을 실현시킬 방법은 이것밖에 없을 것 같았기 때문이다. 그러자 남자는 기가 막히다는 듯이 나를 노려봤다. 여차하면 지팡이를 던질 기세였다.

"뭐야? 남의 집에 마음대로 들어와서 다짜고짜 남의 개를 팔라니……. 여기 개 파는 데 아니야. 돌아들 가쇼."

나는 숨을 헉 삼키며 최씨 아저씨 쪽을 건너다봤다. 당장이라도 "그럼 안녕히 계세요." 꾸벅 인사를 하고 아무렇지 않게 이 자리를 빠져나가고 싶은 마음이 굴뚝같았다. 그러나 최씨 아저씨는 못 들은 척 황구의 턱 밑을 긁어 주면서 천연덕스럽게 물었다.

"저, 황구가 지금 몇 살이죠? 언제부터 여기에 살았나요?"

최씨 아저씨가 유창한 한국어를 들이대자 남자의 찌푸린 얼굴이 더 구겨졌다. 골치가 지끈지끈 아프다는 표정이었다.

"안 판다고! 사육장 망해서 이제 영업 안 하니까, 개 살 생각 말고 가라고. 젠장, 웬 바보들 때문에 잠도 못 자고. 숙취로 머리 아파 죽겠는데……."

남자는 술이 깨는 도중인 모양이었다. 내가 어릴 때 옆집에 살던 알코올 중독 아저씨는 술 깨는 것이 고통스러워서 또 술을 마신다고 했다. 그래서 그 집 아이들은 자기 아버지가 술이 깰 때쯤엔 어딘가에 요령껏 숨어 있어야 했다. 알코올 중독자들은 대부분 술 깨는 시간에 가장 폭력적인 법이다. 그는 최씨 아저씨를 상대하기 싫다는 듯 아예 외면하고 나를 향해서 소리쳤다.

"이봐, 당장 여기서 나가. 저 이상한 외국인 데리고, 얼른!"

남자는 지팡이를 휘두르며 나에게 명령하듯 말했다. 나는 그의 눈에서 번뜩이는 불꽃을 보았다. 나도 어서 빨리 이 자리를 벗어나고 싶었다. 하지만 최씨 아저씨는 황구 앞에 앉은 그대로 전혀 꿈쩍할 생각을 않고 남자를 향해 입을 열었다.

"개가, 아주 옛날에는 회색 늑대였다는 사실을 아십니까?"

정말 뜬금없는 말이었다. 남자는 도대체 무슨 소리를 하는지 알아들을 수 없다는 표정으로 아저씨를 쳐다봤다. 아저씨는 남자를 지그시 바라보며 말을 이어 갔다.

"야생의 늑대가 인간에 의해 길들여져서 지금의 개가 된 것은 아주 오래전, 그러니까 인류가 아직 동굴에 기거하던 석기 시대였지요. 무려 1만 8천 년 동안 인간과 개는 함께 먹고 자는 친구였어요. 그것은 늑대가 인간의 식성을 닮아 잡식성의 개가 될 만큼 아주 긴 시간이지요."

남자와 팽팽하게 기 싸움을 이어 가던 최씨 아저씨가 황구의 머리를 조심스레 쓰다듬으며 말했다.

"그러고 보니…… 황구는 나이가 꽤 많아 보이네요. 열서너 살쯤? 아니면 그보다 더 많은가요? 하지만 아무리 오래 살았다 해도 1만 8천 년에 걸쳐 만들어진 자신의 유전자를 배반할 수 있을 만큼 긴 시간은 아니지요. 그토록 괴롭힘을 당하는데도 황구는 여전히 당신 같은 인간을 친구라고 여기고 있잖아요. 자, 봐요."

어느새 황구는 상처 투성이의 몸을 이끌고 절룩거리며 걸어가서 남자의 다리에 슬며시 이마를 비비고 있었다. 마치 "너는 내 친구다."라고 말하는 것 같았다. 남자의 얼굴이 살짝 붉어졌다.

"단순히 밥을 주기 때문에 복종해야 하는 존재로 여기는 것 같지는 않군요. 당신은 그 역할마저도 제대로 하고 있지 않으니까요. 황구에게 마지막으로 먹이를 준 지 얼마나 됐죠?"

최씨 아저씨가 손가락을 들어 땅바닥을 가리키며 말했다. 바닥에 뒹굴고 있는 밥그릇은 완전히 비어 있었다. 그동안 황구가 얼마나 열렬히 핥아 댔는지 말라붙은 밥풀 하나 없이 아주 깨끗했다. 아저씨의 목소리가 조금 높아졌다.

"황구를 이렇게 굶기면서도 붙들어 두는 이유가 뭔가요?"

최씨 아저씨의 발언은 갈수록 수위가 높아지면서 남자의 속을 박박 긁어 대고 있었다. 도대체 아저씨의 속셈을 알 수가 없다. 아무래도 한 대 맞고 싶은 게 분명했다.

남자의 눈썹이 순간적으로 꿈틀했다. 머지않아 주먹이 날아올 터였다. 남자는 한참 동안 최씨 아저씨를 쏘아보더니, 한순간 피식 웃었다. 어이없다는 웃음이었다.

"의도가 뭐요? 그렇게 야불대다가 한 대 맞고 싶소?"

"한 대 맞고 피해 보상으로 황구를 달라고 하면 주실 겁니까?"

최씨 아저씨가 턱을 바짝 들고 대답했다. 그러자 남자는 슬며시 고개를 돌렸다. 지팡이를 짚은 손이 파르르 떨리고 있었다.

"그냥 데려가슈. 난 그 개 묶어 놓은 적 없수다. 아무리 쫓아 버려도 다시 돌아와서 오히려 골치요. 데려갈 수 있으면 데려가 주쇼. 나도 술 깼을 때 그 녀석 마주하는 게 편치 않단 말이요. 내 손으로 그렇게 심하게 때렸다는 걸 믿기도 어렵고……."

나는 내 귀를 의심했다. 진짜였다. 황구의 목에는 줄이 매여 있지 않았다. 최씨 아저씨도 놀란 눈으로 자리에서 일어섰다. 그러고는 떨리는 목소리로 물었다.

"혹시…… 기억을 못 하나요?"

남자는 어금니를 꽉 물었다. 긍정도 부정도 하지 않았지만, 그것은 분명 강한 자책의 의미를 담고 있는 행동이었다. 알코올 중독이 상당한 단계에 이르면 알코올성 치매라는 증상이 온다는 사실을, 나는 옆집에 살던 알코올 중독자 아저씨를 통해 알고 있었다. 옆집 아저씨도 자기가 술에 취해서 아이들을 때린 사실을 기억 못 하곤 했다. 언젠가 한번은 고등학생이던 형이 그 아저씨를 말리다가 소주병으로 흠씬 두들겨 맞은 적도 있었다.

최씨 아저씨가 조심스럽게 일어나 남자에게 다가갔다.

"당신도 치료를 받아야 합니다."

그러자 남자는 아저씨를 향해 지팡이를 들어 올렸다. 더는 다가오지 말라는 위협이었다. 그것은 자기 삶에 참견하지 말라는 강력한 의사 표시이기도 했다. 남자가 조용히 중얼거렸다.

"나만큼이나 불쌍한 존재야. 그 더러운 몰골을 보면 자꾸만 참담한 내 모습이 떠올라서 견딜 수가 없어. 술을 마셔서 내 몸을 망치는 거나 그 녀석을 때리는 거나 똑같이 일종의 자기 학대인 셈이지. 그러니…… 데려가. 어서 가 버리라고."

남자는 뒤돌아서 안채 쪽으로 뒤뚱뒤뚱 걸어갔다. 그 뒷모습이 마치 상처받은 작은 짐승 같았다. 그가 안으로 들어가 버린 뒤에도 최씨 아저씨는 안채 쪽을 오랫동안 바라보며 서 있었다.

그곳을 떠나지 않으려 버티는 황구를 어르고 달래고 위협도 해 가며 겨우겨우 마을 회관까지 데려왔다. 하지만 제 집으로 되돌아가지 못하게 목줄을 늘여서 당산나무 아래 묶어 두어야만 했다. 아무리 생각해도 역설적인 상황이었다. 황구는 끈이 매여 있는 평상을 맴돌며 한참을 낑낑거렸다. 최씨 아저씨는 평상에 앉아서 엄청 심란한 표정으로 황구를 바라보고 있었다.

"우리가 정말 황구를 구출해 왔다고 할 수 있는 건가?"

나도 자연스레 최씨 아저씨 시선을 따라서 황구를 바라보았다. 솔직히 녀석의 반응을 보면 구출이 아니라 납치를 해 버린 것 같다. 이 아이러니한 상황을 어떻게 받아들여야 할지 난감했다.

"그렇다고 다시 그 집에 데려다줄 수도 없잖아요. 가면 또 매 맞을 텐데……."

내 말에 최씨 아저씨는 한숨을 푹 내쉬었다.

"맞아. 그렇지……. 사실 나는 그 둘의 관계를 보면서 생각한

게 많아. 특히 '동물 되기'에 대해서 말이야."

또 무슨 얘기를 하려고 저렇게 진지하게 서두를 떼는 걸까? 나는 최씨 아저씨 옆에 앉아 아저씨 이야기에 귀를 기울였다.

"개는 인간과 가장 오랫동안 함께해 온 동물이야. 본래 다른 야생 동물들처럼 야성적이고 자율적인 존재였지만, 인간에 의해 길들여지는 과정에서 조금씩 순종적이고 의존적인 방향으로 변해 갔지. 사실 개만 그런 게 아니라 인간도 마찬가지야. 산과 들을 누비며 자유롭게 살던 야생의 인간이, 지금은 내 집 네 집을 구분하고 인도와 차도를 구분하고 아침마다 넥타이를 매고 출근하는 시스템에 맞추어 살게 됐잖아. 안정적인 의식주를 보장받는 대신에 조금씩 자유를 잃는 거야. 예를 들면 마음껏 상상할 자유, 농담할 자유, 웃을 자유 같은 것들 말이지."

"음…… 자유라고 하면 어디든 마음대로 가거나 원하는 행동을 할 수 있는 그런 외적인 자유만 생각했는데, 그러고 보니 웃음이나 농담, 상상 같은 것도 자유롭지 못한 경우가 있겠네요. 자유라는 게 그리 단순하지 않은 개념이었군요."

"맞아. 단순히 신체의 자유를 넘어서 상상과 가능성의 자유이기도 해. 그 자유는 인간이 산과 들을 떠돌던 시절의 가장 원초적인 야생성에 가까운 것이고, 또 길들여지지 않은 동물들의 야생성과도 같은 거야. 하지만 시스템에 길들여져 있는 인간은 자기가 자유를 잃어버렸다는 사실을 인식조차 못 하지."

"아, 마치 동물원 우리에 평생 갇혀 지낸 동물이 아프리카 초원을 한 번도 상상해 본 적 없는 것처럼요?"

내가 맞장구를 치자 최씨 아저씨는 피식 웃으며 말을 이었다.

"맞아. 인간은 '불안하지만 자유로운 삶'과 '안전하지만 예속된 삶' 사이에서 줄타기를 하며 살고 있어. 그러니까 시스템에 길들여져서 시계추처럼 똑딱거리는 삶을 사는 도시인이 있는가 하면, 다른 한편에는 여기에서 저기로 자유롭게 이동하며 동물처럼 야성적인 삶을 사는 자유인이 있단 말이지. 물론 우리 현대인의 삶은 대부분 꽉 막힌 시스템에 얽매여 있기 때문에 야성적이고 자율적인 존재로 돌아가려는 노력이 필요한 거고. 그게 바로 '동물 되기'야."

그제야 며칠 전 게스트하우스부터 어제, 그리고 오늘까지 이어지는 이야기의 흐름이 머릿속에 떠올랐다.

"아, 그러니까 시스템에서 벗어났을 때 비로소 전에는 보이지 않던 색다른 가능성과 자유롭게 만날 수 있다는 거죠? 비록 불안하긴 하겠지만 말이에요."

최씨 아저씨는 고개를 끄덕였다. 그러고는 잠시 생각하다가 다시 입을 열었다.

"오랜 역사에 걸쳐 인간과 함께 살아온 개는 반려동물이라고도 불리지. 1만 8천 년에 이르는 긴 시간은 야생성을 잃어 가는 동시에, 어쩌면 인간과 가장 비슷한 존재가 되어 가는 과정이었을지 몰라. 그 남자도 황구도 서로에게 기대고 싶어 하는데 상처만 주는 모습이 무척 안타까웠어."

"맞아요, 저도 그렇게 느꼈어요. 하지만 그러기 위해선 그 남자가 알코올 중독 치료를 먼저 받아야겠죠."

최씨 아저씨와 나는 서로 바라보며 쓸쓸히 웃었다.

나는 할머니가 우리 집 누렁이를 개장수에게 팔아 버린 날을 생생하게 기억한다. 개장수가 철사로 만든 올가미를 누렁이의 목에 걸고 철창 안으로 집어넣으려 했다. 누렁이는 들어가지 않으려 완강히 버텼는데, 실랑이를 하는 와중에 개장수가 올가미를 놓치고 말았다. 누렁이는 올가미를 매단 채 잽싸게 도망갔다. 나는 속으로 기도했다. 누렁이가 부디 멀리멀리 달아나서, 개장수도 할머니도 없는 곳에서 살게 해 달라고 말이다. 그러나 누렁이는 채 100미터도 떨어지지 않은 곳에 우두커니 서서 이쪽을 살펴보았다. 그때 할머니가 "누렁아!" 하고 부르자 누렁이는 겁에 질린 상태에서도 주춤주춤 할머니에게로 다가왔다. 나는 울음을 터뜨렸다. 그게 내가 본 누렁이의 마지막 모습이었다.

그 뒤로 집에서 동물을 키운 적이 없다. 아니, 딱 한 번 할머니 몰래 쥐를 키워 본 일이 있었다. 초등학교 5학년 때였을 것이다. 가끔 부엌에 음식 찌꺼기를 먹으러 오는 쥐가 있었다. 무슨 사고를 당했는지 꼬리가 반쯤 잘린 녀석이었는데, 마음이 짠해서 그 녀석에게 일부러 밥을 나눠 주곤 했다. 녀석이 하수구 구멍으로 빼꼼 얼굴을 내밀면 나는 보온밥통에서 밥을 한 숟갈씩 퍼서 그 앞에 놔 주었다. 몇 번 그랬더니 나중에는 이 철없는 시궁쥐 녀석이 내 발밑까지 와서 한참 동안 냄새를 맡다가 가곤 했다. 그렇게 사람을 안 무서워하게 된 덕분(?)인지, 어느 날 결국 할머니 손에 잡혀 죽었다. 그때도 나는 숨어서 몰래 울었다.

오토바이 뒤 철창에 실려 가던 누렁이의 마지막 모습과 검은 눈을 말똥거리며 두 발로 서 있던 시궁쥐의 모습이 떠올랐다. 필사적으로 도망치던 누렁이는 왜 할머니의 부름에 돌아왔을까? 시궁쥐는 어쩌다 사람을 무서워하지 않게 된 걸까? 멍청한 녀석들……. 황구가 그 남자에게로 돌아가고 싶어 하는 이유도 그런 것일까? 황구는 대답 없이 평상을 뱅글뱅글 돌면서 그저 슬피 낑낑대기만 할 뿐이었다.

저녁때 옆집 폴이 절룩거리는 다리를 끌며 황구를 찾아왔다. 두 녀석은 오래오래 서로의 상처를 핥아 주며 아픔을 나누는 듯했다. 그 뒤로 동네 개 서너 마리가 더 당산나무 아래로 모여들었다. 녀석들은 낑낑거리며 자신들만의 의식을 치른 뒤 밤늦게 집으로 돌아갔다.

사건은 바로 이튿날 새벽에 터졌다. 밤늦게까지 끙끙거리다 겨우 잠든 황구가 새벽녘에 갑자기 발작하듯 일어나 큰 소리로 몇 차례 짖어 대더니 계속 이상한 소리를 낸 것이다. 마치 어딜 가자고 조르는 어린아이의 투정 같았다. 잠결에 귀를 틀어막고 이불 속으로 파고들었다. 한동안 황구가 낑낑대는 소리에 엎치락뒤치락하다가 까무룩 잠이 들었다. 그러고는 얼마쯤 지났을까? 최씨 아저씨가 문을 열고 다급하게 소리쳤다.

"미농, 황구가 목줄을 끊고 사라졌어. 개 사육장으로 갔는지 확인해 봐야 할 것 같아."

아, 어젯밤에 이어 오늘도 제대로 자기는 다 틀린 모양이다. 잠이 덜 깬 눈을 비비며 비몽사몽간에 아저씨 뒤꽁무니를 따라나섰다. 가로등도 없는 시골길을 더듬어 개 사육장 쪽으로 올라갔다. 살갗에 와 닿는 공기가 차가웠다. 곧 비라도 내리려는지 바람마저 심상치 않게 불었다. 아저씨의 걸음이 갑자기 빨라졌다.

"이상해. 바람에 연기 냄새가 섞여 있어. 어디서 불이 난 것 같아. 미농, 서둘러!"

아니나 다를까, 불이었다. 창문을 통해 연기가 조금씩 새어 나오는 곳은 다름 아닌 개 사육장 안채 건물이었다. 황구가 먼저 도착해 있었다. 안채 현관 앞에서 안절부절못하고 왔다 갔다 하면서 목청껏 짖어 대고 있었다. 황구가 낑낑거리던 이유가 이것 때문이었나? 개가 영민한 동물이라는 얘기는 들었지만 이 정도일 줄은 몰랐다.

"불이야! 불이야!"

나도 목청껏 소리 질렀다. 황구가 울부짖는 소리와 내 고함 소리가 바람을 타고 마을 안쪽으로 울려 퍼졌다. 집집마다 하나둘 불이 켜지기 시작했다.

그러는 사이 최씨 아저씨는 현관문을 확인했다. 안쪽으로 잠겨 있었다. 아저씨는 점퍼를 벗어 들고 벽돌 하나를 조심스레 감쌌다. 그리고 그것을 이용해 창문을 깨뜨렸다. 그런 다음 수돗가에서 차가운 물 한 바가지를 몸에 끼얹고 젖은 수건으로 자기 입을 막았다. 창문을 통해 연기가 자욱한 집 안으로 들어가려는 것이었다.

"아저씨, 안 돼요! 너무 위험해요."

그러나 최씨 아저씨는 어느새 창문을 훌쩍 넘어가 버렸다. 나는 따라 들어갈 엄두가 나지 않아 아저씨가 살아 나오기를 간절히 기도하면서 목청 높여 "불이야!"를 외치는 수밖에 없었다.

잠시 후 마을 사람들이 하나둘 모여들었다. 양동이로 물을 퍼 나르는 사람, 옆집에서부터 고무호스를 끌어오는 사람, 119에 전화하는 사람 등등으로 마당은 한순간 아수라장이 되었다. 하지만 자욱한 연기를 뚫고 집 안으로 들어가려는 사람은 아무도 없었다. 최씨 아저씨가 안으로 들어간 지 얼마나 지났을까? 1초가 마치 1년처럼 느껴지는 시간이었다.

나는 깨진 창문 앞에 서서 있는 힘껏 소리쳤다.

"최씨 아저씨, 이제 그만 밖으로 나와요! 못 찾았으면 혼자라도 어서 나와요! 어서요, 아저씨!"

아저씨는 내 목소리를 들었을까?

내가 말을 마치자마자 창문이 부르르 크게 흔들리면서 시커먼 연기가 뿜어 나오기 시작했다. 보기만 해도 숨이 컥컥 막히는 독한 연기였다. 이젠 다 틀렸다. 구하러 들어간 사람마저 연기에 질식한 게 틀림없었다. 갑자기 다리 힘이 풀렸다. 이를 어쩌지?

저 멀리서 당골네 할매와 귤이 뛰어오는 모습이 보였다. 혹시 당골네 할매가 모시는 신이라면 최씨 아저씨를 살려 낼 수 있지 않을까? 나는 썩은 동아줄이라도 잡는 심정으로 당골네 할매를 향해 구원의 손길을 내밀었다. 할매는 말없이 내 손을 꼭 잡아 줄 뿐이었다.

사람들이 여기저기서 웅성거렸다.

"어짠댜! 구하러 간 사람도 나오덜 않네. 아이구!"

"마을 회관 손님이랴. 외국인이라지? 개장수 아덜이랑 아는 사이여?"

그때였다. 현관문 안쪽에서 쿵쿵 서너 번 뭐가 둔탁하게 부딪히는 소리가 들려왔다. 사람들의 시선이 모두 그쪽으로 쏠렸다. 쾅, 소리와 함께 문이 부서지듯 열렸다. 최씨 아저씨였다. 등에는 남자를 둘러업고 있었다. 옷이며 얼굴에 시커멓게 그을음이 묻어 있었다. 아저씨는 비틀거리며 두세 발짝 걷다가 문 앞에서 쿵

쓰러졌다. 마을 사람들이 우르르 모여들었다. 얼마 안 있어 소방차가 요란한 소리를 내며 달려오고 그 뒤를 구급차가 따라왔다.

그 북새통에 나도 혼이 쏙 빠져 있었던 모양이다. 정신을 차려 보니 나는 청양 읍내 병원의 응급실 대기용 의자에 앉아 있었다. 맞은편 벽에 걸린 거울에 내 얼굴이 비쳤다. 두 뺨이 눈물 자국으로 온통 시커멓게 얼룩져 있었다.

귤이 자판기에서 커피 한 잔을 빼서 나에게 건넸다.

"너 울보구나! 아저씨가 죽으면 어쩌나 그렇게 겁이 났어?"

귤은 놀리는 듯한 말투로 한참 동안 이른바 '누나질'을 했다. 아마도 내 긴장을 풀어 주려는 모양이지만, 종이컵을 든 내 손은 아직도 덜덜 떨리고 있었다.

"체 아저씨 괜찮대. 코로 불기운을 조금 들이마셔서 흡입 화상이 있지만 사나흘 치료하면 괜찮아진대. 이만하길 얼마나 다행이니? 그리고 소방서에서 체 아저씨한테 감사패를 주기로 했다더라. '화재 현장에서 귀하의 영웅적인 행동으로 한 사람의 소중한 목숨을 구했기에 이 감사패를 드립니다.' 뭐 이런 거 아니겠어? 하하하. 그런데…… 난 진짜 궁금해. 체 아저씨 말야. 아무래도 '그 사람' 이미지랑 너무 닮아서 자꾸만 어처구니없는 상상을 하게 되더라고. 음…… 별명이 같아서 그런가? 역시 말도 안 되는 착각이겠지? 그렇지? 하하하."

혼자 중얼거리다가 웃다가, 아주 난리도 아니다. 그런데 '그 사람'이라는 게 누구를 말하는 걸까? 나는 문득 안산의 게스트하우스에서 미스터 샤가 했던 말이 떠올랐다.

'너무나 비현실적인 일이라서 믿기 어렵지만, 믿어 보기로 했

다…….'

두 사람 다 최씨 아저씨의 정체에 대해 뭔가 엄청난 의심을 품고 있는 게 분명했다. 정말로 최씨 아저씨가 뭔가를 숨기고 있는 건가? 그렇다면 그게 뭘까?

고개를 갸웃거리고 있을 때, 저쪽 복도에서 누가 걸어오는 모습이 보였다. 큰대문집 소년과 엄마였다. 왠지 처음 봤을 때의 도도하던 태도와 달리 여간 조심스러운 몸가짐이 아니었다.

소년의 엄마가 먼저 나에게 알은척을 했다.

"아, 여기 계시네요. 우리 애가 아침에 일어나자마자 아저씨 병문안을 가야 한다고 자꾸 떼를 써서요, 호호호."

소년은 늘 그렇듯 시건방진 눈빛으로 나를 한번 쓱 훑어보고 응급실 안으로 얼른 들어갔다. 그러나 소년의 엄마는 외국인을 만나는 것이 부담스러운지 아이만 혼자 들여보내 놓고 자리를 떠나지 않았다.

"정말 대단한 분이지 뭐예요. 폴도 그렇게 잘 치료해 주고, 불구덩이 속에 뛰어들어서 사람 목숨도 구해 주고……. 그걸 보고 아이가 감동했나 봐요. 축구는 정말 하고 싶지만 돈이 너무 많이 드니까 그만두겠다고, 대신 수의사나 119 소방 대원이 되고 싶다는 거예요. 집안 형편 생각할 줄도 알고, 우리 애가 이제 다 컸어요. 전에는 축구만 고집해서 아주 걱정이었거든요. 그래도 이왕 꿈을 품는 거면 수의사 쪽이 더 낫겠는데……. 호호호, 내가 무슨 얘기를……."

아이들의 꿈은 수시로 바뀌는 법이다. 고정해서 보기 시작하면, 그 상태 그대로 자라지 않게 돼 버린다. 이것은 최씨 아저씨가 한 말이었다. 나는 뭐라 대꾸할 말을 찾지 못해 그냥 어색하게 앉아 있었다.

최씨 아저씨는 오후에 입원실로 옮겨졌다. 개 사육장 남자는 다시 구급차에 실려 대전의 큰 병원으로 갔다고 했다. 하지만 생명에는 아무 탈이 없으며, 이번에 입원하면 알코올 중독 치료까지 병행하게 될 것이라는 얘기를 들었다. 황구를 위해서도, 그리고 남자의 인생에 비추어 봐도 그리 나쁘지만은 않은 일이었다.

여러 사람들이 병문안을 다녀갔다. 이장님은 병원비는 마을에서 낼 테니 걱정 말라며 거듭 고맙다는 인사를 했다. 당골네 할매도 화상 치료에 좋은 음식이라며 호박죽을 한 솥 가득 끓여 왔다. 귤은 병원 구경을 한답시고 달랑쇠처럼 계속 병실 안팎을 들락날락하며 정신없이 굴었다.

저녁 무렵, 귤을 버스 정류장까지 바래다주고 들어왔더니 최씨 아저씨가 다급하게 말했다.

"미농, 아무래도 우리 여기를 떠나야겠어. 내일 소방서에서 감사패 주는 것을 지역 언론에서 취재하러 오겠다는데, 더 이상 밖으로 알려지는 건 곤란해. 그들이 찾아올지도 몰라. 미안하지만, 오늘 밤 떠나자!"

나는 놀라서 그 자리에 우뚝 서 버렸다. 사람들에게 작별 인사도 하지 못했다. 게다가, 게다가, 귤이 내일 아침에 다시 오겠다고 했는데, 아직 휴대폰 번호도 물어보지 못했는데, 이렇게 헤어지면 언제 또 만날지 기약도 없는데, 이렇게 도망치듯 떠나야 한다니…… 정말 말도 안 된다. 자꾸만 귤의 또랑또랑한 눈동자가 떠올라서 나는 가슴 언저리가 뻐근해졌다.

바다로 돌아간 제돌이는 어떻게 됐을까?

남방큰돌고래 제돌이는 서울대공원 동물 쇼의 간판스타였습니다. 재주를 부리고 장난치기를 좋아하는 재간둥이였지요. 그런데 제돌이가 2009년 5월 제주 성산 앞바다에서 불법 포획되었다는 사실을 알게 된 서울시는 2013년 7월 18일 제돌이를 고향인 제주 앞바다에 방류했습니다.

서울대공원에서 인간들의 보호를 받으며 잘 살고 있는데 굳이 험난한 바다에 풀어 줄 이유가 있는지, 아마 의문을 품는 사람도 있을 것입니다. 그렇지만 제주 앞바다가 제돌이의 고향이자 집입니다. 남방큰돌고래의 집은 크기가 그쯤 되어야 한다는 말이지요. 일반적인 돌고래가 하루 100킬로미터를 이동할 수 있다는 점을 생각해 볼 때, 서울대공원 수조는 너무나 작은 욕조와 같은 곳이었습니다. 날마다 좁은 욕조 속에서 마음 편히 살아갈 수 있는 사람이 몇이나 될까요? 제돌이도 마찬가지입니다. 제돌이가 사냥하고 사랑하고 장난치고 무리 짓고 노래할 수 있는 공간은 서울대공원 수족관이 아니라 제주 앞바다인 것이지요.

남방큰돌고래는 대양을 가로질러 움직이며 무리 생활을 하는 동물입니다. 그리고 음악을 통해 서로 소통하지요. 동물에게는 음악과 언어가 같은 경우가 많습니다. 수많은 음파로 이루어진 음악으로 돌고래끼리 유행가를 만들어 서로에게 불러 주기도 한답니다. 말하자면 돌고래는 매일 뮤지컬과

오페라 속에서 산다고 할 수 있습니다. 물론 그것도 야생에서 생활할 경우에만 해당됩니다. 죽은 생선을 얻어먹고 사람이 시키는 대로 재주를 부렸던 제돌이의 공연은 '비정상적인 조건에서 보이는 비정상적인 행동'에 불과합니다. 그럼에도 많은 관람객들은 재미있다고 생각했지요.

제돌이처럼 좁은 우리 안에 갇혀 있는 동물원 동물은 정형 행동(定型行動)을 보인다고 합니다. 정형 행동이란 똑같은 행동을 무의미하게 무한 반복하는 것입니다. 쉽게 말해 폐쇄된 공간에서 미쳐 버린 것을 뜻합니다. 야생에서는 자연스럽게 행동하던 동물들도 동물원에 들어가면 축 늘어진 채 정형 행동을 하고 자신의 본성을 잃고 맙니다. 자연 속에서 자유롭게 살아야 할 동물을 인간이 만든 문명의 테두리에 가두었기 때문에 나타난 현상이겠지요.

그렇다면 우리 인간은 어떤가요? 문명이라는 그늘 아래 날마다 똑같이 반복되는 일상을 살아가고 있지는 않나요? 동물원 동물들이 정형 행동을 하는 것처럼 말이지요.

'동물 되기'는 우리 안의 야생성을 되찾자는 획기적인 제안입니다. 야생성은 자율성과도 비슷한 의미입니다. 누가 정해 놓은 규율에 따라 움직이는 것이 아니라 자신의 본능과 욕망에 따라 움직이는 게 바로 자율성, 즉 야생성이겠지요? 야생성의 반대는 문명화입니다. 문명은 우리에게 편리함을 주지만 너무 많은 규칙과 틀 속에 안주하게 만듭니다. 문명화한 생활은 안전하긴 하겠지만 자유롭지는 못하겠죠. 그런 점에서 지금까지 문명의 부드럽고 달콤한 메시지와 이미지를 소비하면서 남들과 똑같이 살아가는 현대인들에게 동물 되기는 아주 색다른 능력을 일깨워 줍니다.

아, 참! 제돌이는 어떻게 됐냐고요? 최근 제돌이에게 달린 수신기를 추적해 본 결과 제돌이는 남방큰돌고래 무리를 이끄는 행동을 보이고 있다고 합니다. 즉 돌고래 무리의 대장이 된 것이지요. 이제 더 이상 수족관 속에서 정해진 행동만 되풀이하던 재롱둥이가 아니라 더 풍부하고 야성적으로 세상을 탐험하는 모험가가 되었답니다.

대전역
Daejeon Station 大田驛

5

세상에 던져진 물음표 하나

비가 내리고 있었다. 대전역 광장은 을씨년스러웠다. 정확히 말하면, 가을비를 흠뻑 맞은 상태로 대전역 광장을 가로지르는 우리 둘의 모습이 더 을씨년스러웠을 것이다. 최씨 아저씨도 나도 물에 빠진 생쥐 꼴이었다.

청양에서 도망치듯 빠져나온 뒤 공주를 거쳐 대전으로 가는 도중에 갑자기 비를 만났다. 비를 피할 버스 정류장도 없는 한적한 국도 변이었다. 엎친 데 덮친 격으로 계룡산 자락을 넘어가는 오르막길에서 휘발유까지 똑 떨어졌다. 그때부터 스쿠터는 교통수단이 아니라 커다란 짐짝이 되었다. 최씨 아저씨는 스쿠터를 질질 끌고 나는 집채만 한 배낭을 메고, 우리는 패잔병처럼 터덜터덜 걸어서 대전 시내로 들어갔다. 이미 옷이 젖을 대로 젖었기 때문에 굳이 비를 피하지 않아도 된다는 점이 다행이라면 다행이랄까. 거리에는 무표정한 얼굴의 사람들이 우산으로 내 어깨를 툭 치고는 저마다 바쁘게 걸어갔다.

내 바지 뒷주머니에 넣어 두었던 휴대폰은 물에 흠씬 젖어서 전문 용어로 '침수'가 되고 말았다. 말리는 데까지 말려서 사용해 봐야겠지만 다시 작동하리라는 보장이 없다. 형과 연락을 취할 수단이 사라진 것이다. 이상한 일에 휘말리는 바람에 며칠 집을 나와 있다는 얘기를 아직 못 했는데……. 언젠가 연락이 닿겠거니 미뤄 두었던 게 후회스러웠다. 혹시 그사이 형이 집에 다녀가는 건 아니겠지?

이런저런 걱정이 한두 가지가 아니었지만, 지금 당장 우리에게 필요한 것은 젖은 옷을 말리고 따뜻하게 쉴 곳이었다. 하다못해 찜질방이라도 가고 싶지만, 주머니에는 겨우 동전 몇 개만 남아 있었다. 최씨 아저씨도 사정은 마찬가지였다. 생각할수록 암담했다. 결국 임시 휴식처로 택한 장소가 바로 대전역이었다.

저녁 무렵의 대전역 대합실은 어디선가 도착하고 어디론가 떠나는 사람들로 북적거렸다. 우리가 대합실 의자에 짐을 내려놓은 것은 저녁 일곱 시가 넘은 시각이었다. 꽤 많은 비를 맞았지만, 배낭을 미리 비닐로 감싸 놓은 최씨 아저씨의 혜안 덕분에 다행히 배낭 속 내용물들은 무사했다. 갈아입을 옷과 수건을 챙겨 들고 누가 먼저랄 것도 없이 대합실 화장실로 직행했다.

칸막이 안에서 젖은 옷을 재빨리 갈아입은 뒤, 화장실 벽에 붙은 핸드 드라이어로 어설프게나마 머리를 말리는 중이었다. 그때 누가 화장실 안으로 불쑥, 난입했다. 그랬다. 그것은 분명 '난

입'이라 할 만했다. 대걸레를 든 미화원 아주머니가 남자 화장실에 불쑥 쳐들어온 것이다.

아주머니는 대걸레로 바닥을 쓱쓱 문지르며 소변기 쪽으로 거침없이 밀고 들어왔다. 미처 피신하지 못한 남자들이 어쩔 줄 몰라 하며 이리저리로 발을 피했다.

"아휴, 이거 뭐여? 오줌발도 딱딱 못 맞춰? 죄다 흘려 놨네. 이런 것 하나도 지대로 못 맞추는 물건을 어디다 쓴댜! 아무튼 사내놈들이란 다 쓸모없는 종자들이라니께."

대걸레를 거칠게 문지르면서 타박하자 소변을 보던 남자들은 서둘러 자리를 비켰다. 아주머니는 뭔가 더 트집 잡을 것이 없나 하는 얼굴로 주위를 훑어보았다. 그러다가 핸드 드라이어에 머리를 대고 있는 나와 눈이 딱 마주쳤다. 미화원 아주머니의 눈이 갑자기 두 배로 커졌다. 그러고는 나를 향해 결투를 신청한다는 듯이 대걸레 자루를 번쩍 들어 올렸다.

"이 웬수들! 여기가 느이 집이여? 어린놈이 어디서 노숙질이여? 어여 나가! 안 나가?"

마침내 아주머니는 대걸레를 휘두르기 시작했다. 나는 그 시커먼 대걸레를 피해 날렵하게 몸을 날려서 화장실을 빠져나왔다. 뒤늦게 옷을 갈아입고 나온 최씨 아저씨가 미화원 아주머니에게 쫓겨나는 데 걸린 시간도 그리 길지는 않았다. 얼마나 호되게 혼이 났는지, 아저씨는 셔츠 단추도 제대로 채우지 못한 채 허겁지겁 화장실을 빠져나오고 있었다.

"우리가 진짜 노숙자처럼 보이나 봐요. 헐, 말도 안 돼."

나는 열불이 나서 주먹을 불끈 쥐며 말했다. 하지만 최씨 아저씨는 뭐가 그리 재미있는지 목젖이 다 보이도록 껄껄껄 웃었다.

"미뇽, 너무 화내지 마. 알고 보면 우리 모두는 다 노숙자야. 누구나 맨몸뚱이로 태어났다 맨몸뚱이로 돌아가는 존재라고. 그런데도 사람들은 더 좋은 옷과 더 넓은 집을 갖지 못해 안달이란 말이야. 어리석은 일이지. 어쩌면 노숙자야말로 세상의 진리를 깨우친 위대한 현자일지 몰라. 그러니까 우릴 보고 노숙자라고 하는 건 칭찬일 수도 있다고! 하하하."

최씨 아저씨의 진담 같은 농담에 허탈한 웃음만 나왔다. 아닌 게 아니라 대합실 의자에 앉아 있는 사람들 중에는 평범한 여행객으로는 보이지 않는 이들이 꽤 있었다. 남루한 옷차림에 머리와 수염이 텁수룩한 남자들이었다. 우리처럼 비를 맞았는지 후줄근한 모습에 쿰쿰한 냄새까지 났다. 대부분 초점이 맞지 않는 시선을 어딘가로 멍하게 던지고 있거나 앉아서 꾸벅꾸벅 졸고 있었다. 기차를 타려고 기다리거나 곧 도착할 누구를 기다리는 걸로는 보이지 않았다. 목적도 없고 볼일도 없이 그저 시간을 견디고 있는 듯 보였다.

우리 뒷자리에 앉아 있던 여자 둘이 슬그머니 자리에서 일어나며 소곤거렸다.

"아휴, 어디서 오징어 썩는 냄새 나지 않냐?"

아닌 게 아니라 그녀들 옆자리에 수상한 남자가 하나 앉아 있었다. 그는 앉은 상태로 허리를 최대한 펴서 의자 등받이에 거의 눕다시피 몸을 기대고 있었다. 머리카락은 온통 떡이 져 있고, 꼬질꼬질 때가 낀 점퍼는 실밥이 터져서 군데군데 솜이 삐죽 삐져나와 보였다. 노숙자였다.

그녀들이 일어나 가 버리자 주변의 사람들도 코를 감싸 쥐면서 하나둘 자리를 떴다. 가만히 있어 보니 내 자리까지 악취가 스멀스멀 풍겨 오는 것 같았다. 일단 자리를 피하는 게 상책이겠다 싶었다. 최씨 아저씨에게 동의를 구하려고 바라보니, 아저씨는 팔짱을 끼고 의자에 앉은 채 벌써 꿈나라로 들어가 있었다. 커다란 배낭을 메고 빗속을 네 시간 넘게 걸었으니 피곤할 만도 했다. 하지만 이렇게 사람들이 분주하게 오가고 사방이 떠들썩한 공공장소에서 태평스럽게 잠이 들다니 정말 못 말리는 아저씨다. 하는 수 없이 나도 냄새를 참으며 다시 자리에 앉았다.

얼마 지나지 않아 뒤에서 소란스러운 기미가 느껴졌다.

"아, 아저씨 여기서 이러고 있으면 안 돼요. 얼른 일어나요, 얼른요!"

역무원 두 명이 뒷자리 노숙자에게 주의를 주는 모양이었다. 그러나 그 노숙자는 꿈쩍도 하지 않았다. 이런 날씨에 역에서 쫓겨나 찬비 속에 밤을 보냈다가는 아무리 건강한 장정이라도 멀쩡하지 못할 터였다. 노숙자는 배 째라는 듯이 버티고 앉아 눈을 감고 있었다. 두 역무원은 난감한 표정을 지으며 서로를 바라봤다. 몇 차례 눈빛을 주고받던 역무원들은 문제의 노숙자를 앉아 있는 상태 그대로 번쩍 들어 올려서 성큼성큼 출입구 쪽으로 끌고 갔다. 순간 당황한 노숙자는 미처 말이 되지 못한 비명을 내질렀다.

"아이야, 왜 그으으으으으으으으으……!"

대합실 안의 사람들은 일상적인 일이라는 듯 무심하게 제 갈 길을 재촉할 뿐, 아무도 이런 광경에 관심을 두지 않았다.

그때였다. 어디서 호통치는 소리가 들려왔다.

“아, 이 사람들아! 노숙자들도 살아야지, 여기서 내보내면 어디로 가란 말인가?”

목소리의 주인공을 찾으려고 역무원들이 고개를 두리번거렸다. 가만히 보니 열차표 자동 발매기 뒤쪽에서 누가 고개를 빼꼼 내밀고 있었다. 그런 곳에 공간이 있을 줄은 꿈에도 몰랐다. 바닥에 깔린 종이 상자도 살짝 보였다. 호통 소리의 주인공은 70대쯤으로 보이는 노인이었다. 옷차림은 더럽고 행색은 초라했지만 눈빛이 번뜩이는 묘한 분위기의 노인이었다.

“맨날 나가라 나가라 하는데, 어디로 가란 말이여. 응? 겨울 다가오니까 하나둘 기어들어 오는 거 아닌가? 자네들 앞마당에서 시체 치우고 싶어? 시방도 밖에 비 오는 거 안 보이냔 말여. 이 인정머리 없는 것들 같으니라고!”

노인이 호되게 꾸짖자 잠자코 듣고 있던 역무원들의 표정이 살짝 구겨졌다. 그중 한 명이 한 걸음 앞으로 나섰다.

“아, 영감님! 거기 들어가 계시지 말랬잖아요. 저희가 봐드리는 것도 한두 번이지, 자꾸 이러시면 곤란해요.”

역무원은 성큼성큼 걸어서 노인이 숨어 있던 자동 발매기 쪽으로 다가갔다. 그러고는 바닥에 깔린 상자를 단호하게 걷어 내기 시작했다.

“여기가 노숙자들 자라고 만든 곳이 아니잖아요. 자꾸 이용객들한테 불편을 끼치는 일이 발생하는데……. 앞으로는 완력으로라도 내보낼 거예요. 영감님도 거기 짐 들고 따라 나오세요. 앞으로는 대합실에 발도 못 붙일 테니 그렇게 아시라고요.”

자신의 보금자리가 해체되는 것을 본 노인은 잠시 주춤했다. 힘겹게 허리를 구부리고 구석에서 나와 역무원의 팔을 잡았다.

"아, 이 계장, 서로 좋게좋게 하자고. 오늘따라 왜 이리 빡빡하게 굴어? 우리가 어디 하루이틀 본 사이인가?"

노인은 금세 전술을 바꾼 모양이었다. 노인의 입가에는 어느새 비굴한 웃음이 묻어 있었다. 노인은 역무원들에게 끌려 나가던 냄새 나는 노숙자를 가리키며 말했다.

"저 사람 요새 몸이 안 좋아. 며칠째 일도 못 가고 잘 먹지도 못하고 저러고 있으니 좀 이해해 줘. 어디 가서 좀 씻으라고 할게."

"그러니까 쉼터로 가시라고요. 거기 가면 따듯한 잠자리에 삼시 세끼 배불리 먹고 지낼 수 있잖아요. 왜 안 들어가고 이 고생이에요."

"쉼터는 싫어. 거기는 자유가 없어. 맨날 교육 받으라 그러고, 체조하라 그러고, 예배 보라 그러고, 상담 시간은 왜 또 그렇게 많아? 우리는 다들 '곤조'가 있어서 남 시키는 대로는 안 해."

노인은 속이 상한 듯 팽 하고 돌아섰다.

"마음대로 하십쇼. 저희는 위에서 지시받은 대로 합니다요. 자자자, 나가세요. 영감님도 자동 발매기 뒤에 있는 짐 빼서 따라오세요. 어서요!"

"어허, 이 사람들 참……. 이러는 거 아닐세! 서로 다 아는 처지에……."

역무원들은 그 냄새 나는 노숙자를 떠메고, 노인은 그 뒤를 투덜거리며 따라가고, 그렇게 옥신각신하면서 출구 쪽으로 사라져갔다. 대합실에는 다시 평화가 찾아왔다. 이제 나도 눈 좀 붙여야지 하며 고개를 돌리는 순간, 이 광경을 가만히 지켜보는 최씨 아저씨 얼굴과 딱 마주쳤다. 방금 전까지만 해도 분명 자고 있었는데 언제 깼는지, 아저씨는 아주 맹렬한 호기심에 반짝반짝 눈을 빛내고 있었다.

"미농, 저 사람들을 한번 따라가 보지 않을 테야? 재미있을 것 같은데……."

나는 최씨 아저씨의 간절한 눈빛을 외면하고 끄응 소리를 내며 슬쩍 돌아앉았다. 나는 너무 피곤했고, 그리고 마음이 편치 않았다. 얼마간 우리도 노숙자 신세를 면하기 어렵다는 사실이 불 보듯 뻔한 상황이었다. 조금 아까 화장실에서 쫓겨난 경험으로 미루어 볼 때 앞으로 어디서건 다시 쫓겨날 수 있다는 두려움이 밀려들었다. 아저씨는 내 등을 톡톡 두드리고 슬그머니 밖으로 나갔다.

내 머릿속에는 따뜻하고 편안했던 청양의 마을 회관이 자꾸 떠올랐다. 어제 아침까지만 해도 우린 거기 있었다. 뜨끈한 아랫목과 푹신푹신한 이부자리, 창문 틈으로 쏟아져 들어오던 가을 햇살, 비주얼은 좀 별로지만 맛 하나만큼은 끝내주던 당골네 할매의 음식들, 종달새처럼 지저귀던 귤의 목소리, 그 미소…….

그런데 최씨 아저씨는 청양에서 왜 그렇게 급히 빠져나와야만 했던 걸까? 생각할수록 이상하다. 같은 지역도 아니고, 인천에 있는 대성플라스틱 사람들이 그 기사를 볼 가능성이 얼마나 된다고……. 더구나 안산에서는 30분밖에 여유가 없는 상황에서도 내내 침착하게 행동하던 사람이, 청양에서는 왠지 지나치게 불안해한 것 같다. 내가 모르는 뭔가가 있다! 혹시 얼굴이 알려지면 안 되는 범죄자인 건 아니겠지? 별의별 생각이 머릿속을 어지럽혔다. 휴대폰마저 물에 젖은 탓에 아무리 위급한 상황이 벌어져도 119에 연락할 수조차 없는 신세다. 마침내는 최씨 아저씨를 믿고 이대로 계속 함께 가도 되는 걸까, 하는 데까지 생각이 꼬리에 꼬리를 물었다.

어쩌면 하루빨리 이 여행을 끝내는 게 해결책일 수 있겠다. 그렇지만 인천 집으로 돌아가기엔 어쩐지 나 자신이 패배자처럼 느껴진다. 노마드가 되어 보겠다고 기세 좋게 출발한 게 1주일도 채 안 됐는데……. 역시 울산 형에게 가는 게 낫겠지? 하지만 대성플라스틱 문제가 아직 해결되지 않았다. 설마 그 사람들이 거기까지 나를 찾아올까? 난 그저 유리창 하나 깨뜨린 죄밖에 없는데 말이다.

어쨌든 아무리 그 사람들이 울산까지 쫓아온다 해도 그냥 형한테 가고 싶다. 형이 보고 싶다. 지금 당장 공중전화로 형에게 전화를 해 봐야겠다. 통화가 되면 돈 좀 부쳐 달라고 해야지. 형이 돈을 부쳐 주면 대합실 안에 있는 현금 지급기로 인출해서 바로 울산행 열차표를 살 수 있을 것이다. 대전에서 울산까지 넉넉잡아 네 시간이면 도착할 터였다. 주머니 속에서 짤랑거리는 동전들을 손가락으로 조심스레 헤아려 보았다.

공중전화는 한참 만에야 찾을 수 있었다. 그런데 따르르르르, 따르르르르, 따르르르르, 따르르르르…… 아무리 벨이 울려도 형은 전화를 받지 않았다. 뚜, 뚜, 뚜, 뚜, 뚜. 통화 실패. 곰곰이 생각해 보니 형과 마지막으로 통화한 것이 벌써 열흘 전 일이었다. 우리 형제가 둘 다 무뚝뚝한 성격인지라 자주 연락하지는 않았지만 일주일에 한 번은 꼭 통화를 했고, 대부분 용건만 대충 얘기하는 정도이긴 했지만 이렇게 오랫동안 연락하지 않은 적은 한 번도 없었다.

마음 한구석에서 뭔가 묵직한 것이 느껴졌다. 혹시 형에게 무슨 일이 생긴 건 아닐까? 전화를 받을 수 없는 무슨 사정이 생긴 건 아닐까? 아니 아니 아니, 그럴 리는 없다. 어릴 때부터 제 앞가림 잘하는 듬직한 장손으로 늘 할머니의 자랑거리였고, 나에게는 든든한 보호자인 형이다. 집안에서 골치 썩이는 역할은 늘 내 것이었기에 한 번도 형을 걱정해 본 적이 없는데……. 머릿속이 더 복잡해졌다.

깊은 한숨을 내쉬며 돌아서는 순간, 내 눈은 저 멀리 대합실 중앙에 놓인 텔레비전 화면으로 날아가 꽂혔다. 텔레비전에서는 자정 뉴스가 한창 흘러나오고 있었다. 그런데 화면 속 풍경이 어쩐지 낯익었다.

"어, 저기는……."

나는 할 말을 잃은 채 그 자리에 우뚝 멈춰 섰다. 대성플라스틱이었다. 카메라는 공장 전경을 보여 주다가, 오래전 가동을 멈추었다고 공장 사람들 사이에 전설처럼 전해 내려오던 오염물 정화 시설을 클로즈업했다. 나는 텔레비전 앞으로 뛰어갔다. 며칠 전 내가 총무과 유리창을 깨뜨린 바로 그 마당에서 두툼한 뿔테 안경을 쓴 기자가 심각한 표정으로 보도를 하고 있었다.

"이들 업체는 심야 시간대에 유독성 폐수를 바다에 무단 방류한 뒤 관리 서류를 조작하는 수법으로 범죄를 숨겨 온 것으로 드러났습니다. 배출한 폐수에는 청산가리 등의 유독성 물질도 포함돼 있어 더욱 큰 충격을 주고 있습니다. 관련자들은 환경 범죄 단속에 관한 특별 조치법을 적용해 가중 처벌하기로 했습니다."

경찰에게 양쪽 팔을 붙들린 채 고개를 푹 숙이고 카메라 앞에 서 있는 사람은 다름 아닌 총무과장이었다. 다른 사람 신분을 도용했다는 이유로 내 머리를 툭툭 때리며 기분 나쁘게 혼을 내던 고압적인 태도도, 며칠 전 우리 집 앞에 찾아와서 두런거리던 음험한 기운도 느껴지지 않았다. 나는 마치 구경하듯 그 장면을 들여다봤다. 그 얼굴을 다시 보면 욱하고 화가 치밀어 오를 줄 알았는데, 예상외로 그냥 덤덤했다. 언제든 이렇게 될 줄 짐작하고 있었기 때문일까? 내 월급을 떼어먹고 나에게 모멸감을 준 사람이지만, 조금 안쓰러운 마음마저 들었다. 아마 고개 숙인 총무과장의 정수리가 머리카락이 빠져 휜하게 보였기 때문인지도 몰랐다. 뉴스는 다음 소식으로 넘어갔다.

저게 바로 최씨 아저씨가 목숨을 걸고 빼낸 자료의 결말이구나 생각하니, 잠시나마 아저씨를 의심한 것이 미안했다. 그리고 '노마드 되기'라는 그럴듯한 이름을 붙였던 '사실상 도피'가 이렇게 막을 내리게 됐다는 감격도 밀려왔다. 그런데 지금 이 아저씨가 또 어디서 뭘 하고 있나 슬슬 걱정이 되었다. 시도 때도 없이 호기심과 정의감에 불타 철없이 구는 바람에 온갖 귀찮은 문제들에 휘말리곤 했으니까 말이다. 마치 물가에 내놓은 아이 같아서 내가 보호자 노릇을 해 주지 않으면 안 되는 것이다. 나는 주섬주섬 배낭을 챙겨 들고 대합실 밖으로 나갔다.

바깥 공기는 조금 차가웠지만 기분 좋게 쾌적했다. 비는 그쳐 있었다. 광장을 가로지르는 사람들 사이로 저 멀리 구석에 옹기종기 모여 앉아 있는 사람들 몇 명이 보였다. 무리 중앙에는 대형 깡통을 뚫어 만든 화톳불이 제법 그럴싸하게 타오르고 있었다. 화톳불 위에 올라앉은 찌그러진 양은 냄비에서 김이 모락모락 나고, 이리저리 술잔이 오고 갔다. 차가운 도시 한가운데에서 오직 그곳만이 따뜻해 보였다.

그 속에서 낯익은 목소리가 흘러나왔다.

"나 오늘 기분이 좋아요. 용계 아재를 만난 행운의 날이기 때문이에요. 아재는 위대한 철학자가 분명해요."

아니나 다를까, 최씨 아저씨였다. 그런데 분위기가 평소와 달라 보였다. 노숙자들 틈에 섞여 있는데 전혀 어색하지가 않은 것이다. 밖으로 나온 지 한두 시간밖에 지나지 않았는데, 고새 노숙자들과 꼭 닮아 있었다. 게다가 이제껏 한 번도 들어 본 적 없는 저 들뜬 목소리는……? 뭐지, 뭐지, 뭐지?

한 노숙자가 최씨 아저씨를 향해 지나치게 큰 소리로 말했다.

"야이, 최가야! 내가 철학자라면 넌 돼지다! 오늘 처음 본 주제에 나한테 술을 얻어먹다니, 넌 거지 중에서도 상거지다. 거지한테 얻어먹는 건 개돼지밖에 없거든, 하하하하하!"

벌써 거하게 취한 목소리의 주인공은 조금 전 대합실에서 쫓겨난 노인이었다. 두 사람은 그새 서로 친해져서 같이 술을 마시고 있었다. 잠깐, 술? 술이라고? 아이고, 최씨 아저씨 목소리가 예사롭지 않다 했더니, 아마도 술에 취한 모양이다. 그러고 보니 살짝 혀 꼬부라진 말투부터 티가 났다. 이런이런, 딱 걸렸다! 미성년자를 데리고 여행하는 사람이 술을 마시다니!

아저씨는 내가 등 뒤에 와 있는 것도 눈치채지 못하고 아주 신이 나서 떠들고 있었다.

"맞아요. 용계 아재는 철학자예요, 아니, 부처예요. 그리고 예수예요. 마호메트이고 비슈누예요. 이 세상 모든 신들의 현신이라고요. 아, 그런데 이거 하나는 알아 두세요. 돼지 눈에는 돼지만 보이고 부처 눈에는 부처만 보인다는 말이 있더라고요, 아하하하하!

이 아저씨 벌써 취했다. 헐……. 술판을 앞에 놓고 다들 분위기가 무르익었다. 특히 대합실 노인은 혀가 단단히 꼬여 있었다.

"내가 한 방 먹었네, 하하하. 네가 서양 놈인지 동양 놈인지는 몰라도, 아주 재미있는 녀석인 것만은 분명하구나!"

용계 아재라는 노인은 앞에 놓인 소주잔을 입 안에 탁 털어 넣고 캬아, 하는 감탄사를 달게 내뱉었다. 그러고는 최씨 아저씨를 향해 다시 입을 열었다.

"여보게! 내가 부처도 아니고 예수도 아니고 무슨 신 나부랭이는 아니지만, 철학자라는 건 과히 틀린 소리도 아니라네. 나는 늘 철학을 하며 살지. 거리의 철학자, 그게 나야."

최씨 아저씨의 눈이 크게 동그래졌다.

"아……. 그럼 아재가 생각하는 철학이란 게 뭔지 여쭤 봐도 될까요?"

"철학이 별건가? 철학은 말이야, 네모가 세모가 되고 원이 되고 별이 되는 거라네."

"아!"

최씨 아저씨는 짧은 탄성을 내뱉었다. 뭔가 번뜩 깨달은 게 있는 것처럼 말이다.

"그렇군요! 우리는 보이지 않는 부드러운 흐름 속에 있고, 누구를 만나느냐에 따라 네모로도 세모로도 별 모양으로도 변용할 수 있으니까요. 요즘 제 친구와 제가 화두로 삼고 있는 주제가 '되기'라는 개념인데 말이죠. 그 되기라는 것이 스피노자의 '변용' 개념을 발전시킨 것이라서……."

최씨 아저씨의 장광설이 또 시작될 모양이었다. 나는 이미 여러 차례 아저씨의 뇌 고문에 시달려 본 경험이 있기에, 일찌감치 자리를 피하려 발길을 돌렸다.

그때 노인이 아저씨의 말을 막고 나섰다.

"워워워, 이 사람아! 철학을 그렇게 무겁게 하다가는 머지않아 머리가 뽀개지고 말 거야. 굳이 의미를 찾으려고 하지 마. 그냥 부드럽게 흘려보내는 거야. 마치 한 잔의 소주처럼 말이야. 이 종이컵에서 내 입 안으로 들어가 목젖을 타고 내려가면서 식도를 거쳐 위 속으로, 천천히 흘러서 피가 되고 살이 되고 오줌이 되는 거지. 아, 그러고 보니 나는 오줌이나 싸고 와야겠군. 소변보는 것도 잊고 얘기에 빠져들다니, 나 원 참!"

노인은 호탕하게 웃으며 자리를 박차고 일어섰다. 그러고는 아주 리듬감 있게 비틀거리며 화장실 쪽으로 걸어갔다. 둘은 벌써 술을 꽤 거하게 마신 모양이었다.

나는 때를 맞춰 최씨 아저씨의 어깨를 툭 쳤다.

"아저씨, 술을 왜 이렇게 많이 마셨어요? 미성년자 앞에서 이래도 돼요? 이제 그냥 막가자는 거군요."

나는 골이 잔뜩 난 표정으로 아저씨 옆에 털썩 주저앉았다. 최씨 아저씨는 빙그레 웃으며 자기 술잔을 나에게 건넸다.

"미농도 한잔 마셔."

어라? 이 아저씨 봐라! 술 취하니까 아예 보이는 게 없는 모양이다. 나는 갑자기 욱하는 마음이 들었다. 어디 한번 당해 봐라 하는 심정으로 술잔을 받아서 한입에 털어 넣어 버렸다. 그런데 맛이……. 이건 맹물 아닌가? 나는 최씨 아저씨 얼굴에 코를 들이대고 킁킁 냄새를 맡아 보았다. 아무 냄새도 나지 않았다. 분명 아저씨 두 뺨은 술에 취한 듯 발그레한데 말이다.

아저씨는 씨익 웃었다.

"굳이 술이 아니라도 취할 수 있는 거야. 취하고 싶다는 마음만 있으면 꽃향기에 취하고, 사람에 취하고, 하다못해 맹물에도 취할 수 있다 이 말이지. 하하하."

정말 못 말리는 아저씨다. 맹물을 마시는 주제에 잘도 술꾼 흉내를 냈겠다! 그렇다면 그 노인도 맹물에 취해서 비틀댄 건가? 나는 노인이 앉았던 자리에 놓인 종이컵을 들어서 냄새를 맡아 보았다. 킁킁…… 윽! 진한 알코올 냄새가 코를 찔렀다. 누가 밀어내는 것처럼 고개가 저절로 뒤로 넘어갔다.

그때 화장실에 갔던 노인이 자리로 돌아왔다.

"이런, 어린 녀석이 술에 손을 대다니……. 더구나 다른 사람도 아니고 내가 마시던 술에 말이야!"

나는 노인에게 꿀밤 한 대를 되게 얻어맞았다. 아무튼 오늘은 뭐든 되는 일이 없다.

대전역 광장의 밤은 점점 깊어 갔다. 화톳불 주변으로 하나둘 더 모여들더니 어느덧 예닐곱 명 정도의 노숙자들이 빙 둘러앉았다. 오늘 운 좋게 새벽 인력 시장에 나가서 건설 노가다를 하고 왔다는 한 노숙자가 과자와 술과 라면을 한 보따리 사 들고 나타나자 환호성이 터졌다. 따뜻한 국물이 배 속으로 들어가고, 다들 기분이 좋아져서 목소리가 커졌다.

최씨 아저씨는 어느새 그들과 전혀 구분하기 힘들 정도로 자연스럽게 어울려서 술, 아니 물을 마시며 떠들고 있었다. 옆 사람들이 어젯밤에는 백화점 앞 벤치에서 잤는데 날이 추워 고생했다느니, 아파트 공사장에서 며칠 동안 잘 지냈는데 얼마 전 완공하는 바람에 쫓겨났다느니, 이런저런 잠자리 걱정을 하는 소리를 들으며 나는 꾸벅꾸벅 졸았다. 자정을 넘어선 지 이미 오래였던 것이다. 그러나 잠결에도 용계 아재의 목소리는 유난히 또렷하게 들려왔다.

"사람들은 대부분 고정 관념 속에 살고 있어. 꼭 집에서만 잠자라는 법이 있나? 대합실이든 공원이든 아스팔트든 내가 누우면 거기가 침실이 되는 거지. 단지 의식주를 위해 내가 원치 않는 삶을 살지 않아도 되는 것, 그게 바로 노숙자의 매력이란 말이지. 오늘은 신문지를 이불 삼아 덮고, 내일은 쓰레기를 덮고 잘 수 있는 거야. 아, 참! 혹시 그거 아나? 노숙자들이 덮고 자는 수많은 신문지 중에서 어떤 게 제일 따뜻하냐면, 바로 스포츠 신문이야. 왜 그런지는 아무도 몰라. 하지만 그게 진짜 따뜻하거든. 허허, 믿거나 말거나!"

그 목소리가 귓바퀴를 돌다가 천천히 사그라들었다. 까무룩 잠이 든 모양이었다.

아침에 눈을 뜨자마자 우리를 찾아온 것도 용계 아재였다. 노인은 어느 틈에 머리를 단정히 빗고 면도까지 하고서 나타났다.

"어이, 밥들 먹었는가? 아직 안 먹었으면 따라나서게. 자네들 운이 아주 좋구먼. 오늘은 교회에서 무료 급식 오는 날이거든."

벌써 많은 노숙자들이 돗자리 위에 앉아 식판에다 머리를 파묻고 노란색 카레라이스를 흡입하고 있었다. 어젯밤에 봤던 낯익은 얼굴도 있었다. 엉겁결에 꾸벅 인사하자 그도 실실 웃으며 인사를 건넸다. 밝은 데서 보니 앞니가 통째로 빠져 있었다.

식사를 끝낸 용계 아재는 손등으로 카레가 묻은 입가를 쓰윽 닦았다.

"사람들은 우리에게 거리에서 죽을까 두렵지 않으냐고 묻곤 한다네. 솔직히 왜 걱정이 안 되겠나? 그런데 우리 중 대부분이 이 사회의 경쟁 시스템에서 낙오한 사람들이야. 전에는 꽤 그럴듯한 직업과 가족이 있던 사람들이란 말이지. 저기 저 앞니 빠진 사람은 태권도 사범 출신이고, 어제 냄새 때문에 대합실에서 끌려 나온 사람은 일류대 졸업하고 무슨 연구소에 다니던 엘리트였다고."

태권도 사범이었다는 말에 깜짝 놀라서 나는 옆자리의 앞니 빠진 아저씨를 다시 한 번 훑어보았다. 몸은 제법 다부져 보였지만, 떡 진 머리와 덥수룩한 수염으로 봐서는 믿기 힘든 이야기였다. 용계 아재는 '믿거나 말거나' 하는 표정으로 어깨를 으쓱해 보이며 다시 말을 이었다.

"보다시피 우리 중 많은 이들이 알코올에 의지하거나 횡설수설하는 미치광이들이야. 무한 경쟁의 도가니 속에서 사회·경제적 토대를 잃어버리는 순간 심리적·정서적인 버팀목도 동시에 잃어버렸기 때문이지. 흔히 패배자, 게으름뱅이, 구제 불능 등등으로 취급받지만, 우리를 만든 건 이 사회야. 신자유주의가 만들어 낸 불량품이랄까? 그런데 위정자들은 우리 노숙자들이 쉼터 같은 시설에 들어가 잘 관리되고 길거리에서는 자취를 감추기를 바라고 있어. 노숙자라는 존재가 이 시대의 바로미터이기 때문이지. 그런 점에서 우리가 노숙을 한다는 것은 거리에서 농성하는 것과 크게 다르지 않아. 노숙자들은 이 시대의 혁명가야."

신들린 듯 침을 튀겨 가며 열변을 토하는 용계 아재를 바라보면서 최씨 아저씨는 생각에 잠겨 있었다. 그리고 한참 만에 조용히 입을 열었다.

"맞아요. 노숙자들은 혁명가예요. 맨몸뚱이 신체이기 때문에, 속세의 척도로는 그가 가진 것을 절대 수치화할 수 없어요. 세상이 정해 놓은 기준을 무너뜨린다는 점에서도 혁명가죠."

최씨 아저씨는 침을 한번 꿀꺽 삼키고는 다시 말을 이었다.

"그렇지만 자유로운 만큼 불안한 것도 사실이잖아요? 아재가 말한 추위나 배고픔보다 더 힘든 게 있지 않을까요? 이를테면 외로움……? 사랑하는 사람들이 생각날 때는요? 용계 아재도 어딘가에 그리운 이들이 있을 테죠?"

순간 용계 아재의 동공이 흔들렸다. 고개를 숙인 채로 꽤 오랫동안 침묵을 지켰다. 누구에게나 말 못 할 사연은 있는 법이다.

"이런 질문을 받은 지금이 가장 힘든 때인가요? 미안해요. 용계 아재를 아프게 하고 싶지는 않았어요."

최씨 아저씨는 용계 아재의 거친 손을 꼭 잡았다. 한참을 조용하던 아재가 고개를 들었다. 눈시울이 조금 붉어져 있었지만 아무렇지 않은 척 씨익 웃어 보였다.

“이 사람 아주 고단수로구먼. 천하의 용계 아재를 울리다니 말이야, 하하하.”

용계 아재는 딸이 하나 있다는 말로 자신의 이야기를 시작했다. 잘나가던 사업이 IMF 외환 위기를 맞아 하루아침에 부도가 나면서 빚쟁이들에게 쫓겨 다니는 생활이 시작됐다. 신용 불량자가 되고, 어찌어찌 하다 보니 사기죄로 감옥까지 다녀왔다. 그 사이 아내는 암으로 세상을 떠났고, 딸은 고등학교만 겨우 졸업하고 취직했다. 그 후로 오랫동안 재기하지 못한 채 여기저기 떠돌던 그는 몇 차례 딸의 직장으로 찾아가 손을 벌리기도 했다. 실망하는 딸의 눈빛을 보며 쥐구멍에라도 들어가고 싶을 만큼 부끄러웠다고 했다.

얼마 지나지 않아 딸과는 연락이 완전히 끊겨 버렸는데, 우연한 기회에 지인을 통해 소식을 들었다. 딸은 이제 두 아이의 엄마가 되었다. 큰아이는 올해 초등학교에 들어갔고, 작은아이는 선천성 심장병을 안고 태어났다고 했다. 지금이라도 당장 찾아갈 수 있는 딸의 집주소도 얻었다. 하지만 용계 아재는 갈 수 없다고 했다.

“면목이 있어야지. 내가 할아버지다 하고 손주들 앞에 나타났을 때 아이들에게 실망을 줄 수는 없잖아. 단 하루를 보더라도 이런 꼴로 만나고 싶지는 않거든. 적어도 내 새끼들한테는…….”

그 말을 듣고부터 거리에서 스쳐 지나는 사람들, 대전역 광장에서 서성이는 이들, 좁은 벤치에 몸을 구겨서 누워 있는 노숙자들이 허투루 보이지가 않았다. 저마다 가슴에 묻어 두었을 사연이 천근만근 무게로 내 눈길을 잡아끌었다.

물론 지금 내가 처한 상황도 그들 못지않게 무겁다는 걸 안다. 힘든 도피 생활의 막을 내릴 때가 되었지만, 우리에게는 가진 돈도 없고 배낭 속에 꿍쳐 두었던 비상식량도 바닥이 났다. 한 끼는 용계 아재 덕에 해결했지만, 다음 끼니부터는 굶어야 할 판이었다. 이제 진짜 노숙자가 될 일만 남은 것이다. 아무래도 도움을 청할 누군가를 찾아봐야 할 것 같았다. 형과는 전혀 통화가 되지 않고, 지금 내게 떠오르는 얼굴은 단 한 사람, 미스터 샤 아저씨뿐이었다.

배낭 속을 뒤져 안산 게스트하우스 명함을 찾아보았다. 아무렇게나 쑤셔 넣은 탓에 처참하게 구겨진 모양새로 배낭 맨 밑바닥에서 발견되었다. 주머니 속 동전들을 알뜰히 긁어모아 공중전화에 밀어 넣었다. 모두 650원. 전화벨이 10여 차례 울린 끝에 드디어 누가 전화를 받았다. 딸깍, 눈앞의 숫자가 순식간에 580으로 떨어졌다. 떨리는 목소리가 들려왔다.

"헤…… 헬로! 쏘리……. 음…… 나, 나 한국말 잘 못한다. 미스터 샤, 없다. 여기, 한국 사람, 아무도 없다."

웁스! 이런 상황은 미처 예상 못했다. 공중전화 액정의 숫자가 정확히 70씩 떨어질 때마다 내 심장도 툭툭 떨어졌다.

그때 수화기 저편에서 갑자기 왁자지껄 사람들 소리가 들리더니, 다른 사람이 수화기를 건네받는 것이 느껴졌다. 미스터 샤였다. 반가운 마음에 눈물이 찔끔 났다.

"민영이니? 어디야? 밥은 먹고 다니니? 어디 다치거나 아픈 데는 없고? 체도 별일 없지? 혹시 어제저녁 뉴스 봤어? 옆에 체 있니?"

미스터 샤는 수없이 많은 질문을 한꺼번에 던지면서 정작 대답할 틈은 주지 않았다. 울컥 목이 메어 왔다.

"아뇨. 최씨 아저씨는 지금 옆에 없어요."

아마 아저씨는 지금쯤 용계 아재와 함께 양지바른 담벼락에 등을 기대고 서서 '노숙자는 신자유주의 시스템의 희생자인가, 아니면 진정한 자유인인가?'를 주제로 열띤 토론을 벌이고 있을 게다. 최씨 아저씨는 내일 우리가 어디서 무엇을 먹고 있을 것인가에는 전혀 관심이 없다. 결국 생계를 책임질 사람은 나밖에 없는 것이다. 내 깊은 곳에서 삶을 향한 의지가 불끈불끈 솟아나는 것이 느껴졌다. 마치 소년 가장처럼 말이다.

어쨌든 이제 공중전화에 남은 돈은 370원뿐이었다. 지금이라도 미스터 샤의 말을 끊고 용건을 꺼내야 했다.

"아저씨, 죄송한데요. 사실은 저희가 지금 대전에서……."

그러나 이마저도 녹록지 않았다. 미스터 샤는 다시 내 말을 뚝 자르고 들었다.

"아, 참! 너 그새 여자 친구 사귀었니? 어제 전화가 왔단다. 그렇게 안 봤는데 너 재주가 참 용하구나, 하하하!"

뭐, 뭐라고? 나한테 여자 친구……? 이게 무슨 소리지? 내게 그런 재주가 있었나……? 나도 모르게 오스스 닭살이 돋았다. 수화기 저쪽에서 메모지 뒤적거리는 소리가 들렸다.

"그러니까 이름이 뭐라더라……. 귤? 규리? 네가 휴대폰 번호도 안 알려 주고 갑자기 사라져서 걱정하는 중이라던데. 이런 못된 녀석, 맘에 안 들어도 숙녀한테 최소한의 예의는 지켜야지! 그 애는 엄청 적극적이더구나. 너한테 이곳 얘기를 들었다면서, 인터넷까지 검색해 여기 전화번호를 찾았다던데. 그런데 나도 네 연락처를 적어 놨어야 말이지. 체는 원래 휴대폰 같은 거 없는 사람이고. 혹시 너한테서 연락 오면 메모를 전해 달라고 하더라."

귤이 안산으로 전화를 했다니! 갑자기 가슴이 콩닥콩닥 뛰고 머리가 어질어질해졌다. 그 바람에 나는 미스터 샤에게 도움을 청하려 전화했다는 중요한 사실을 깜빡 잊고 말았다. 전화가 끊겼을 때 내 손바닥에는 귤의 휴대폰 번호만 달랑 적혀 있었고, 공중전화에 남은 금액은 정확히 90원이었다. 이제 나에게 주어진 시간은 겨우 38초 정도라는 얘기였다. 그 38초에 나와 최씨 아저씨의 운명을 걸었다.

심호흡을 두어 번 했다. 이제 나는 자존심이고 뭐고 버릴 준비가 다 되었다. 뚜르르르르, 뚜르르르르…… 띠딕.

"여보세요?"

귤이었다. 나는 다급하게 내뱉었다.

"나 민영이."

"아, 놔! 너는 어떻게 된 애가 온다 간다 말도 없이……."

공중전화 액정은 눈 깜짝할 새 20으로 떨어져서 깜빡깜빡 점멸을 되풀이했고, 더불어 뚜뚜 하는 경고음이 들렸다. 더는 시간이 없다. 나는 재빨리 귤의 말을 끊고 속사포처럼 쏟아 냈다.

"야, 잔소리 말고 어서 와서 구해 줘. 여기 대전역, 우리 노숙자 되기 직전이야."

뚜뚜뚜뚜뚜뚜뚜……. 전화는 그새 끊겼다. 내 말이 어디까지 전달됐을까? 과연 귤은 우리를 구하러 올까? 나는 공중전화 앞에 그대로 서서 울적한 마음을 달랜 후에야 겨우 밖으로 나갈 수 있었다.

그리고 그 이튿날, 귤이 왔다. 마치 기적과도 같은 일이었다. 귤은 그 넓은 대전역을 구석구석 다 뒤져서, 우리가 있는 곳으로 용케 찾아왔다. 전날부터 두 끼를 내리 굶은 나는 힘이 없어서 눈을 반쯤 감은 채 멍하니 앞만 쳐다보고 있었다. 최씨 아저씨는 용계 아재와 뭔지 모를 놀이에 빠져 있었다. 귀 기울여 보니, 시멘트 바닥에 그려 놓은 동그라미를 밟고 지나는 사람과 피해 가는 사람 수를 세면서 내가 맞혔네 네가 맞혔네 옥신각신하고 있었다. 참 속 편한 어른들이었다.

"헐, 진짜 노숙자들이네."

귤의 첫마디였다. 양지바른 담벼락에 기대어 쭈그리고 앉아 있는 우리를 본 귤은 아주 딱하다는 표정으로 혀를 끌끌 찼다. 처음에는 진짜 노숙자인 줄 알고 그냥 지나쳤다고 했다. 역 광장을 두 번째로 돌면서 다시 한 번 유심히 살펴보고서야 우리를 발견할 수 있었다는 것이다. 여느 노숙자들과 다를 바 없이 꾀죄죄하고 덥수룩했기 때문이다.

귤은 노숙자 행색의 우리를 한참 동안 뚫어져라 바라보더니 한마디 덧붙였다.

"그런데 너랑 체 아저씨가 서로 다른 점이 있어. 뭐랄까? 너는 마치 세상에서 상처받은 짐승처럼 잔뜩 웅크리고 숨어 있었다면, 체 아저씨는 오히려 평소보다 더 즐거워 보였다고 해야 할까? 진짜 노숙자 체질이 아닐까 싶을 만큼 이 대전역 광장이 체한테 꽤 잘 어울리더라고, 하하하."

나는 귤의 이야기를 들으면서 최씨 아저씨가 했던 말들을 하나둘 떠올렸다. 여기 대전역 광장에서 보낸 이틀 동안 아저씨는 나에게 '노숙자 되기'라는 화두를 던져 주려 애썼다. 하지만 나는 오히려 '노숙자가 되지 않기' 위해 이리 뛰고 저리 뛰는 시간을 보냈다. 아저씨가 노숙자들과 아무렇지 않게 어울리며 무책임하게 행동하는 모습을 속으로 책망하면서 말이다.

노숙자가 된다는 것이 뭐가 그리 두려웠을까? 내가 여기서 더 잃을 게 뭐가 있다고……. 잃어버리지 않기 위해 아등바등 살아갈 게 아니라, 태어날 때부터 맨몸뚱이 존재임을 인정하고 더 자유롭게 더 열정적으로 살아야 한다는 메시지를 최씨 아저씨가 계속 보내고 있었다는 사실을 나는 그제야 깨달았다.

귤은 가방을 뒤적이더니 신문 하나와 누런 봉투를 꺼내서 최씨 아저씨에게 쑥 내밀었다.

"화재 현장에서 외국인이 사람을 구했다는 기사가 지역 신문에 났어요. 여기 보세요. 사진도 있어요. 병원 응급실 CCTV 화면을 캡처한 거라 화질은 엄청 구린데, 아저씨 얼굴은 대충 나왔죠? 헤헤. 그리고 이거 보시라. 소방서에서 감사장이랑 상금을 보내왔다는 사실! 짜잔!"

상금이라고? 내 시선은 귤이 들고 있는 누런 봉투로 곧장 날아가 꽂혔다. 그러나 아저씨는 다른 것들에는 눈길도 주지 않고 얼른 신문부터 펼쳐 보았다. 거기에는 응급실 침대에 누워 있는 최씨 아저씨가 나하고 이야기를 나누는 사진이 실려 있었다. 전체적으로 흐릿하긴 하지만 내 모습이 실물보다 잘 나온 것 같아서 기분은 그리 나쁘지 않았다.

귤은 또 무슨 얘기가 남았는지 어떤 기억을 떠올리려 애쓰며 입을 열었다.

"그리고 오늘 아침에 어떤 남자가 마을 회관으로 찾아왔는데……. 신문 보고 왔다면서 체 아저씨에 대해 이것저것 꼬치꼬치 캐묻더라고요. 하지만 어쩐지 수상해 보여서 대전역 얘기는 일부러 안 했어요. 검은 양복을 입고 머리가 아주 짧았는데, 선글라스를 써서 얼굴은 제대로 못 봤어요. 아는 사람인가요?"

검은 양복이라는 말에 최씨 아저씨의 얼굴이 굳어지더니, 주위를 여러 차례 휘둘러보았다. 그리고 지난번 청양에 있는 병원에서와 똑같은 말을 내뱉었다.

"미농, 여길 떠날 때가 됐어. 며칠 더 있고 싶은 마음은 굴뚝같지만 하는 수 없군."

아저씨는 아쉬운 표정으로 용계 아재를 바라보았다. '노숙자 되기'도 좋지만 하루빨리 이곳을 벗어나고 싶었던 나는 속으로 쾌재를 외쳤다. 귤은 영문을 모른 채 눈만 동그랗게 뜨고 서 있었다.

대전역 광장으로 한 무리의 사람들이 까맣게 몰려나왔다. 어딘가에서 열차가 도착한 모양이었다.

황제여, 내 햇빛이나 가리지 마시오!

디오게네스(Diogenēs, Sinope)는 거리에서 노숙을 하던 현자입니다. 그는 그 무엇도 필요로 하지 않는 상태를 신과 지혜에 가까워지는 것으로 보고, 아무것도 소유하지 않은 채 거리에 놓인 나무통 속에서 살아갔습니다.

어느 날 통 속에 들어앉아 햇볕을 쬐던 디오게네스를 알렉산더 대왕이 찾아왔습니다. 이 현자의 지혜가 탐이 난 알렉산더 대왕이 자신의 권력을 은근히 과시하듯 "당신이 원하는 것은 무엇이든 다 들어주겠소."라고 하자, 디오게네스는 "당신 그림자 때문에 그늘이 생기니, 햇빛을 가리지 말아 달라."고 말했답니다. 권력이나 돈은 부질없는 것이며 지금 이 순간 자신이 누리는 한 줄기 햇살의 행복이 가장 중요하다는 늙은 철학자의 가르침을 듣고, 알렉산더 대왕은 "내가 알렉산더가 아니었다면 디오게네스였을 것이다."라며 부러워했다는 이야기입니다.

디오게네스는 사상적으로 키니코스(Kynikos)학파 또는 견유(犬儒)학파라고 불리는 흐름 속에 위치합니다. 견유학파는 쉽게 말해 '개 같은 생활', 즉 걸식 생활을 통해서 문명사회를 벗어나 자유로운 사상을 전개하고자 하는 사상입니다. 왜 하필이면 걸식 생활이냐며 반문하는 사람도 있겠지만, 가진 것 하나 없이 걸식을 하며 돌아다니는 삶이 어찌 보면 어느 것에도 구속받지 않고 여기에서 저기로 가볍게 횡단하는 자유로운 삶일 수 있겠다는 생각이 듭니다.

후대 사람들은 견유학파의 문명 비판적인 사상을 시니시즘(cynicism)이라고 일컬었습니다. 오늘날 '시니컬(cynical)하다'는 말은 '문명을 냉소하면서 자유를 찾겠다'는 의미에서 견유학파가 만들어 낸 사상적 맥락을 담은 단어입니다. 디오게네스는 길 위의 철학 전통에 선 사람으로, 노숙이라는 것이 단지 처참한 빈곤과 무지함이 아니라 자유로운 사유와 현명함의 원천이 될 수 있다는 것을 보여 주었습니다.

프랑스 철학자 펠릭스 가타리는 "우리 모두가 부랑아다!"라고 거침없이 말합니다. 이유인즉슨, 재벌이든 구두닦이든 이 세상 어느 누구도 맨몸뚱이로 태어나 맨몸뚱이로 죽는다는 사실에서 자유로운 사람은 없기 때문입니다. 우리는 어떤 소유물이나 명예, 권력도 무덤까지 가져갈 수 없습니다.

'노숙인 되기', 즉 부랑아 되기는 광인 되기와 맥락을 같이합니다. 이탈리아의 정치 철학자 프랑코 바살리아(Franco Basaglia)는 "광기의 척도는 자유의 척도다."라고 이야기합니다. 우리가 어떤 일에 얼마나 열정을 품고 미칠 수 있는지가 세상의 제약에서 얼마나 자유로울 수 있는지의 범위를 드러냅니다. 사실 냄새나고 횡설수설하고 광기 어린 노숙인들은 안락한 삶에 냉소를 던지고 황야와 같은 거리의 자유를 온몸으로 느끼는 사람들일지도 모릅니다.

그런 점에서 노숙인은 길 위의 철학자가 자유롭게 사고하듯이 어디든 떠날 준비가 되어 있는 사람들을 뜻하기도 합니다. 때문에 디오게네스도 철학자로서 자신의 안락한 지위와 위치를 지킨 것이 아니라, 자유롭고 거침없는 사유를 하기 위해서 자신에게 노숙이라는 강력한 처방을 내렸던 것입니다. 어찌 보면 노숙인이 된다는 것은 통속적인 삶에 맞서 거리에서 농성하거나 끊임없이 주류의 삶을 교란하는 것과 같습니다. 다시 말해 디오게네스처럼 개 같은 생활을 자처하고 거리로 나서는 것이 던져 주는 야성적인 광기와 그것에 담긴 자유의 비밀을 노숙인 되기는 살짝 알려 줍니다.

6

누군가를 사랑한다는 것은

귶이 왔다. 그냥 오기만 한 것이 아니다. 무려 '감사금'이라고 적힌 두툼한 봉투를 들고 왔다. 현금에 목이 말라 있던 나는 당장 귶을 끌어안고 춤이라도 추고 싶을 지경이었다. 그러나 그 앙증맞은 노란 봉투는, 안에 얼마가 들어 있는지 확인도 하기 전에 엉뚱한 사람에게 건네졌다.

"용계 아재한테 드려."

전달자인 귶도, 전달받는 아재도, 이게 무슨 일인가 하고 놀란 눈으로 최씨 아저씨를 쳐다봤다. 나는 소방서에서 준 감사패를 살펴보다가 하마터면 발등에 떨어뜨릴 뻔했다. 이 힘든 도피 생활을 끝내고 집으로 돌아갈 절호의 기회가 그 봉투 안에 있는데, 인천까지 돌아갈 차비는커녕 밥 한 끼 사 먹을 돈도 한 푼 없는 주제에, 이게 무슨 귀신 씻나락 까먹는 소리란 말인가? 최씨 아저씨는 주위의 놀란 표정에도 아랑곳없이 봉투를 용계 아재 손에 꾹 쥐여 주었다.

"손주들 보고 싶다 했잖아요. 한번 찾아가서 만나면 어떨까요? 물론 아재 마음이 내킬 때요. 가기 싫다면 밥을 사서 동료들과 나눠 먹어도 되고요. 어차피 공짜로 받은 돈이니까 누가 쓰든 잘 쓰기만 하면 되죠. 전 아재가 썼으면 좋겠어요. 아재 마음 가는 대로요."

결국, 그렇게 됐다. 아재는 자기가 받은 뜻밖의 선물이 아직 실감 나지 않는지 계속 헛웃음만 지었다. 그런 용계 아재를 뒤로하고 우리는 다시 길을 떠났다. 나는 자꾸 그 노란 봉투가 생각나서 차마 발걸음이 떨어지지 않았다.

귤이 자기 지갑을 털어서 우리 두 남자에게 밥을 사 주고 스쿠터에 기름도 넣어 주었다. 그로써 우리 셋 다 공평하게 무일푼이 되었다. 하지만 안타깝게도 우리의 작은 스쿠터에 세 명이 다 탈 수는 없었다. 결국 귤이 자기 엄마에게 SOS를 보냈다. 귤의 집은 대전에서 그리 멀지 않은 곳이었다. 충북 옥천이라고 했다. 고맙게도 귤 엄마는 전화를 받은 즉시 출발해서, 한 시간쯤 뒤 대전역 앞으로 달려와 주었다.

그런데 어찌 된 일인지 멀리서 자동차가 달려오는 모습을 보면서 내 마음속에는 살짝 불안감이 엄습해 왔다. 달려온다기보다는 굴러온다는 표현이 더 정확해 보였기 때문이다. 자동차는 그동안 여기저기 얼마나 많이 들이박았는지, 마치 찌그러진 빨간 깡통 같았다. 덜컹덜컹 엄청난 소음과 함께 굴러온 자동차가 우리 앞에 멈춰 서자마자 엔진이 두어 번 털털털 소리를 내뱉더니 곧 조용해졌다. 다시 시동이 걸릴지 걱정스러울 정도였다.

운전석에서 귤 엄마가 벌컥 문을 열고 얼굴을 내밀었다.

"굿모닝, 에브리원!"

해가 오후 네 시를 향해 기울어 가는 시간에 굿모닝이라니……. 하지만 온통 산발을 하고 눈곱도 안 뗀 채 나타난 걸 보면, 이 아줌마에겐 지금이 아침일 수도 있겠구나 싶었다.

귤은 나에게 어서 차에 짐을 싣고 뒷자리에 타라는 눈짓을 보냈다. 아무래도 이 차는 위험해 보이는데……. 나는 지푸라기라도 잡는 심정으로 서둘러 스쿠터를 돌아보았다. 그런 생각을 한 사람은 나만이 아니었던 듯, 최씨 아저씨는 어느새 잽싸게 스쿠터 운전석을 차지하고 앉아 씨익 웃고 있었다. 나는 스쿠터 뒤에 타고 싶은 마음이 간절했지만, 그랬다가는 스쿠터 속도가 더 느려질 게 뻔했다. 눈물을 머금고 자동차에 올라탔다. 자동차가 출발하자 스쿠터가 아슬아슬하게 뒤꽁무니를 따라오는 게 보였다. 과연 제대로 따라올 수 있을까 슬그머니 걱정이 되었다.

귤 엄마는 뭐가 그리 좋은지 연신 콧노래를 부르며 액셀을 밟아 댔다. 예상대로 귤 엄마의 운전 솜씨는 거칠기 짝이 없었다. 자동차 뒤 유리창에는 '김 여사 뚝심 운전'이라고 큼지막하게 붙어 있었다. 잘못된 선택을 했구나 하는 후회가 밀려왔다. 조수석에 앉은 귤도 엄마의 난폭 운전이 염려스러운 모양이었다.

"엄마, 혹시 마녀 클럽 아줌마들이랑 모여서 아침까지 술 마신 거 아니지? 작년엔 오후까지 술 안 깨서 논두렁에 차를 처박았잖아. 또 그러면 내가 차 열쇠 뺏는다고 했어 안 했어?"

"어흐, 지지배! 안 마셨어. 그리고 마녀 클럽이 뭐냐? 미녀 클럽이면 몰라도……, 낄낄낄. 옥천감자수제비북클럽이라고 내가 몇 번을 얘기해. 어린것이 누굴 닮아 저리 황소고집인지……."

"누굴 닮았겠어? 그 엄마에 그 딸이지. 아유, 정신없어. 좀 천천히 가!"

"안 돼. 북클럽 아줌마들 기다리니까 빨리 가야 돼. 지금 다들 집에 모여 있단 말야. 오늘은 박노해 시집을 읽기로 했어. 제목이 『그러니 그대 사라지지 말아라』라니, 멋지지 않니?"

"오, 마이 갓! 하필 오늘이 그날이야? 그래도 천천히 가. 너무 빨리 가면 아저씨 스쿠터가 따라오질 못하잖아!"

"잘만 따라오는데 뭐가 걱정이야? 서두르지 않으면 연로하신 우리 옥천감자수제비북클럽 왕할매 숨 넘어가신다."

"그 할매, 목소리 쩌렁쩌렁해서 나보다도 오래 사시겠던데, 뭐. 흥!"

여자들 특유의 아기자기한 툭탁거림이 간질간질 귀여웠다. 친구 사이 같은 모녀의 모습이 그저 부럽기만 했다. 그러나 시간이 지날수록 귤의 잔소리 옥타브가 점점 올라가면서 피로감이 느껴졌다. 나도 모르게 한숨이 나왔다.

"에효…… 1절만 하지. 피곤하지도 않나……?"

속엣말이 그만 입 밖으로 나와 버렸다. 운전하던 귤 엄마가 뒷자리에 앉은 나를 갑자기 휙 돌아보며 격하게 맞장구를 쳤다.

"그치? 얘 좀 심하지? 완전 바가지 여사라니깐! 지금 엄마한테도 이러는데 나중에 커서 결혼하면 얼마나 더 심하겠어? 누가 너랑 결혼할지 몰라도 고생길이 아주 훤하다, 야! 거봐, 민영이도 내 말이 맞다잖아."

귶은 '흥' 코웃음을 쳤지만, 그럴수록 귶 엄마는 일부러 더 크게 얘기했다.

"얘, 민영아! 우리 쫌 통한다, 그치? 내 이럴 줄 알았다니까! 그동안 귶한테 얘기 많이 들었어. 예상했던 대로 아주 멋진 녀석이구나, 하하하."

왠지 귶 엄마와 급속히 친해진 것 같았다. 나도 모르게 헤벌쭉 웃음이 나왔다. 귶이 그동안 엄마와 통화하면서 내 얘기를 종종 했었구나! 어쩐지 기분이 묘했다. 아무튼 차는 그렇게 위태위태하게 달리고 달린 끝에 드디어 옥천에 닿았다.

귶의 집은 멀리 경부선 기찻길이 내려다보이는 언덕에 자리 잡고 있었다. 대청마루가 있는 아담한 한옥이었다. 우리보다 한참을 뒤처져서 따라오던 최씨 아저씨는 하마터면 이 집을 그냥 지나칠 뻔했다. 부릉부릉 엔진 소리를 듣고 달려 나간 내가 스쿠터 뒤꽁무니를 따라가며 큰 소리로 부르지 않았다면 우리는 그길로 영영 이별할 뻔했다.

그 소란을 겪는 동안 뒤통수가 따갑게 느껴졌다. 고개를 돌려 안채 쪽을 보니, 대청마루에서 한 무리의 아줌마들이 고개를 쭉 빼고서 우리 쪽을 바라보고 있었다. 머리가 하얀 할머니부터 아이를 안은 젊은 엄마까지 연령층도 다양했고, 금방 밭에서 일하다 온 듯한 몸뻬 차림부터 반듯한 정장 차림, 마당에 할리 데이비드슨 오토바이를 세워 놨을 것만 같은 터프한 가죽 점퍼까지 차림새도 제각각이었다. 나는 왠지 겁이 나서 최씨 아저씨 뒤쪽으로 슬쩍 몸을 숨겼다. 그런데 귶 엄마가 눈치 없이 우리를 그 사람들 앞으로 이끌었다.

"자, 인사해요. 내가 귀한 손님들 데려온다고 얘기했지? 여기는 귤이 친구 민영이, 그리고 함께 여행하는 아르헨티나 사람 체예요."

나이가 많고 적음을 떠나서 이렇게 많은 여자들 앞에 선 것은 초등학교 때 이후로 처음이다. '귤이 친구'라는 말에 어쩐지 부끄러워져서 나는 머리를 긁적이며 뻘쭘하게 인사를 했다. 이러는 나와 달리 최씨 아저씨는 성큼성큼 걸어가더니 그들 중 가장 나이 많아 보이는 노부인 앞으로 다가섰다. 아까 차에서 귤 모녀가 얘기한 왕할매임에 틀림없었다.

아저씨는 한쪽 무릎을 살짝 꿇더니 왕할매의 손등에 부드럽게 입을 맞췄다.

"세뇨라 에르모사, 엔깐따다!"

뭐라 설명하기 어려울 만큼 엄청난 부드러움과 우아함이 깃든 자세였다. 나도 모르게 입이 딱 벌어졌다. 남미 사람들이 무척 정열적이라서 어느 나라에 가든 이성에게 인기가 많다는 얘기는 들은 적이 있지만, 최씨 아저씨에게도 저런 면이 있었던가?

"뭐래? 세뇨라……? 스페인어야?"

가죽 점퍼를 입은 덩치 큰 아줌마가 큰 소리로 물었다.

"네, 제 고향에서는 이렇게 인사합니다. 아름다운 부인, 만나서 반갑습니다!"

볼이 발그레해진 왕할매는 얼굴 가득 기분 좋은 미소를 머금었다. 70대 할머니고 20대 아이 엄마고 모두 아저씨에게 홀딱 반한 표정들이었다. 뭐가 그리 좋은지, 최씨 아저씨가 한마디 할 때마다 깔깔거리며 좋아했다. 그들은 대청에 둘러앉아 화기애애하게 이야기를 나누었다. 나는 아줌마들 웃음소리에 겁을 집어먹은 나머지 대청 위로 올라가지 못하고, 그렇다고 귤을 따라 집 안으로 들어가지도 못한 채 마당을 오락가락하며 시간을 보냈다.

귤네 집은 오래된 한옥을 현대식으로 개조한 집이었다. 안채에서 조금 떨어진 곳에는 방 한 칸짜리 작은 사랑채가 있었는데, 댓돌 위에 남자용 흰 고무신이 살짝 비뚤게 놓여 있었다. 아마도 귤 아빠가 신는 고무신 같았다. 나는 집 안팎을 천천히 휘둘러보며 귤에게 물었다.

"근데…… 너희 아빠는 어디 가셨니? 언제 오셔?"

귤은 잠시 주춤하더니 곧 입을 열었다.

"넌 왜 모든 집에 당연히 아빠가 있을 거라고 생각하니?"

살짝 신경질이 묻어 있는 목소리였다. 아무 생각 없이 물었는데 이런 반응이 오리라고는 상상을 못했다.

"어, 나는 그저……."

또 바보같이 굴었구나, 젠장! 속으로 마구 자책하고 있는데 귤이 다시 입을 열었다. 아까보다 조금 누그러진 목소리였다.

"아빠는 없어. 나 초등학교 때 돌아가셨어."

귤의 목소리가 잠시 흔들렸다. 이윽고 한두 차례 헛기침을 하고는 귤이 말을 이었다.

"하지만 혹시 저기 댓돌 위에 있는 남자 신발을 보고 얘기한 거라면…… 과민 반응해서 미안해. 저건 말하자면 일종의 보안용 연출 아이템이야. '낯선 사람들아, 이 집에도 남자가 있으니 함부로 들어올 생각 마라!' 뭐, 그런 거지. 여자들만 살다 보면 별

게 다 필요하거든."

마음 한구석이 짠해졌다. 나도 어릴 때 부모님이 돌아가신 바람에 엄마 아빠 얼굴조차 잘 기억나지 않기 때문이다.

그래도 귤에게는 엄마가 있지 않은가? 서로 친구처럼 편하게 지내는 모습이 스스럼없어 보였고, 솔직히 말하면, 부러웠다. 게다가 성격이 시원시원한 귤 엄마는 그야말로 내가 꿈에 그리던 멋진 엄마의 모습이다. 엄청난 친화력으로 벌써부터 최씨 아저씨 옆에 꼭 붙어 앉아 저리 다정하게 담소를 나누고 있지 않은가 말이다. 아, 다정하다고……? 그러고 보니 아까부터 최씨 아저씨는 귤 엄마 옆자리에 앉아 농담을 주거니 받거니 했다. 둘의 대화가 어찌나 흥미진진한지 나머지 북클럽 멤버들 모두가 두 사람의 이야기에 귀 기울이고 있었다. 심지어는 젊은 엄마 품에 안겨 있던 짱아라는 꼬맹이까지도 아저씨에게서 눈을 떼지 못했다. 다운증후군임을 짐작케 하는 작은 눈을 반짝이며 짱아는 시종일관 해맑게 웃고 있었다.

그런 짱아의 모습에 귤 엄마가 깔깔 웃으며 최씨 아저씨에게 물었다.

"이렇게 여자들만 모인 자리에 남자 혼자 끼어 있으면 불편하지 않아요? 공통점도 별로 없고 관심사도 다를 텐데……."

그 질문에 최씨 아저씨가 곰곰이 생각에 잠겼다가 잠시 후 입을 열었다.

"아, 공통점이라면…… 저는 여성의 목소리로 휘파람을 불 줄 알아요."

주위에서 까르르 웃음이 터져 나왔다. 가죽 점퍼를 입은 아줌마가 큰 소리로 물었다.

"휘파람 소리에 남녀가 따로 있나요? 하하하. 여성의 휘파람 소리는 어떻게 내는 거죠?"

"평소보다 더 부드러운 마음으로 휘파람을 불려고 노력하면 돼요. 다른 사람과 대화할 때도 상대방을 더 많이 이해하고 진심을 다해 그를 감싸고자 하는 마음이 있다면, 그게 바로 '여성 되기'라고 할 수 있죠."

"푸하하, 그게 뭐예요! 남자가 여성 되기를 한다니……. 음…… 이런 말 하긴 좀 뭣하지만, 일종의 '거세' 같은 건가요?"

그렇게 묻는 귤 엄마의 표정에 장난기가 듬뿍 묻어 있었다.

"아, 노노노노……. 오해하지 마세요. 그런 의미로 한 말은 절대 아니에요."

최씨 아저씨는 손사래를 치며 난감해하고, 아줌마들은 킥킥거리며 웃느라 정신이 없었다. 아저씨는 귤 엄마를 바라보며 진지하게 입을 열었다.

"간혹 여성을 '거세된 남성'이라고 부르는 이들도 있었어요. 하지만 그건 여성 비하를 즐기는 남성 우월주의자들이나 취할 만한 비뚤어진 견해랍니다. 제가 말하는 여성 되기는, 세상 모든 것을 사랑하는 마음이라고 해야 할까요? 여성성은 만물을 감싸고 어루만지는 치유와 돌봄의 또 다른 이름이니까요."

최씨 아저씨의 긴 설명에도, 귤 엄마는 여전히 장난기를 머금은 얼굴에 한쪽 입꼬리를 올리며 피식 웃었다.

"어머나, 참으로 예쁜 편견이군요. 그런데 여성을 너무 이상적으로 생각하시는 거 아닌가요?"

좀 냉소적인 태도였지만, 귤 엄마의 쿨한 성격 탓인 듯했다. 최씨 아저씨는 온화한 미소를 머금고 귤 엄마를 바라보았다.

"어쩌면 당신에게도 여성 되기가 더 필요할지 모르겠네요. 남성만 여성 되기가 필요한 게 아니고 여성도 여성 되기를 해야 하거든요."

곧이어 귤 엄마 얼굴에도 살짝 미소가 피어났다.

"제가 좀 터프하긴 하죠. 그걸 벌써 눈치채다니……. 눈썰미가 대단하시네요!"

오늘 처음 만났는데도 둘이 아주 쿵짝이 잘 맞는다는 생각을 하는 건 나뿐이 아닌 듯했다. 귤도 흥미롭다는 표정으로 팔짱을 낀 채 멀리서 둘을 주시하고 있었다.

귤이 작은 목소리로 중얼거렸다.

"이 집에 남자라는 존재가 필요하다면……."

잠시 말을 멈추고 최씨 아저씨 쪽을 지그시 바라봤다. 그리고 조심스레 입을 뗐다.

"꼭 필요하다면, 그건 아마도 '새아빠'겠지만……. 음, 이 문제는 좀 더 고민해 봐야겠는걸."

그러면서 토끼처럼 깡충깡충 집 안으로 들어갔다. 귤의 뒷모습을 바라보고 있으려니 나도 모르게 얼굴이 화끈거리며 가슴이 콩닥콩닥 뛰었다. 굳이 확인하지 않아도 내 얼굴이 엄청나게 새빨개졌다는 것을 느낄 수 있었다. 나는 숨을 크게 들이마셨다. 태어나 처음 느끼는 묘한 기분이 밀물처럼 밀려왔다. 이것을 뭐라 표현해야 할까? 마치 내 몸이 순간적으로 무중력 상태에 놓인 것 같다고나 할까. 귤의 얼굴만 떠올려도 저절로 웃음이 나왔다.

다른 한편으로는 정체를 알 수 없는 두려움도 슬그머니 밀려왔다. 이 행복이 오래가지 않을 것 같은 예감이랄까? 가을 햇살이 너무 눈부셨다. 순간, 눈앞이 핑그르르 도는 현기증에 나는 그만 고개를 푹 숙였다.

최씨 아저씨와 나는 귤네 집에서 며칠 푹 쉴 수 있었다. 침수된 내 휴대폰도 양지바른 곳에서 잘 말라 가고 있었다. 이제나저제나 다시 전원 켤 날을 가늠해 보며 마음을 졸였다. 물론 귤네 집 전화를 이용해 형에게 연락해 봤지만 역시 받지 않았다. 나처럼 휴대폰이 고장 나서 애를 먹고 있는 것은 아닐까? 혹시 그동안 수없이 걸려 왔을 부재중 전화 가운데 형의 새 전화번호가 섞여 있는 건 아닐까 걱정스럽기도 했다. 하지만 몸도 마음도 편안한 생활 덕분인지 더 깊은 걱정 속으로 빠져들기 전에 나는 그냥 생각을 멈춰 버렸다.

일단은 대성플라스틱 문제가 해결됐으니 이쯤에서 인천 집으로 돌아가도 되겠지만, 그러기엔 어쩐지 뻘쭘했다. 노마드가 되겠다고 당차게 길을 나선 이상, 이 여행을 계속 이어가 보고 싶었다. 물론 귤에게 좀 더 멋지게 보이고 싶은 욕심도 작용했지만 말이다. 내 목적지는 울산이다. 조만간 형과 통화가 됐을 때 변명거리로도 울산은 꽤 괜찮은 목적지라고 할 수 있다.

나는 최씨 아저씨에게 물었다.

"대성플라스틱 일이 잘 해결돼서 다행이에요. 이제 다 끝난 셈인데, 아저씨는 미스터 샤에게로 가실 건가요?"

최씨 아저씨는 잠시 생각하더니 고개를 저었다.

"아니, 안산 게스트하우스도 내 집은 아닌걸. 지금으로선 딱히 돌아갈 데가 있는 건 아니야. 나는 늘 길 위의 사람으로 살아왔어. 앞으로도 계속 그렇게 살아가겠지."

미스터 샤가 최씨 아저씨를 노마드라고 한 이유를 알 것 같았다. 나는 아저씨의 표정을 살피면서 말을 건넸다.

"그럼…… 혹시 괜찮으시면, 저하고 같이 울산에 가지 않으실래요? 울산엔 일자리도 많고 새로운 사람들도 아주 많아요."

일주일 남짓 길동무 했던 최씨 아저씨가 알게 모르게 든든하게 느껴져서, 나는 은근히 기대가 섞인 말투로 제안했다. 그러나 아저씨의 반응은 의외로 뜨뜻미지근했다.

"음, 글쎄……. 그건 별로 좋은 생각이 아닌 것 같아. 내 진짜 도피는 아직 끝나지 않았어. 그들이 나를 발견했으니 아마 곧 따라잡을 거야. 나랑 같이 다니면 너에게 위험한 일이 닥칠지도 몰라."

그들이라니……? 대성플라스틱 문제는 다 해결된 거 아닌가? 궁금한 마음이 들기는 했지만, 그보다 최씨 아저씨와 동행할지 여부가 나에게는 더 중요한 일이었다. 나는 조금만 더 떼를 써 보기로 했다.

"위험한 일이요? 하하하, 괜찮아요. 지금까지도 충분히 위험한 상황이었지만 함께 돌파해 왔잖아요. 단지 제가 걱정돼서 그러시는 거라면, 전 문제없어요. 걱정 마세요. 우린 한 팀이잖아요!"

최씨 아저씨가 굵은 눈썹을 꿈틀거리며 겸연쩍게 웃었다.

"그래. 그렇지. 우린 한 팀이었지……."

그렇게 해서 최씨 아저씨와 동행이 연장되었다. '특별한 문제가 생기지 않는 한'이라는 단서가 붙긴 했지만. 우리는 옥천에서 보내는 며칠을 일종의 휴가라고 생각하기로 했다.

옥천감자수제비북클럽 아줌마들은 하루가 멀다 하고 드나들면서 최씨 아저씨와 이야기 나누는 재미에 푹 빠졌다. 그리고 올 때마다 맛있는 음식들을 잔뜩 싸 들고 왔다. 새빨간 홍시며 시루떡, 김밥 등등. 그중에서도 최고를 꼽으라면 나는 왕할매가 끓여 온 감자수제비를 주저 않고 선택할 것이다. 미지근하게 식어 있던 수제비를 별 기대 없이 한 숟갈 입에 떠 넣자마자, 나는 순간적으로 한 마리 멸치가 되어 푸른 동해 바다를 헤엄치는 장면을 봤다. 놀라운 맛이었다.

"와, 이건 팔아도 되겠어요! 보기와 달리 엄청 맛있네요."

내 말을 듣고 귤 엄마와 귤이 동시에 까르르 웃었다. 그도 그럴 것이, 이 수제비는 불과 몇 년 전까지만 해도 '할매감자수제비'라는 간판을 달고 옥천에서 꽤 유명했던 맛집 메뉴였다는 것이다. 왕할매가 대장암 수술을 받고 식당 문을 닫기 전까지 말이다. '옥천감자수제비북클럽'이라는 이름이 어디서 왔는지 딱 느낌이 왔다.

"그냥 우연히 할매네 식당에서 감자수제비를 먹다가 그 자리에서 결성된 북클럽이야. 정말 웃긴 건, 다들 따로따로 밥 먹으러 와서 그날 처음 만난 사이라는 거지, 하하하. 그게 벌써 3년 전인가? 진짜 세월 빠르네."

귤 엄마는 감회에 젖은 듯 눈을 게슴츠레 뜨고 맛을 음미했다.

"그때나 지금이나, 솔직히 북클럽은 그냥 핑계야. 힘들고 우울한 사람들끼리 서로 의지하는 거지. 모여서 수다 떠는 게 힐링이고, 서로서로 멘토가 돼 주는 일이거든."

당시 대장암 진단을 받고 망연자실해 있던 식당 주인 왕할매와 갱년기 우울증에 시달리던 과수원집 안주인, 치매에 걸린 노모 간병 때문에 힘들어하던 서점 주인, 장애아를 낳아서 키우는 짱아 엄마, 그리고 남편을 하늘로 보낸 뒤 고향으로 돌아와 술로 세월을 보내던 귤 엄마까지, 우울한 여자 다섯이 모여서 결성한 게 옥천감자수제비북클럽이라는 것이다. 물론 귤은 '옥천감자마녀단'이라고 강력하게 주장하고 있지만 말이다. 귤 엄마는 북클럽이 엄마로서, 아내로서, 딸로서, 여자로서 살다가 자기도 모르는 새 상처받은 영혼들의 연합체라고도 했다. 그렇게 말하는 귤 엄마의 눈가가 살짝 촉촉해졌다.

기울어 가는 가을 햇살이 마당을 부드럽게 감싸 안았다. 귤은 아까부터 손바닥만 한 텃밭에 들어가서 몇 개 안 남은 토마토를 딴다고 호들갑을 떨고 있었다. 마루에 앉아서 그 모습을 물끄러미 바라보고 있는데, 누가 조용히 다가와 내 옆에 앉았다. 가죽 점퍼 아줌마였다.

400cc짜리 커다란 오토바이를 타고 다니는 그 아줌마가 서점 주인이라는 사실을 알고 나는 깜짝 놀랐었다. 그리고 비록 지금은 돌아가셨지만 10년 넘게 치매 노모를 모신 '효녀'의 아이콘이라는 말에 솔직히 경악을 금치 못했더랬다. 모터사이클족 서점 주인이라니, 지독하게 안 어울리는 조합이다.

서점 주인 아줌마는 나를 한참 바라보더니 조심스레 입을 열었다.

"너…… 눈을 조심할 필요가 있겠다."

눈을 조심하라니, 무슨 소리지? 나는 아줌마를 멀뚱멀뚱 바라보았다.

"시선 말이야. 계속 귤의 움직임만 좇고 있잖아. 만약 네 마음을 아직 들키고 싶지 않다면, 좀 더 조심하는 게 좋을 거야."

심장이 쿵 내려앉는 기분이었다. 처음 보는 아줌마에게 내 마음을 들키다니…….

"아니, 아니, 그게 아니고요……. 그러니까 저는요, 어……."

처음에는 손사래를 쳤지만, 아줌마한테서는 거짓말을 할 수 없게 만드는 묘한 기운이 느껴졌다. 나는 인정하지 않을 수 없었다.

"그게, 정말 그렇게 티가 많이 나요?"

아줌마는 씨익 웃으며 고개를 끄덕였다. 망했다.

"너 혹시 귤을 누나라고 부르지 않는 이유도…… 그것 때문이야?"

그 말을 듣고 나는 재빨리 고개를 숙여야만 했다. 순간 얼굴이 토마토보다도 더 빨개졌을 게 분명했기 때문이다. 아줌마는 혼잣말처럼 중얼거렸다.

"그래, 귤이 원래 나이나 위계 같은 것에 신경 쓰지 않는 아이이긴 하지. 하지만 너, 일부러 그러는 거 더 티 난다. 킥킥."

귤이 벌써 눈치챘으면 어쩌지? 화들짝 놀란 나는 고개를 번쩍 들었다. 아줌마는 장난스럽지만 따뜻하게 웃고 있었다. 나는 조금 솔직해지기로 했다.

"잘 모르겠어요. 막상 다가가려고 해도, 그 아이가 뭘 좋아하는지, 어떻게 해야 자연스럽게 대화를 이어 갈 수 있는지 머릿속이 하얘져서 아무 생각이 없어요. 여자의 마음을 얻으려면 어떻게 해야 하죠? 좀 더 멋진 녀석으로 보이고 싶은데……."

아줌마는 또 내 눈을 바라보더니, 조용히 입을 열었다.

"글쎄다. 나도 남자 마음 얻는 법을 잘 몰라서 이 나이 되도록 미혼이다 보니, 너한테 해 줄 말이 별로 없구나. 어쨌든 너도 그 '여성 되기'인가 뭔가를 좀 배우긴 해야겠다."

"'여성 되기'요?"

내가 되묻자 서점 아줌……, 아니 누나는 말없이 턱을 들어서 부엌 쪽을 쓱 가리켰다. 내 고개도 그쪽을 향해 자동으로 휙 돌아갔다. 최씨 아저씨가 남미식 요리를 만든다며 앞치마를 두르고 분주히 움직이는 모습이 보였다. 그렇구나! 제일 가까운 곳에 최고의 선생님을 놔두고 내가 엉뚱한 사람에게 조언을 구했구나! 다시 고개를 돌렸을 때 누나는 벌써 자리를 뜬 후였다.

최씨 아저씨는 부엌에서 한창 뭐를 지지고 볶는 중이었다. 내가 옆으로 슬쩍 다가가 '여성 되기'에 대해 묻자, 아저씨는 말없이 빙그레 웃기만 했다. 아무런 답을 해 주지 않으니, 나는 애가 닳았다.

"미농이 생각하기엔 '여성 되기'가 무엇인 것 같아?"

그러면서 아저씨는 요리하던 음식의 간을 살짝 봤다. 싱거운지 소금을 조금 더 쳤다. 나는 잠시 머뭇거리다가 대답했다.

"'여성 되기'라는 게, 그러니까…… 여성의 입장에서 생각해 보고 배려하고 그런 거 아닐까요?"

아저씨는 여전히 알 수 없는 미소를 띠며 고개를 끄덕였다.

"그래, 맞아. 그런데 말야, 어쩌면 그 정도는 '신사'라면 누구나 알고 있는 상식이라는 생각도 들어. 그러니까 내가 말하는

'여성 되기'는 좀 더 적극적인 의미에서, 내 안에 있는 여성성을 깨닫는 것이기도 하거든. 남자라고 해서 백 퍼센트 남성적인 면만 있는 게 아니고, 또 여자라고 해서 누구나 다 여성스럽기만 한 건 아니잖아. 음…… 마치 바이크 타는 서점 사장님이나 귤 엄마처럼 말이야."

아저씨가 말을 다 마치기도 전에, 낯익은 그림자 하나가 우리 두 사람 사이로 쓰윽 끼어들었다. 귤 엄마였다.

"내가 뭘……?"

귤 엄마는 조리대 위의 음식을 손가락으로 아무렇게나 집어서 입에 넣었다.

"물론 내가 그리 여성스러운 편은 아니지. 그렇지만 과연 세상에 성별이 남성과 여성 딱 둘만 있을까? 아줌마라는 제3의 성도 있잖아."

귤 엄마는 옆에서 눈을 동그랗게 뜨고 있는 나를 보고 피식 웃으며 말했다.

"민영아, 아줌마 너무 무서워하지 마. 해치지 않아, 하하하."

귤 엄마는 콧노래를 부르며 마당으로 내려갔다. 아마도 지금까지 내가 만난 아줌마들 중에서 귤 엄마는 단연 가장 쿨한 인물로 꼽히게 될 거다.

귤 엄마가 저만큼 사라진 것을 확인한 나는 다시 물었다.

"그런데 아저씨! 지난번에도 그렇고 지지난번에도 그렇고, 아저씨가 말한 '되기'는 모두 약자들과 관련된 거였잖아요. 이주민이나 노숙자처럼 우리 사회 주변부에 있는 힘없는 사람들 말이죠. '되기'라는 게 소수자가 되는 거 아니었나요? 하지만 제 생각에 여성은 소수자라고 하기 어려울 것 같은데……."

아저씨는 젖은 손을 앞치마에 닦으며 물었다.

"왜 그렇게 생각하지?"

"인류의 반이 여성인 데다가 솔직히 우리 사회가 남녀평등 면에서는 어느 정도 실현된 느낌이 들거든요. 중학교 때 체육 선생님이 요즘은 오히려 여자가 남자를 노예처럼 부리는 여성 상위 시대가 됐다고 투덜거리시더라고요."

최씨 아저씨가 팔짱을 끼고 나를 가만히 바라봤다.

"미농 생각은 어때? 정말 그런가?"

기습적인 질문을 받고 나는 당황스러웠다.

"아뇨, 나는…… 여성 상위까지는 아니라고 생각하는데……. 암튼 여성이 특별히 더 보호받아야 하는 존재라고 생각하진 않아요. 남녀평등이라면 평등해야 맞는 거잖아요. 여성이라고 특별하게 취급하면 오히려 기분 나빠하지 않을까요?"

조심스럽게 묻자 최씨 아저씨는 조용히 웃기만 했다. 내 등 뒤에서 귤의 목소리가 들린 것은 그때였다.

"절대!"

나는 놀라서 뒤를 돌아보았다. 귤은 미간을 찌푸린 채 볼멘소리를 했다.

"단 한 번도 그런 여성 우대를 받아 본 적이 없거든! 오히려 모녀가 단둘이 산다고 주위에서 보내는 불편한 시선을 견디거나 엄마 차 조수석에 앉아서 여성 운전자라고 무시하는 욕설을 고스란히 들어야 하고, 아메리카노 한 잔 마셔도 된장녀네 김치녀네 여혐 발언들이 난무하던걸. 남자들한테는 이런 게 잘 보이지 않겠지만, 여자로서 살아가기에 이 사회는 정글이야. 엄청난 위험이 곳곳에 도사리고 있는…….”

나는 순간 얼굴이 뜨거워졌다. 귤이 언제부터 뒤에 서 있었던 거지? 내 벌렁거리는 심장을 아랑곳하지 않고 귤은 평소 품고 있던 불만을 속사포처럼 잇달아 쏟아 냈다.

“너, 혹시라도 조선 시대 운운하려거든 그만둬! 만약 누가 너한테 전생에 노비였던 거 생각해서 지금 네 권리를 좀 침해받더라도 참아라 그러면, ‘눼눼~’ 그러고 받아들이겠니? 지금까지의 역사는 인간의 자율성을 넓혀 가는 역사였고, 거기에 진보는 있어도 퇴보는 없는 거야.”

귤의 적대적인 태도에 적잖이 당황해하고 있는데, 마침 최씨 아저씨가 슬쩍 끼어들었다.

“적어도, 미농이 ‘여성 되기’에 대해 궁금해한다는 사실만큼은 정말 대단한걸.”

아저씨가 내 어깨를 가볍게 두드려 주었다.

“미농, 귤의 주장이 너무 강해서 거부감이 들지도 모르지만, 귀담아들을 필요가 있어. 인류의 문명이 성립한 지 5천 년이 넘었지만 양성평등을 고민하기 시작한 건 겨우 200년 정도밖에 안 되잖아. 귤 말대로 남녀평등에 대한 감수성이 아직 성숙하지 않은 상태란 말이지. 남성 입장에서 별 고민 없이 당연하게 여겨지던 것들이 여성의 입장에서는 폭력으로도 느껴질 수 있는 거야.”

그렇게 생각하지 않느냐는 듯 아저씨는 나를 보고 씩 웃으며 미간을 찡긋했다.

“그래서 ‘여성 되기’가 중요하다는 거야. 너에게 만약 좋아하는 사람이 생긴다면, 누가 시키지 않아도 상대방이 불편한 건 없는지 늘 살피고 따뜻하게 감싸려고 노력하겠지? 사랑하는 존재에게 할 수 있는 최대한의 배려, 마음 깊은 곳에서 우러나는 지지가 바로 '되기'니까 말이야."

언제 다시 들어왔는지 귤 엄마도 주방 문턱에 서서 팔짱을 끼고 우리 이야기를 듣고 있었다. 그러고는 특유의 시원시원한 목소리로 말했다.

"아, 그래서 여성도 '여성 되기'가 필요하다는 얘기를 하신 거로군! 그 말을 들으니 여성들도 피해자적인 시각에서 벗어날 필요가 있다는 생각이 드네. 사실 현대의 페미니즘은 사람들이 흔히 생각하는 '남성에 대한 여성의 투쟁'과는 거리가 있거든. 지금은 오히려 남성과 여성, 남성성과 여성성을 넘어 모든 성이 평등하게 각자의 권리를 인정받는 것이 중요한 시대란 말이지."

좁은 부엌 안은 어느새 열띤 토론의 장이 되었다. 다들 만족스러운 시간이었다. 어쩌면 최씨 아저씨만 빼고 말이다. 이야기를 나누면서 다들 무의식적으로 연신 뭔가를 바삭바삭 씹었는데, 토론이 끝나 갈 무렵에는 아저씨가 만든 요리가 어느새 하나도 남지 않은 것이다. 최씨 아저씨가 온종일 심혈을 기울여 만든 남미풍 특제 소스만 하나도 먹지 않은 채 덩그러니 남았다. 아저씨 입에서 살짝 한숨이 흘러나왔다.

저녁 무렵, 마당에서 묵직한 오토바이 소리가 들려왔다. 밖에 나가 보니 서점 누나가 와 있었다. 귤 엄마가 부탁한 책을 갖다주러 왔다는 것이다. 그런데 서점 누나는 귤을 앞에 세워 놓고 계속 고개를 갸웃거리며 무언가를 묻고 있었다.

"그 사람들이 너를 찾는 것 같았어. 인상착의를 들어 보니 딱 너던데, 어쩐지 이 집을 알려 주면 안 될 것 같아서 모른다고 둘러댔어. 너 무슨 문제 있는 거 아니지? 혹시 도움이 필요하거든 나한테 얘기해. 엄마한테는 비밀로 해 줄 테니."

서점 누나는 귤을 어르고 달래듯 아주 진지한 표정으로 이야기했다. 그러나 귤은 전혀 모른다는 표정이었다.

"양복 입은 아저씨들을 내가 어떻게 알아요? 게다가 까만 양복이라니, 완전 구려!"

그러다가 곰곰이 뭔가를 생각하던 귤이 손뼉을 짝 쳤다.

"아, 그러고 보니 청양에서 체 아저씨를 찾던 사람들도 까만 양복을 입었는데……."

귤이 말을 마치기도 전에 둘의 시선이 약속이라도 한 듯이 일제히 내 쪽을 향했다. 나는 우물쭈물하며 한 걸음 뒤로 물러났다. 서점 누나와 귤이 보내는 무언의 압력이 내 머리를 짓눌렀지만, 아무것도 떠오르는 게 없었다.

"나도 잘 모르겠어요. 어…… 혹시 총무과장이랑 김씨 아저씨인가? 하지만 그 사람들은 검은 양복을 입지 않거든요. 게다가 그 사건은 공장 문을 닫으면서 다 해결됐고……."

쥐 잡듯이 닦달하는 두 여자의 추궁에 못 이긴 나는 인천 대성플라스틱에서 있었던 사건들, 그리고 나중에 안산 지구마을 여인숙 미스터 샤의 도움으로 환경 단체와 연결돼서 공장 폐수 무단 방류 문제가 뉴스화된 사연을 시시콜콜 들려주었다. 물론 창고에 감금되어 있던 최씨 아저씨를 내가 목숨을 걸고 구출해 나온 스토리는 온갖 효과음을 다 넣어 가며 엄청난 영웅담으로 각

색해 냈다. 귤은 두 눈을 반짝반짝 빛내며 내 이야기를 들었다.

"아무래도 내 추측이 맞는 것 같아. 체 아저씨는 역시……."

귤은 뜻 모를 말을 중얼거리며 고개를 끄덕였다.

검은 양복을 입은 남자들이 옥천에 나타났다는 소식을 전하자 최씨 아저씨는 경직된 표정을 지었다. 그 표정을 보자 나는 가슴이 철렁 내려앉았다. 청양의 병원과 대전역에서 허겁지겁 떠나야 했을 때도 딱 그 표정이었다. 그럼 그때도 대성플라스틱 사람들 때문에 도망친 게 아니었나? 같은 팀으로서, 나는 알고 싶었다.

"그들이 누구죠?"

"……."

아저씨는 대답하지 않았다. 나는 다시 조심스럽게 물었다.

"대성플라스틱 말고도 또 누군가에게 쫓기고 있었던 거죠? 검은 양복을 입은 사람들이라고 하던데, 그게 누군가요?"

내가 연거푸 질문하자, 최씨 아저씨는 굵은 눈썹에 힘을 주면서 말했다.

"내가 모르는 것에는 대답할 수가 없어. 황당하게 들리겠지만, 그 존재만 알 뿐 그들이 누군지 나도 몰라."

모르니까 모른다고 대답하는 것일 테고, 게다가 지금 나에게 중요한 것은 그들의 정체가 아니었다. 나는 떨리는 마음을 가라앉히며 조용히 물었다.

"또…… 떠나야 하나요?"

심장 한가운데를 꿰뚫는 날카로운 통증이 느껴졌다. 이 평화로운 나날도 오늘로 끝인가? 나는 아저씨에게 매달리고 싶은 심정이었다.

"아저씨, 하루만…… 딱 하루만 더 있으면 안 될까요? 부탁이에요."

나를 가만히 바라보던 최씨 아저씨가 부드럽게 내 어깨를 두드렸다.

"미안해, 미뇽. 그래, 떠나고 싶지 않겠지. 나도 여기가 좋아. 귤과 그 엄마, 북클럽 멤버들의 따뜻한 배려 덕분에 정말 오랜만에 집에 온 것 같은 푸근함을 느꼈어. 하지만, 하지만……."

아저씨의 눈동자가 잠시 흔들리는 게 보였다. 드디어 아저씨가 다시 입을 열었다. 아저씨 눈에는 걱정과 따뜻함이 동시에 담겨 있었다.

"그래, 하루만 더 머무르면서 기다려 보자."

뜻밖의 그 말에 내 마음속 응어리가 풀리는 게 느껴졌다. 그래, 하루라는 시간이 남았다. 떠나기 전에 나는 귤에게 꼭 하고 싶은 말이 있다.

그날 밤, 이런저런 생각에 잠 못 이루고 뒤척이다가 깜빡 잠들었다. 얼마나 잤을까? 한밤중에 부스스 눈을 떴다. 옆자리가 휑하다는 느낌이 들어 주위를 둘러보니, 아저씨가 달빛이 흘러드는 창호 문에 귀를 바짝 대고 앉아 있었다.

나는 잠꼬대처럼 중얼거렸다.

"아저씨, 뭐 하세……?"

최씨 아저씨가 집게손가락을 입술에 대고 조용히 하라는 신호를 보냈다. 평소와 달리 단호한 몸짓이었다. 아저씨의 눈이 어둠 속에서 차갑게 빛났다.

그때 창호 문 너머로 검은 그림자 하나가 조용히 지나갔다. 분명 사람 그림자였다. 나는 숨을 헉 들이마셨다. 최씨 아저씨는 입술에서 손가락을 조심스럽게 떼더니, 나를 향해 그 손가락을 뻗었다. 그러고는 방바닥을 가리켰다가 자기를 가리켰다가 다시 방바닥을 가리켰다. 입으로 뻐끔뻐끔 나에게 뭐라고 말을 하는 듯했다. 어스름한 달빛에 입 모양이 희미하게 보였다. 여기서, 기다려, 내가, 곧, 돌아올게…….

최씨 아저씨가 조용히 문을 열고 나갔다. 발소리마저 숨을 죽인 채 그림자가 멀어졌고, 얼마 지나지 않아 마당에서 스쿠터 시동 거는 소리가 들렸다. 그러자 후다닥 대문을 향해 뛰어가는 낯선 그림자 둘이 보였다. 급하게 자동차 문 여닫는 소리가 들리더니 중형 자동차 엔진의 떨림이 방 안까지 묵직하게 전해졌다. 그리고 그 소리들마저 이내 어둠 속에 묻혀 버렸다. 나는 심장이 너무 쿵쿵거려서 차마 이불 밖으로 나오지 못하고 한참을 그대로 누워 있었다.

사방이 조용했다. 저 사람들은 누굴까? 최씨 아저씨는 어디로 간 걸까? 잡히지 않고 무사히 돌아올 수 있을까……? 대답 없는 물음이 이불 속에서 맴돌았고, 나는 아저씨에 대한 걱정과 혼자 남았다는 두려움에 조금 울었다.

이튿날 아침, 최씨 아저씨가 사라졌다는 사실을 안 귤과 엄마는 놀라서 한동안 입을 다물지 못했다. 이제 보니 아저씨는 신발도 제대로 신지 못한 채 댓돌 위에 놓여 있던 남자용 흰 고무신을 대충 꿰어 신고 간 모양이었다.

귤이 혼잣말처럼 중얼거렸다.

"그 사람들…… 누굴까?"

나는 아무 말도 할 수 없었다. 귤 또한 굳이 누가 대답해 주기를 기대한 것도 아닌 듯, 또다시 혼잣말을 중얼거렸다.

"그때 청양에서, 그 사람들 차 안에 외국인이 타고 있었던 게 기억나. 백인이었고 영어를 썼어. 뒷자리에 앉아서 다른 사람들에게 뭐라고 지시하는 것 같았는데……. 어휴, 이럴 줄 알았으면 평소에 영어 공부 좀 해 둘걸."

귤은 길게 한숨을 내쉬었다. 귤 엄마도 아까부터 대청마루에서 서성이며 안절부절못하고 있었다.

그러다 갑자기 귤 엄마가 나를 향해 말했다.

"민영아, 어서 짐 챙겨."

밑도 끝도 없이 짐을 챙기라는 말에 나는 깜짝 놀라서 귤 엄마를 쳐다보았다.

"온다고 했으니 반드시 올 거야. 어떤 식으로든 그들을 따돌렸을 거라 믿어. 그래, 믿어야지! 하지만 그들이 이미 여기를 알고 있으니, 아저씨가 여기에 다시 나타나는 건 큰 위험을 무릅쓰는 일이 되겠지. 그래도 아저씨는 올 거야. 왜냐하면 네가 여기 있으니까. 너를 데리러 오는 아저씨를 위해 너도 준비를 해 둬야지."

아, 나를 데리러……. 그때 내 머릿속에서 팽팽하게 당겨져 있던 긴장의 끈이 툭 끊어졌다. 그러고는 눈물이, 마치 폭발하듯 펑펑 솟았다. 그렇다. 아저씨는 나를 위해 위험을 감수하는 것이었다. '우리는 한 팀'이라는 말 때문에 나와의 약속을 지키기 위해 이곳으로 돌아오려는 거다. 나를 데리러 여기로 오다가 그들에게 잡힐 수도 있는데 말이다. 여기에 하루만 더 머무르자고 고집을 피운 나 자신이 그렇게 미울 수가 없었다. 그 말 한마디가 지금 아저씨를 위험에 빠뜨린 것이다. 밤톨만 한 눈물이 뚝뚝 떨어져서 마룻바닥을 하염없이 적셨다.

그 시각 지역 방송 뉴스에서 수상한 사고 소식이 들려왔다. 오늘 새벽 옥천 시내를 질주하던 폭주족끼리 시비가 붙어서 폭력 사태가 벌어졌고, 영동 방향으로 서로 쫓고 쫓기는 추격전을 벌이다 금강 유원지 인근에서 자동차가 강물에 추락하는 사고가 났다는 것이다. 다행히 인명 피해는 없으며, 경찰이 중장비를 동원해 추락한 차량을 끌어 올렸다는 뉴스였다. 추락 사고라니……. 아, 최씨 아저씨는 무사한 걸까?

그랬다. 아저씨는 무사했다. 적어도 죽지는 않고 돌아왔다. 아저씨는 온몸이 물에 흠뻑 젖은 채 스쿠터를 질질 끌고 나타났다. 안간힘을 다해 걸어왔는지 대문 안으로 들어서자마자 픽 쓰러졌다. 귤 엄마와 내가 아저씨를 부축해서 집 안으로 데리고 들어왔다. 신고 나갔던 고무신도 어디서 잃어버렸는지 한 짝이 보이지 않았다. 다리도 심하게 다친 모양이었다. 오른쪽 바짓가랑이에서 피가 계속 배어났다. 시뻘건 피를 보자 내 머릿속이 핑그르르 돌았다.

"아저씨, 아저씨, 괜찮아요? 정신 차려요, 아저씨!"

나는 눈물 콧물 범벅이 되어 악을 쓰듯 소리쳤다. 최씨 아저씨는 끄응, 신음 소리를 한 번 내더니 이내 조용해졌다.

옆에 서 있던 귤이 말했다.

"야, 너만 조용히 하면 돼. 너 때문에 더 정신없잖아."

나는 뭐라 변명할 말을 찾지 못한 채 달기똥 같은 눈물만 뚝뚝 흘렸다. 귤은 그러는 나를 진정시키다 못해 결국에는 밖으로 억지로 끌고 나가서 대문 앞에 세워 놓고 혹시 수상한 사람이 있는지 살피라고 했다.

때마침 소식을 듣고 북클럽 아줌마들이 귤네 집으로 우르르 몰려왔다. 떠들썩한 아줌마들을 집 안으로 들여보낸 뒤 귤과 나는 대문 앞에 뻘쭘하게 서 있었다. 어쩐지 뭐라 할 말이 없었다. 어젯밤까지만 해도 이번에는 꼭 귤에게 고백하고 말겠다는 다짐을 하고 또 했건만, 웬일인지 그 다짐이 모두 부질없게만 느껴졌다. 둘 사이에 어색한 정적이 흘렀다. 한참을 그렇게 서 있었다.

귤이 먼저 입을 열었다.

"민영아, 요 며칠 내가 너한테 계속 시비조로 틱틱거려서 미안해……. 사실은 그게 말이지……."

"잠깐만!"

나는 귤의 말을 급히 막았다. 저쪽에서 검은 자동차가 이쪽을 향해 오고 있었던 것이다. 이 사실을 알리기 위해 귤이 집 안으로 들어간 사이, 자동차가 미끄러지듯 다가와 내 앞에 섰다.

운전석 문이 열리고 차 안에서 검은 양복의 남자가 내렸다.

"야, 조민영이! 그 사람 어디 있어?"

순간 나는 찔끔 오줌을 지릴 뻔했다. 이 사람이 어떻게 내 이름을 알고 있는 걸까? 나는 밑바닥부터 마지막 남은 용기를 끌어올려 작은 목소리로 대답했다.

"그 사람이라니요……? 누구 말씀하시는 건가요?"

"체 말이야! 체! 너랑 붙어 다니는 외국인!"

남자는 버럭 화를 냈다. 나는 최대한 천천히, 조심스럽게 말을 했다.

"저…… 저는 잘 모르겠는데요. 저랑 함께 다니는 분은 최씨 아저씨인데, 그냥 평범한 이주 노동자예요. 이상한 사람 아니에요."

어쩌면 이들이 최씨 아저씨를 다른 사람으로 오해해서 그러는 게 아닌가 싶은 생각도 없지 않았다. 그래서 나는 최대한 진심을 담아 설명하려 애썼다. 게다가 이들이 도착했다는 사실을 알리러 귤이 집 안으로 들어갔으니, 나는 여기서 최씨 아저씨를 피신시킬 시간을 충분히 벌어야 했다.

검은 양복이 나를 향해 더 바짝 다가왔다.

"너 그 사람이 누군지 알아? 아니, 우리가 누군지는 알고 이러는 거야? 만약 우리 일에 협조하지 않으면……."

근육이 울뚝불뚝한 남자는 억센 손아귀로 내 어깨를 꽉 움켜쥐고 흔들었다. 어깨뼈가 부서질 것처럼 아팠다. 비명을 지르기 직전, 집 안에서 왁자지껄한 소리가 들려왔다. 순간 남자가 내 몸에서 손을 떼고 한 걸음 뒤로 물러섰다.

어찌 된 일인지 왕할매가 뒷걸음으로 버럭버럭 소리를 지르면서, 다른 아줌마들에게 떠밀리다시피 밖으로 쫓겨나고 있었다.

"아니, 이 ×××들이 왜 이런다? 내 돈 내가 받겠다는데 뭐가 잘못이여? 내가 언제 준다고 했냔 말여. 내가 삼 년 전에 꿔 줬어. 너 과수원집! 너도 봤잖여. 니가 증인이여. 언니 동생 하며 지낸다고 그 돈을 그냥 준 중 알어? 내가 무슨 자선 사업가여? 이것들이 어디서 인정머리 타령이여?"

뭔가 잘못된 모양이었다. 왕할매가 저럴 사람이 아닌데……. 내가 잘못 들었나 싶어 슬쩍 다른 사람들 얼굴을 둘러보았다. 다들 심각한 표정이었다.

귤 엄마가 울분에 차서 소리쳤다.

"그래서 내가 안 갚는대? 왕할매, 지금은 사정이 어렵댔잖아. 하필이면 왜 이런 날 찾아와서 날 못살게 굴어! 흑……."

오열하는 귤 엄마의 머리카락이 엉망진창이었다. 왕할매에게 머리채를 호되게 잡힌 모양이었다. 이게 무슨 날벼락이란 말인가! 나는 그 자리에 그만 얼어붙어 버렸다. 검은 양복도 눈이 휘둥그레져서 일찌감치 사건 현장에서 두어 발짝 물러나 있었다.

왕할매의 신세타령이 이어졌다.

"아이고, 내 팔자야! 젊어서 서방 잃고 찌그러진 식당 하나 하면서 칠십 평생 죽어라 일만 하고 산 것도 억울한데, 암 걸렸다고 사람 취급 못 받아, 자식 없는 늙은이라고 무시당해. 아이고, 늙고 병들어서 믿을 거라고는 돈밖에 없다는 말이 참말일세. 아이고, 서러워라!"

왕할매는 아예 대문 앞에 큰대자로 눕다시피 하면서 아이고, 아이고, 서러운 곡소리를 냈다. 그런데 그 자리가 하필이면 검은 양복이 운전하는 자동차 코앞이다 보니, 자동차는 길이 딱 막혀서 오도 가도 못하게 되었다. 더구나 주위 사람들은 그런 할매를 말리는 것 같기도 하고 부추기는 것 같기도 한 모호한 태도를 보였다.

짱아 엄마가 왕할매를 일으켜 세우려 애쓰며 말했다.

"할머니, 진정하세요. 길바닥에서 이게 무슨 짓이래요. 타지 사람들도 다 보는데……."

반면 과수원집 아줌마는 귤 엄마 편을 드는지 왕할매에게 함부로 손가락질을 하며 소리쳤다.

"어휴, 욕쟁이 할매! 저 기운 좋은 것 좀 봐. 대장암도 무서워 도망가겠네. 저렇게 생떼를 쓰다니."

다들 한마디씩 거드는 사이, 뒷마당 쪽에서 부르릉 소리가 들려왔다. 왕할매에게 온 신경이 팔려 있는 바람에 나는 그 소리를 한쪽 귀로 흘려들었다. 그런데 그 소리가 점점 앞마당으로 나오더니 어느 틈에 대문을 통과해서 큰길 쪽으로 잽싸게 달려 나갔다. 정말 순식간이었다.

검은 양복은 그제야 정신이 드는지 부랴부랴 자동차 운전석에 앉아 시동을 걸었다. 그러나 길바닥에는 여전히 왕할매가 찢어지는 곡소리를 내며 큰대자로 드러누워 있었다.

"아, 그 노인네 좀 얼른 길에서 끌어내요!"

검은 양복이 소리쳤다. 사람들이 왕할매에게 우르르 달려들었지만 완강하게 버티는 통에 쉽사리 끌어낼 수 없었다. 사람들이 오히려 더 우왕좌왕하면서 길바닥은 그야말로 난장판이 되었다.

나는 멀어져 가는 스쿠터의 뒤통수를 바라보고 서 있었다. 최씨 아저씨의 뒷모습이 작아지고 있었다. 안산 지구마을 여인숙에서 '득템'한 검은 패딩 점퍼와 머리보다 좀 큰 듯 보이던 하늘색 헬멧까지 저 멀리 까맣게 한 점이 되어 갔다. 지금 이렇게 헤어지면 언제 다시 만날 수 있을까?

속절없이 눈물이 나서 시야를 가렸다. 최씨 아저씨가 혼자 가버렸다는 서운함이 아니라 무사히 빠져나갔다는 기쁨의 눈물이었다. 아까 아저씨가 정신을 잃어서 걱정했는데 다행히 때맞춰 일어날 수 있었구나. 결국 혼자 떠나야 했지만, 위험을 무릅쓰고 나를 데리러 와 준 것만으로도 고마웠다.

검은 양복의 자동차는 강짜를 부리는 왕할매를 겨우겨우 길옆으로 옮겨 놓은 후에야 최씨 아저씨가 사라진 쪽을 향해 허둥지둥 출발했다. 나는 눈물을 흘리며 한동안 그 자리에 서 있었다. 이대로 한마디 인사도 못 하고 헤어지니 너무 서운했다.

훌쩍거리며 서 있는 내 뒤통수를 사정없이 내리친 것은 다름 아닌 귤이었다.

"야, 너는 무슨 수도꼭지처럼 온종일 질질 짜냐? 이리 와! 아저씨 방금 전에 깨어나서 너 기다리셔."

나는 어안이 벙벙해져 주위를 둘러보았다. 북클럽 사람들이 마치 연극을 끝낸 배우들처럼 손을 툭툭 털며 집 안으로 들어가고 있었다. 그중에서도 특히 왕할매와 귤 엄마의 입가에는 흡사 주연 배우와 같은 도도함이 어려 있었다.

"어머, 왕할매! 여고 때 연극반 했다더니 빈말 아니었나 봐. 연기력이 어쩜 장난 아니야!"

"야, 너도 연기에 신끼가 있더라. 어쩜 그렇게 천연덕스럽냐? 우리, 북클럽 때려치우고 극단이나 하나 맨들어야겠다."

아저씨는 서점 누나의 가죽 점퍼를 입고 소파에 기대어 살짝 잠들어 있었다. 다행히 둘이 덩치가 비슷해서 옷이 몸에 잘 맞았던 모양이다. 부디 서점 누나가 검은 양복에게 따라잡히지 않기를 마음속 깊이 기도했다. 물론 나는 무신론자이지만 말이다.

평온하게 잠든 아저씨 얼굴을 보니 또 눈물이 쏟아졌다. 오늘 나는 아무래도 여자아이가 된 모양이었다. 그냥 막 웃음이 나면서, 동시에 눈물이 났다.

암꽃/수꽃으로 저 들꽃을 차별하지 않는 것처럼

저 들판의 꽃들은 여자일까요, 남자일까요? '꽃'이라는 말에서는 여성성이 물씬 묻어나지만, 실제로 대부분의 꽃은 남성성과 여성성을 함께 갖고 있습니다. 어쩌다 암꽃과 수꽃이 따로 있기도 하지만 대부분 꽃 한 송이에 암술과 수술이 함께 있습니다. 이렇게 들꽃처럼 두 가지 성(性)을 한꺼번에 살아 보는 느낌은 어떤 것일까요? 남성이라고도 여성이라고도 부르기 어려운 그것에 굳이 이름을 붙이자면 '양성성'이라고 해야 할까요? 남성/여성이라는 이분법 바깥의 뭔가가 있다면, 어쩌면 '성'에는 우리가 익히 알고 있던 남성과 여성 단 두 가지만 존재하는 게 아닐 수도 있겠습니다. 들뢰즈와 가타리가 말하는 '여성 되기'의 출발점이 바로 여기에 있습니다. 우리의 성은 남성/여성의 이분법을 뛰어넘는 풍부하고 다양한 n개의 가능성 속에 있습니다. '남성 되기'가 아닌 '여성 되기'만이 그 가능성의 열쇠를 쥐고 있습니다.

오랫동안 인류는 여성을 대지, 자연, 생명의 어머니 품으로 생각해 왔습니다. 여성들이 숲, 하천, 바다 등의 공유지에서 발효, 약초, 음식 등의 생태적인 지혜를 싹틔워 온 역사적 과정이 있었기에, 고대부터 자연과 감성, 예술은 여성성의 상징이었지요. 반면 남성은 인간의 이성과 과학, 권력을 대표합니다. 지금까지의 역사는 '남성들의 역사'(history)였으며, '여성들의 역사'(herstory)를 철저히 억압해 온 과정이기도 합니다.

흔히 여성을 비하하면서 '집에서 살림이나 하는' 존재로 바라보는 경우가 있습니다. 그러나 사실 살림살이를 뜻하는 라틴어 oikos는 부와 자원, 화폐의 순환을 다루는 경제(economy)의 어원이며, 동시에 자연의 순환과 재생을 다루는 생태학(ecology)의 어원이기도 합니다. 무엇보다 돌봄, 보살핌, 모심, 섬김, 살림 등은 그 자체로 공동체와 가정을 재생시키는 중요한 활동입니다. 이처럼 여성성의 부드럽고 따뜻한 정서와 감정의 흐름은 남성성으로 대표되는 모순, 적대, 전쟁, 폭력을 해결할 수 있는 다양성, 비폭력, 평화, 사랑의 메시지를 담고 있습니다.

이러한 여성성과 남성성을 담고 있는 그릇이 여성 또는 남성입니다. 여성성과 남성성은 완벽하게 따로따로 구분하기 어렵기 때문에 조금씩 섞인 상태로 하나의 그릇에 담겨 있는 거죠. 마치 들꽃처럼 우리 모두는 양성성을 지니고 살아갑니다. 그 그릇 안에 담긴 남성성과 여성성의 비율이나 양상은 그가 평소에 어떤 문화를 접하는지, 누구를 만나는지, 어떤 상황에 놓였는지에 따라 달라질 수 있는 것이고요. 결국 남성과 여성의 성 차이는 한 인간이 살아오면서 접하는 여성성과 남성성의 빈도나 밀도, 강도와 같은 양적 차이에 불과하지요. 성은 고정된 것이 아니라 꾸준히 변화할 수 있는 것이라는 말입니다. 사람마다 시기마다 상황마다 그 빈도나 밀도·강도가 제각각 다르다면, 세상에는 엄청나게 다양한 성이 존재하는 셈입니다.

그런데 남성 중심적인 시각에서는 그 다양한 성적 차이가 정체를 분명하게 드러내도록 분류되고 식별되어 남성/여성이라는 이분법 속으로 다시 소환될 수밖에 없습니다. 그것이 바로 남성성의 역할이지요. 반면 여성성은 그 다양성을 품어 주는 역할을 합니다. 또한 여성 되기는 LGBT(레즈비언-게이-바이-트랜스젠더)를 비롯한 n개의 성으로 나아가는 관문이 됩니다.

남성과 여성 모두에게 존재하는 여성성은, 여성 되기를 통해서 남성과 여성이 교감하고 사랑할 수 있는 공통분모를 가리킵니다. 그리고 '여성의 여성 되기'와 '남성의 여성 되기'라는 흐름 속에서 만들어지는 사건이 바로 사랑입니다.

7

진짜 영웅은 바로 너!

세상에 '해피 엔딩'은 없다. 그것이 내가 최근에 얻은 결론이다. 물론 옥천에서는 따뜻했다. 북클럽 아줌마들 덕분에 위급한 상황에서 벗어날 수 있었고, 게다가 혼자 가 버린 줄 알았던 최씨 아저씨는 여전히 내 길동무로 남아 주었다. 그날 나는 어찌나 감격했는지, 아저씨를 보자마자 조금 울었다. 귤이 나를 보고 울보라며 놀려 댔지만, 맹세코 '아주 조금' 울었을 뿐이다.

그럼에도 우리는 그곳을 서둘러 떠나야 했다. 검은 양복을 입은 사람들이 다시 돌아오기 전에 말이다. 엎친 데 덮친 격으로 최씨 아저씨는 다리에 부상을 입었다. 아저씨 스스로 지혈을 하고 응급 처치를 했지만, 절대 무리해서는 안 되는 상태라는 건 아무리 바보라도 알 수 있었다.

그래서 우리는 깊은 산골에 있다는 왕할매의 사촌 동생네 집에 며칠 동안 몸을 맡기기로 했다. 그곳은 귤 엄마의 고물차로 비포장도로를 30분 남짓 달리고, 차에서 내려 길인지 도랑인지 구분하기도 힘든 험한 산길을 한참 걸어 올라가야 도착할 수 있는 먼 곳이었다. 속리산 끝자락에 있는 금마봉이라고 했다. 우리가 그곳에 도착했을 때는 벌써 해가 기울고 있었기 때문에, 안내자였던 귤과 귤 엄마는 최씨 아저씨와 나만 남겨 두고 서둘러 산을 내려갔다.

그리고 지금 나는, 어딘지도 모르는 깊은 산골짜기 오두막에서 발가락으로 밥을 먹는 이상한 녀석과 한방에 있다. '발가락으로 밥을 먹는'이라니, 이게 무슨 말도 안 되는 상황인가! 그러나 녀석은 아까부터 날 쳐다보며 '형아, 나 이것도 할 줄 안다!' 하는 표정으로 의기양양하게 발가락으로 숟가락질을 해 대고 있었다. 녀석의 별명은 매미. 어쩌면 진짜 이름인지도 모른다는 생각이 들 정도로 매미와 닮았다. 무엇보다 온몸이 머리, 가슴, 배로만 이루어져 있다는 점이 특히 그렇다. 그 아래로 50센티미터가 채 안 되는 짧은 다리 두 개가 달려 있다.

처음에 그 모습을 보고 놀라서 내 눈을 의심하며 서 있는데, 녀석은 오히려 생글생글 웃으며 말했다.

"형아, 난 매미야. 나 쫌 이상해? 테트라 아멜리아 증후군이야. 형아, 혹시 닉 부이치치라고 들어 봤어? 오체 불만족은?"

그런 이상한 이름들 내가 알 게 뭐냐. 나는 슬그머니 고개를 돌렸다. 그러자 녀석은 '창피함'이라든가 '좌절'이라는 단어를 알지 못하는 듯 곧 단념하고, 이번에는 최씨 아저씨를 향해 절절한

구애의 눈빛을 보냈다. 발가락을 턱에 대고 턱받이 모양을 만들면서 말이다.

"아저씨, 안녕? 난 매미예요."

그러자 최씨 아저씨는 웃음 띤 얼굴로 녀석에게 절뚝절뚝 다가가더니 오른손을 불쑥 내밀었다. 설마…… 악수를 하자는 건가? 손은커녕 팔도 없는 아이에게? 최씨 아저씨의 정말 아무렇지 않은 듯 자연스러운 표정에, 나는 그만 아저씨를 말릴 적절한 타이밍을 놓쳐 버렸다. 그런데 녀석은 전혀 동요하는 기색 없이 해맑은 얼굴로 오른쪽 발을 척 들어서 아저씨의 손에 살포시 얹어 놓는 게 아닌가! 그러더니 발가락에 힘을 줘서 고정하고는 아래위로 힘차게 흔들며 말했다.

"헤헤헤, 아저씨 되게 특이한 사람이네요. 지금까지는 아무도 나한테 악수를 하자는 사람이 없었거든요. 내가 할 수 없다고 생각하는 거죠. 하지만 이것 보세요. 난 악수도 이렇게 잘하잖아요! 사실은 나도 오늘 처음 알았어요. 아저씨 덕분에 말이죠."

녀석은 기분이 좋은지 방바닥을 데굴데굴 구르며 환호했다. 최씨 아저씨도 활짝 웃으며 그 모습을 흐뭇하게 바라보고 서 있었다. 어디서 많이 보던 표정, 아저씨가 오직 나에게만 보여 주던 환한 '아빠 미소'였다. 아마 그때부터였을 거다, 매미 녀석이 내 신경을 건드린 것은.

왕할매의 사촌 동생, 그러니까 녀석의 아빠는 덥수룩한 수염에 덩치가 큰 과묵하고 무뚝뚝한 사람이었다. 마치 영화 〈해리 포터〉 시리즈에서 툭 튀어나온 거인 해그리드 아저씨 같았다. 아저씨는 우리를 한번 힐끔 보고는 말없이 아랫방 아궁이에 장작을 넣고 불을 지피기 시작했다. 우리가 묵을 방에 군불을 때는 것 같았다. 말이 없어도 너무 없는 사람이었다.

그런 제 아빠를 전혀 닮지 않았는지, 불행하게도 매미 녀석은 엄청난 수다쟁이였다. 최씨 아저씨와 내가 걸터앉아 있는 마루 끝까지 데굴데굴 굴러오더니 묻지도 않은 말을 마구 지껄였다.

"울 아빠는 약초꾼이야. 아저씨, 약초꾼이 뭔지 알아? 산에서 약초를 캐는 사람이야. 울 아빠는 아무리 험한 산이라도 다 돌아다녀. 하루 만에 저 멀리 속리산까지 다녀올 때도 있어. 난 혼자 걸을 수 없지만, 아빠가 어떤 날은 나를 망태에 넣고 다니기도 해. 그 모습이 마치 고목나무에 앉은 매미 같다고 해서 사람들이 날 매미라고 놀려. 그렇지만 망태 속에서 보는 세상이 얼마나 근사한지, 아저씨는 모르지?"

녀석은 뭐가 그리 신나는지 한시도 입을 쉬지 않고 쫑알거렸다. 최씨 아저씨는 다리에 부목을 대서 움직이기 불편한 몸을 끌고 매미 쪽으로 가까이 다가가, 녀석의 얼굴을 찬찬히 들여다보았다. 녀석의 눈높이에 맞게 몸을 낮추고, 눈에는 따뜻한 미소를 한가득 머금은 채 말이다. 그러자 녀석의 눈이 갑자기 초롱초롱 반짝이고, 볼은 발그레 물들었다. 그 뒤로 매미는 최씨 아저씨 뒤만 졸졸 쫓아다녔다.

녀석의 모습은 정말 상상하기 힘들 정도로 기이했다. 양팔은 아예 흔적조차 없었고, 다리는 땅을 딛고 일어서기에는 너무 가늘고 짧았으며, 힘없이 뻗은 발끝에 발가락 두 개가 살포시 달려 있을 뿐이었다. 하지만 녀석은 그것을 만능 도구 삼아 숟가락을 쥐었고, 연필을 잡았고, 가려운 곳을 긁었다. 아침이면 제 아빠가 떠다 준 세숫대야의 물을 철퍼덕거리면서 발바닥으로 얼굴을 문질렀고, 천연덕스럽게 수건을 집어서 꼼꼼히 물기를 닦았다. 그러고는 이 빠진 도끼빗 손잡이를 발가락 사이에 끼우고 능숙하게 머리를 빗었다. 다리 본연의 임무인 '걷는 것'만 빼고, 손이 하는 웬만한 일은 모두 발로 해냈다. 뭐가 그리 자랑스러운지 어깨까지 으쓱거려 가면서 말이다.

그런 녀석을 보고 있으면 나도 모르게 울화가 치밀어 올랐다. 왜 그러는지 정확히는 알 수 없었다. 어쩌면 과거의 나 자신을 보는 듯한 고통 때문이었는지도 몰랐다.

나는 고아에다 가난뱅이, 모든 아이들이 싫어하는 그 자체였다. 아픈 할머니가 제대로 챙겨 주지 못하는 더러운 교복, 구멍 난 양말, 머리에 이가 있을지도 모르는 지저분한 아이, 기피 대상 1호……. "걔하고는 놀지 마." 하는 엄마들의 소곤거리는 목소리가 늘 내 뒤통수에 붙어 다녔다. 마치 벌레 보듯 하는 사람들의 눈길에도 나는 아무렇지 않은 척 일부러 호기를 부리곤 했다. 어릴 때는 형의 든든한 등 뒤에 숨어 있으면 들리지 않았다. 형이 울산으로 내려간 뒤로 그 모든 것을 나 혼자 감당해야 했을 때부터는 아무것도 모르겠다는 표정으로 그냥 웃었다. 아무리 심한 욕을 해도 못 들은 척했고, 때려도 아픈 내색을 하지 않았으며, 오히려 남들 보란 듯이 더 밝게 웃었다. 그런 나에게 사람들은 '아무 생각도 없는 녀석'이라고 했다.

지금 생각하면 다 바보짓이었다. 그게 나를 더 만만하게 보게 만들었다는 걸 최근에야 깨달았다. 매미를 보고 있으면 그때의 바보 같았던 내가 자꾸만 떠올라서, 나쁜 기억을 상기시키는 녀석이 점점 더 미워졌다.

최씨 아저씨가 녀석을 대하는 태도도 한몫했다. 여기 도착한 뒤로 아저씨의 시선은 줄곧 매미를 향해 있었다. 녀석의 사소한 행동 하나에도 아저씨는 연신 웃으며 즐거워했다. 그럴수록 녀석은 자꾸 오버하면서 마치 스타라도 된 듯이 우쭐거렸다. 그 모습에 나는 더 배알이 뒤틀렸다. '사람들이 너 상처받을까 봐 일부러 웃어 주는 것도 모르니? 이 바보 같은 녀석!' 사납게 할퀴고 싶은 마음이 목구멍까지 올라왔지만, 꾹 눌러 참았다.

나는 이런 비뚤어진 심사를 오래 참지 못하고, 다음 날 아침 밥상머리에서 터뜨려 버렸다. 밥상 앞에 앉은 매미가 작은 발가락 두 개 사이에 숟가락을 끼우고 키득거리면서 밥을 퍼먹고 있었다. 녀석은 저 한 숟갈 먹고 옆에 앉은 아빠 한 숟갈 떠 주고 또 저 한 숟갈 먹기를 반복하며 장난을 치는 중이었다. 녀석의 아빠도 덩치답지 않게 개구쟁이 같은 미소를 띠고서 매미가 떠 주는 밥을 열심히 받아먹고 있었다. 서너 차례 순서가 돌아갔을까, 녀석은 제가 먹던 밥숟가락을 반대편에 앉은 최씨 아저씨 앞에 불쑥 내밀었다. 장난기 넘치는 녀석의 얼굴과 그걸 또 냉큼 받아서 아주 즐겁게 먹고 있는 아저씨 얼굴을 번갈아 쳐다보며 나는 '참을 수 없는 빡침'이라는 게 어떤 건지 알게 되었다. 그래서 나는 '소심하게' 한마디 쏘아붙이고 말았다.

"밥 먹을 때 장난치는 거 아니라고 했어요!"

서로 웃으며 주거니 받거니 밥을 먹던 세 사람이 동시에 내 얼굴을 보았다. 마치 "누가?" 하고 묻는 것 같았다. 우물쭈물하던 나는 조용히 숟가락을 놓고 중얼거렸다.

"우리 할머니가요……. 밥 먹을 땐 장난치지 말라고……."

나는 그들의 눈길을 피하며 입에 밥 한 숟갈을 욱여넣었다. 억지로 씹어서 꾸역꾸역 삼키는데, 어찌나 목이 메던지 눈물이 나올 것만 같았다. 최씨 아저씨는 왜 그러는지 도대체 모르겠다는 표정으로 나를 바라보았다. 그런 아저씨가 야속했다. 아저씨는 어째서 내 편을 들어 주지 않는 걸까?

식사를 마치고 아저씨와 둘만 방에 남았을 때, 나는 처음으로 아저씨에게 대놓고 투덜거렸다.

"아저씨는 저 녀석의 어디가 그렇게 재밌어요? 무슨 말만 하면 왜 그렇게 웃어요? 그리고 불결하게 발가락으로 떠 주는 밥을 왜 먹어요? 그 밥은 뭐, 엄청 더 특별한 맛이 나던가요? 헐, 이 아저씨 좀 봐……. 사람이 묻는데 왜 웃기만 해요?"

그랬다. 아저씨는 그냥 웃기만 했다. 한동안 그렇게 나를 바라보며 빙그레 웃고서 조심스레 입을 열었다.

"매미는 아주 특이한 아이야."

그 말을 듣는 순간 내 안에서 옹졸한 마음이 치밀어 올랐다. 흥, 그럼 누구는 평범한 허섭스레기인가? 나는 입을 삐죽거렸다.

아저씨의 이야기는 다시 이어졌다.

"물론 미농도 특이해. 우리는 모두 다 특이하지. 그렇지만 매미는 우리 안에 있는 소수성을 발견하게 만든다는 점에서 더 특이해."

잠자코 듣던 나는 퉁명스럽게 물었다.

"내 안에 있는 소수성이요? 그게 뭔데, 나도 모르는 걸 매미가 알려 주나요? 그 녀석이 무슨 예언자라도 된단 말이에요? 혼자서는 아무것도 못 하고 대소변 보는 것조차 남이 도와줘야 하는 주제에, 흥!"

내가 투덜거려도 최씨 아저씨는 계속 웃는 얼굴로 대답했다.

"그 아이는 우리의 미래이고, 현재이고, 과거인 셈이야. 잘 생각해 봐. 사람들은 누구나 노인이 되면 거동이 불편해지고 장애가 생겨. 아기였을 때도 엄마의 도움을 받아야만 밥을 먹고 화장실을 해결할 수 있었지. 누구나 다른 이들의 도움이 필요한 한 시절을 살게 마련인 거야."

아저씨의 말을 들으면서 나는 문득 할머니 얼굴이 떠올랐다. 천식 때문에 늘 기침을 달고 사시던 할머니. 나중에는 관절염 때문에 아예 집 밖으로 나가지 못하고, 방 안에서도 늘 앉은 채로 기다시피 움직이곤 하셨다. 할머니가 돌아가시기 1년쯤 전에 나는 할머니 수발을 하느라 학교가 끝나도 밖으로 놀러 나가지 못했다. 물론…… 할머니는 젖먹이 때부터 나에게 젖병을 물려 주고 기저귀를 갈아 주셨을 것이다. 할머니 생각을 하니 갑자기 가슴이 먹먹해졌다.

최씨 아저씨는 아마도 촉촉이 젖었을 내 눈을 들여다보며 말을 이었다.

"미농은 자신에게 장애가 없다고 생각하지? 정말 그럴까? 겉으로 멀쩡해 보이는 사람도 사실은 장애를 한두 가지쯤 다 가지고 있어. 남보다 키가 작다고, 얼굴이 못생겼다고, 공부를 못한다고, 또는 말주변이 없다고 생각하지. 완벽하게 '정상'이라는 틀에 맞는 사람은 없어. 누구나 조금씩 부족하기 때문에 더 노력하면서 살아가야 하는 존재야."

'더 노력하면서 살아가야 하는 존재'라는 말에 나는 침을 꿀꺽 삼켰다. 아저씨의 말이 이어졌다.

"물론 '누구나 장애가 있다'는 게 요점은 아니야. 정상과 비정상을 가르는 기준이란 애초에 없다는 얘기를 하려는 거지. 만약 그런 기준이 있다면, 장애인은 오히려 초능력자에 가깝다고 해야 맞아."

"초능력자요?"

내가 눈을 동그랗게 뜨고 되묻자 아저씨는 고개를 끄덕였다.

"예를 들면, 눈이 보이지 않는 사람은 대체로 청각이나 촉각이 남보다 훨씬 발달해 있지. 모자라는 부분을 채우기 위해 다른 기능이 상대적으로 더 발달하는 거야. 내 사촌 중에 어릴 때부터 말을 심하게 더듬는 아이가 있었어. 그런데 그 사촌은 오히려 상대방의 얘기를 귀 기울여들을 줄 아는 아주 특별한 사람으로 자라났지. 내가 보기에 그것은 일반적인 능력을 넘어선, 그러니까 초능력인 셈이라고."

"그럼 밥숟가락을 발가락으로 쥐는 게 초능력이란 말인가요? 헐……."

'헐'이라고 했지만, 녀석의 발가락 신공은 솔직히 놀라울 정도다. 그렇다고 그것을 초능력이라고 하는 건 우습다. 초등학교 때 같은 반 아이 하나는 코딱지를 먹는 걸로 유명했다. 어떻게 그 더러운 걸 아무렇지도 않게 먹는지 다들 신기해했는데, 그럼 그것도 초능력이란 말인가?

내가 미간을 찌푸리자 최씨 아저씨는 다시 입을 열었다.

"미농, 매미 같은 아이가 세상 어딘가에 있을 거라고 지금까지 상상이라도 해 본 적 있어? 난 없어. 특이한 사람이 등장하면 그 주변에 있는 사람들도 영향을 받잖아. 누구나 장애를 가질 수 있고, 내 안에도 매미가 있다는 사실을 느끼게 되거든. 매미라는 특이한 사람을 만남으로써 다양함이라든가 특이함에 대해 생각할 계기가 만들어지고, 그 생각이 곧 세상을 풍부하게 만드는 밑거름이 된단 말이야. 매미는 이 세상을 정말 특이한 방식으로 변화시킨다는 점에서 그 누구보다 멋진 혁명가인 셈이지. 그게 바로 매미가 지닌 초능력이야."

혁명가라니……. 처음엔 그 단어가 놀라웠고, 그다음엔 슬펐다. 인정하고 싶지 않지만 아저씨의 말에 묘한 설득력이 있었기 때문에. 나는 한동안 묵묵히 앉아 있었다. 아저씨는 자리에서 일어나더니 절룩거리는 다리를 끌고 산 쪽으로 천천히 걸어갔다. 산책이라도 할 모양이었다.

그 뒷모습을 바라보며 나는 절망감에 휩싸였다. 이제 난 그 누구에게도 위로받을 수 없구나, 하는 생각이 든 것이다. 아저씨마저 온전히 매미 녀석 쪽으로 홀라당 넘어가 버렸다. 이제 내 편은 아무도 없다. 나는 마치 쭈글쭈글 늘어난 양말처럼 마루에 힘없이 걸터앉아 한숨을 폭 내쉬었다.

그때였다. 문득, 휴대폰이 생각났다. 서둘러 배낭 주머니를 뒤져 보았다. 지금쯤 다 말랐을까? 아직 덜 말랐는데 전원을 켰다가 영영 아웃돼 버리는 건 아닐까? 두근두근하는 마음으로 전원 버튼을 길게 눌렀다. 켜졌다! 액정에 환하게 불이 들어오고, 숫자 키패드에도 정확하게 반응했다. 나는 반갑고 그리운 마음이 울컥 솟는 것을 느꼈다. 귤의 집 전화번호를 눌렀다. 심장이 쿵쿵거렸다. 1초, 2초, 3초. 아무리 기다려도 연결음은 들리지 않았다. 화면이 멈춘 채로 그대로 있다가 곧이어 뚜뚜뚜뚜 소리가 들려왔다. 다시, 또다시……. 하지만 결과는 같았다. 고장인가? 나는 망연자실, 휴대폰 액정만 들여다보았다.

마당에 멍석을 깔고 약초를 말리던 매미 아빠가 이쪽을 힐끔 쳐다보면서 무심하게 한마디 던졌다.

"여기는 통화권 이탈 지역인데……. 가끔 날씨 좋으면 될 때도 있고 안 될 때도 있고. 재수 좋으면 이삼 일에 한 번쯤 연결되나 보더라고."

나는 그제야 옥천 왕할매의 말이 떠올랐다.

'쫓아오는 놈들 걱정하지 마. 거기는 전기도 전화도 연결되지 않는 산골 오두막이니까 아무도 찾지 못할 거여. 발전기 돌려서 전깃불만 간신히 밝히는 집이라니께.'

나는 멍하니 그 자리에 앉아 있을 수밖에 없었다. 에휴……. 한숨이 절로 나왔다.

며칠 동안 나는 집 주변을 어슬렁거리며 휴대폰이 터질 만한 곳을 찾으면서 시간을 보냈다. 이리저리 휴대폰을 치켜들고 안테나 수를 가늠해 보고 있자니, 멀리 마루에 앉아 있던 매미 녀석이 큰 소리로 계속 "형아, 뭐 해?"를 외쳐 댔다. 정말 눈치라고는 아무리 찾아보려야 찾아볼 수 없는 녀석이다. 그 천진한 목소리를 못 들은 척 나는 숲 쪽으로 조금씩 발길을 옮겼다. 조금만 더 가면 안테나가 불쑥 솟겠지. 그러나 안테나는 제일 작은 한 칸이 계속 불안하게 흔들거리다가 이내 사라져 버리고 말았다.

숲에 가까이 갈수록 안테나가 나타났다 꺼지기를 반복했다.

하지만 숲에는 수풀이 엉덩이 높이까지 우거져 있어서 들어가기가 조금 꺼려졌다. 매미가 등 뒤에서 "형아, 거기 뱀 있어. 가을 뱀은 더 독하대."라고 겁을 줬기 때문은 절대 아니다. 숲에서 나는 음침한 냄새가 싫었기 때문이다. 그뿐이다. 매미 녀석……!

최씨 아저씨는 온종일 밖으로 돌아다녀서 코빼기도 보기 힘들었다. 아침 밥상에 숟가락을 내려놓자마자 부리나케 음침한 숲 속으로 사라졌던 것이다. 삽 한 자루를 지팡이 삼아 절룩거리며 걸어가는 뒷모습이 위태로워 보였다. 아저씨가 걸어간 방향에서 이따금 톱질하는 소리와 쿵쿵 망치 소리가 들려오곤 했다. 아저씨는 숲에서 도대체 뭘 하는 걸까? 한번 따라가 보고 싶은 호기심도 없지 않았지만, 마음에 뾰족한 것이 아직 남아 있어서인지 그쪽으로 발길이 쉽게 떨어지지 않았다.

머릿속이 어지러웠지만 고개를 흔들어 털어 버렸다. 그것을 잊기 위해 나는 휴대폰 통화 버튼을 열심히 눌러 봤다. 귤 휴대폰, 귤의 집 전화, 그리고 형의 휴대폰, 그렇게 내가 아는 전화번호들을 차례차례 눌러 통화를 시도했다. 하지만 그 어느 곳도 속 시원하게 연결되지 않았다.

한참을 그렇게 하다 보니 어느덧 배터리가 거의 닳았는지 불안하게 깜빡이기 시작했다. 하는 수 없었다. 나는 마루에 있는 콘센트에 충전기를 꽂아 놓고 잠시 숨을 돌렸다. 옆에서 매미가 눈을 동그랗게 뜨고 휴대폰 액정을 들여다보았다. 나는 화장실에 가려고 일어서다가, 휴대폰에 발가락을 지그시 갖다 대려는 매미를 발견하고는 어깨를 탁 쳐서 밀어냈다.

"만지지 마! 잘못하면 고장 난단 말야."

하마터면 뒤로 넘어질 뻔한 매미는 입을 삐죽였다. 뒤뜰 쪽 모퉁이를 돌아가는데 녀석이 중얼거리는 소리가 들렸다.

"치잇! 이까짓 거, 오소리가 물어 가 버렸으면 좋겠다."

코웃음만 나왔다. 어떤 할 일 없는 오소리가 여기까지 와서 먹지도 못하는 기계 덩어리를 물어 간단 말인가! 피식 웃고 말았지만, 냄새나는 푸세식 화장실에 가만히 앉아 있자니 녀석의 말이 자꾸 신경 쓰였다.

'마음에 안 든다고 어디 갖다 버리는 건 아니겠지?'

주섬주섬 옷을 추슬러 입고 앞마당 쪽으로 나갔다. 모퉁이를 돌자 매미 녀석의 또랑또랑한 목소리가 마당에 울려 퍼지고 있었다.

"여보세요? 네! 저는 매미예요. 이건 민영이 형아 전화고요. 지금 똥 싸러 갔어요. 네? 아, 네에!!! 알겠습니다. 네, 안녕히 계세요."

당황스러웠다. 그냥 머릿속이 하얬다. 누굴까? 후다닥 뛰어서 단숨에 마루로 올라갔다. 녀석의 발가락에서 휴대폰을 빼앗아 들고 계속 "여보세요!"를 부르짖었지만, 상대방은 벌써 전화를 끊었는지 수화기 너머에서는 뚜뚜뚜 소리만 들렸다. 확인해 보니 형의 전화번호였다. 드디어 형에게서 전화가 온 것이다. 다시 통화 버튼을 눌렀다. 하지만 아무 신호도 가지 않았다. 액정 위쪽의 안테나가 다시 불안하게 흔들렸다. 가슴 밑바닥부터 화가 밀려 올라오는 것이 느껴졌다.

"뭐야? 너 지금 뭐 한 거야?"

매미를 노려보며 소리를 질렀다. 녀석은 눈을 껌뻑이며 말없이 나를 쳐다봤다. 자기한테 왜 이러는지 도무지 이해가 안 간다는 그런 표정을 지으면서 말이다.

"난 전화가 정말로 안 걸리나 해서 눌러 본 거야. 거기 찍혀 있던 전화번호 있었잖아. 형 휴대폰이 고장 난 게 아닌지 한번 눌러봤다니까. 이상하잖아, 내 건 맨날맨날 잘 걸리는데……."

그렇게 말하면서 녀석은 발가락으로 손바닥만 한 물체 하나를 들어 올렸다. 혹시 정말 휴대폰인가? 나는 눈을 크게 떴다. 그러나 한눈에 봐도 그냥 엉성하게 만든 플라스틱 장난감이었다. 녀석은 이걸로 한번 걸어 봐, 하는 듯 당당하게 내 코앞으로 제 장난감 전화기를 들이밀며 말했다.

"오늘도 아빠랑 통화했어. 내 건 안테나도 이렇게 많이 뜬단 말야. 자, 이거 봐."

장난감 전면에 붙은 종이 스티커 액정에는 큼지막한 안테나가 네 개나 또렷하게 그려져 있었다. 순간, 목구멍 아래로 간신히 눌러 삼키던 화가 갑자기 터져 나왔다. 나는 눈을 질끈 감고 소리 질렀다.

"이 바보 같은 자식!"

엉겁결에 터져 나온 큰 목소리에 나도 찔끔 놀랄 정도였다. 매미도 말을 잊은 채 눈을 동그랗게 뜨고 나를 쳐다봤다. 그 녀석의 눈빛에 두려움이 깃들어 있었다. 나는 눈을 딱 감고 그동안 내가 하고 싶었던 모든 말을 쏟아내기 시작했다. 녀석의 눈을 똑바로 바라볼 자신은 없었다. 내 목소리가 이렇게 큰 줄은 나도 오늘 처음 알았다.

"너 바보야? 언제까지 그렇게 아무것도 모르는 척 살 거야? 팔

다리도 부족하고 지능도 부족한 아이로 보이고 싶어? 사람들이 너한테 아무것도 기대하지 않으니까 편해? 너를 동정하니까 관심 받는 거 같지? 아냐! 그건 다 네가 불쌍한 병신이라서야!"

나는 녀석의 발가락 사이에서 장난감 전화기를 거칠게 빼앗았다. 그리고 마루 끝을 향해 휙 집어 던졌다. 길게 포물선을 그리며 날아간 플라스틱 덩어리는 건넌방 문틀에 맞고 퍽 소리를 내며 마루판 위로 떨어졌다. 빠각, 툭……. 플라스틱으로 조립해 놓은 귀퉁이가 무참히 깨져 나갔다. 그 바람에 음향 버튼이 눌렸는지 따르릉따르릉 전화벨 소리가 서너 번 들리고는, "여보세요? 안녕하세요!" 하고 녹음된 목소리가 발랄하게 흘러나왔다.

순간 움찔했다. 화가 나긴 했지만 부술 생각까지는 없었는데……. 나는 본능적으로 매미를 돌아보았다. 녀석은 깨진 장난감을 아무 말 없이 바라보고 있었다. 표정을 전혀 알 수 없었다. 나는 조금씩 미안한 마음이 들기 시작했다. 장난감 파편을 줍기 위해 마루 구석 쪽으로 한 걸음 다가섰다.

그때였다. 숲속으로 뻗은 오솔길 쪽에서 누가 헐레벌떡 뛰어오는 소리가 들렸다. 무슨 일인지 엄청나게 다급한 모양이었다. 헉헉거리는 숨소리가 먼저 마당을 건너서 달려왔다. 매미 아빠였다.

"매미야, 마루 좀 치워 봐라."

매미 아빠 등에는 누가 축 늘어진 채 업혀 있었다. 죽은 걸까 싶을 만큼 미동조차 없었다. 옷차림은 낯익은데 도대체 떠오르지가 않았다. 매미는 재빨리 기어가서 마루에 놓인 물건들을 발로 차 내어 부산스럽게 치웠지만, 나는 이상하게 손가락 하나도 움직일 수가 없었다. 그 자리에 그대로 몸이 굳은 채 마냥 서 있기만 했다. 등에 업힌 사람은, 최씨 아저씨였다.

매미 아빠는 끄엉차 소리를 내며 아저씨를 마루에 내려놓았다. 최씨 아저씨의 종아리는 손수건으로 꽁꽁 동여매여 있었다. 나는 숨을 헉 들이마셨다.

"이게 무, 무슨……."

놀란 나머지 말도 제대로 나오지 않았다. 아저씨 얼굴에 핏기가 하나도 없어서 죽은 게 아닐까 싶을 정도였다. 하지만 그런 와중에도 아저씨는 나에게 걱정 말라는 손짓을 자꾸 건넸다. 나는 혼이 빠져나간 듯 아무 생각도 할 수 없었다. 매미 아빠는 나에게 수건 두 개를 건네며 물을 묻혀 오라고 차분히 지시했다. 그러나 나는 발바닥이 땅에 붙은 것처럼 그 자리에서 움직일 수가 없었다. 최씨 아저씨의 축 늘어진 손이 파리하게 떨리고 있었다.

"뭐 하고 있어? 그냥 보고만 있을 셈이냐?"

매미 아빠가 나에게 버럭 소리를 질렀다. 나는 그제야 겨우겨우 발걸음을 떼어 샘가에서 수건에 물을 적셔 돌아왔다. 내 손발이 마치 기계처럼 아무 느낌이 없었다. 매미 아빠는 젖은 수건을 꼭 짜더니, 하나로는 아저씨의 발목을 조심스레 닦아 냈고 다른 하나로는 땀이 흥건한 자신의 목덜미를 훔쳤다.

매미 아빠의 굳게 다문 입술이 조심스레 열렸다.

"독사를 잘못 밟았다가 물린 모양이다. 걸음걸이가 불편하다고 장화를 벗어 놓고 다니더니만……."

매미 아빠는 다시 아저씨를 둘러업고는 항상 갖고 다니는 망태기를 한 손에 들었다.

"응급실에 다녀오마."

나는 매미 아빠의 망태기를 잡아당겼다.

"저도 갈래요!"

매미 아빠는 단호하게 고개를 저었다.

"오늘 안으로 돌아오기는 힘들 게다. 매미를 돌봐 다오. 그리고…… 저쪽 공터에 가지 마라. 아직 그 살모사가 돌아다니고 있을지 모르니."

매미 아빠는 내처 산 아래쪽을 향해 뛰듯이 내려갔다. 등에 업힌 최씨 아저씨의 뒷모습이 너무나 작아 보였다. 두 사람의 그림자가 수풀 속으로 사라지고 난 뒤에도 나는 한동안 제대로 숨을 쉬지 못한 채 멍하니 서 있었다.

얼마나 지났을까, 옆에서 매미가 조그맣게 속삭였다.

"형아……, 너무 걱정 마. 우리 아빠도 전에 독사에 물린 적 있댔어. 사흘 밤낮을 앓고 나서 살아났다고 하던걸."

매미 아빠는 어딜 다쳐도 버텨 낼 만큼 튼튼한 사람이지만, 최씨 아저씨는 몸이 아픈 상태란 말이다. 어젯밤에도 잠결에 끙끙 앓는 소리를 들었다. 만에 하나라도 이대로 아저씨가 잘못된다면, 난 어쩌지……?

목구멍에 뭐가 꽉 막혀 있는 것 같아서 나는 도저히 그대로 있을 수가 없었다. 그래서 아저씨가 독사에게 물렸다는 그 공터를 향해 무작정 수풀을 헤치고 들어갔다.

등 뒤에서 매미가 소리쳤다.

"형아, 거기 가면 안 돼! 위험해!"

수풀 속은 고요했다. 머리 위에서 새소리만 들려왔다. 발밑에서 가끔 부스럭 소리가 들리기도 했지만 나는 상관 않기로 했다. 계속 직진했다. 뭔가가 내 앞에 나타날 때까지.

머지않아 눈앞에 꽤 넓은 공터가 드러났다. 발목까지 오는 잔디가 군데군데 나 있고, 공터가 끝나는 곳에는 산 아래 풍경이 제법 시원하게 펼쳐져 있었다. 나도 모르게 탄성이 흘러나왔다.

"아, 시소!"

그랬다. 만들다 만 시소가 거기 누워 있었다. 균형을 잡아 주는 가운데 받침대가 미처 고정되지 못하고 덩그러니 방치되어 있었다. 그제야 어젯밤 잠자리에서 최씨 아저씨가 한 말이 문득 떠올랐다.

"미뇽, 시소 좋아해?"

느닷없는 아저씨의 질문에 나는 킥킥대며 건성으로 대답했다.

"초딩도 아니고, 웬 시소? 게다가 놀이터에나 가야 있을 시소를 이 두메산골에서 찾으시다니, 헐. 아저씨 놀이공원에 가고 싶은 거 아녜요? 다음에 우리 같이 가요. 시소처럼 시시한 거 말고 바이킹 타요. 엄청 재미있어요."

나는 학교 소풍 때 갔던 놀이공원이 떠올라 놀이공원쯤이야, 하는 투로 씨익 웃었다. 아저씨도 겸연쩍게 웃으며 무심하게 중얼거렸다.

"음…… 시소는 놀이라기보다는 관계이고 배려야. 누군가 상대방이 있어야만 탈 수 있고, 양쪽 무게의 균형을 찾아서 함께 머리를 맞대고 고민해야 하고, 무엇보다 상대방을 위해 기꺼이 내 엉덩이에 힘을 써서 반동을 줘야만 공평하게 오르락내리락할 수 있거든. 서로를 믿고 배려해 줘야만 마치 한 몸처럼 박자를 맞춰 놀이를 할 수 있단 말이지. 시소야말로 '되기'의 놀이 기구라고."

솔직히 말하자면, 나는 시소를 타 본 적이 거의 없다. 초등학교 때부터 짝을 해 줄 만한 친구가 없었기 때문에. 그리고 내 기억 속의 형은 이미 시소를 탈 나이가 지나 있었다. 시소라니……. 어젯밤에는 그냥 하는 소리인 줄만 알았다.

미완의 시소를 바라보며 나는 부르르 몸을 떨었다. 널빤지 한 쪽 끝에 매미를 위한 고정식 좌석이 얹혀 있었기 때문이다. 여기 온 뒤로 내내 내가 매미에게 못되게 구는 모습을 보고, 아저씨는 배려를 몸으로 깨우치게 해 주려 한 모양이다.

한참을 거기 쭈그려 앉아 있었다. 살모사가 다시 나올지도 모른다는 두려움 따위는 없었다. 아저씨가 이대로 살아나지 못하면 어쩌나 하는 걱정뿐이었다. 조금 울기도 했다. 어쩌면 난 정말로 울보인지도 모르겠다. 한 시간쯤 지났을까? 자리에서 일어나 수풀을 헤치고 아까 왔던 길을 되짚어 돌아갔다.

조용히 걷다 보니 용기 비슷한 것이 내 몸 어디에서 조금씩 솟아나는 느낌이었다. 최씨 아저씨가 나아서 돌아올 거라는 막연한 희망도 생겨났다. 나는 손등으로 눈가에 고인 물기를 쓰윽 닦아 냈다.

터벅터벅 걸어서 집 가까이 다가갔을 때, 나는 흠칫 걸음을 멈추었다. 두런두런 이야기를 나누는 소리가 들려왔던 것이다. 혹시 최씨 아저씨가 그새 돌아온 것일까? 반가운 마음에 걸음을 재촉하려는데, 매미의 목소리가 어쩐지 평소와는 조금 다르다는 것이 느껴졌다.

"그런데 민영이 형아가 무슨 큰 잘못을 했나요? 하긴…… 그

형 성격이 진짜 안 좋아 보이긴 하더라고요. 아까 자기 휴대폰 한 번 만졌다고 엄청 화내고……. 이것 보세요, 제 것을 저기 던져서 깨 버렸어요. 아무리 장난감이라지만…….”

이건 또 무슨 개 풀 뜯어 먹는 소리란 말인가! 도무지 상황 판단이 되지 않았다. 나는 조용히 집 뒤곁에 있는 헛간으로 숨어들었다. 문틈으로 마당 귀퉁이가 살짝 보였다. 마루 쪽을 향해 서 있는 낯선 남자의 한쪽 다리가 보였다가 사라졌다.

“조민영이 여기 온 건 맞단 말이지? 그럼 체라는 외국 남자는 안 왔어?”

내가 아니라 최씨 아저씨를 찾아온 사람들인가? 누구지? 얼굴 좀 봤으면 싶은데 문틈이 너무 좁아서 보이지 않았다.

“외국인이요? 전 외국 사람은 태어나서 한 번도 본 적이 없어요. 근데 한번 봤으면 좋겠다, 헤헤헤.”

매미 녀석은 천연덕스럽게 거짓말을 하고 있었다. 곧이어 또 다른 목소리가 나지막하게 물었다.

“그럼 조민영이는 지금 어딨니?”

누군가 마루 쪽으로 한 걸음 다가서자 좁은 문틈으로 그의 얼굴이 드러났다. 놀랍게도 검은 양복을 입은 남자였다. 인상이 험상궂은데도 매미는 전혀 긴장한 기색 없이, 조금 화가 난 듯한 목소리로 대답했다.

“갔어요. 한 시간쯤 됐나? 아까 나랑 싸우고 바로 산을 내려가 버렸어요. 흥, 그까짓 통화 버튼 한 번 눌렀다고 그렇게 화를 내다니!”

녀석은 억양을 바꿔 가며 한껏 열연 중이었다. 남자들 중 하나가 매미 녀석에게 더 바짝 다가서며 물었다.

"어디로 간다는 얘기는 없었고?"

"네, 없었어요. 음, 그런데……."

녀석은 최대한 말을 빼면서 궁금증을 불러일으켰다. 녀석이 과연 무슨 얘기를 하려는 건지 나도 기대하며 열심히 귀를 기울였다. 녀석은 한참 뜸을 들이고 나서 말을 이었다.

"오늘 아침에 제가 형한테 그런 말은 한 적이 있어요. 여기서 서쪽으로 관모봉 능선 타고 두 시간쯤 가면 산 중턱에 아스팔트 도로가 하나 나오거든요. 거기에 관광버스들이 쉬어 가는 휴게소가 하나 있어요. 신그령 휴게소라고, 저도 아빠 망태기 타고 한 번 가 본 적 있어요. 거기서 부산이나 경주나 울산 같은 아주 먼 데서 온 자동차들이 주차해 있는 걸 봤는데, 운 좋으면 얻어 탈 수도 있을 거 같더라고, 전 그 얘기밖에 안 했어요. 하지만 설마 그쪽까지 갔겠어요?"

그러고는 녀석은 천연덕스럽게 입맛을 쩍쩍 다시더니, '아저씨, 이거 봐요! 나 이것도 할 줄 알아요.' 하는 표정을 지으며 발가락으로 머리 빗는 묘기를 선보이는 모양이었다. 남자들은 별 희한한 녀석 다 보겠네 하는 얼굴로 매미를 힐끔거리고는, 둘이서 뭔가 속삭였다. 안타깝게도 내가 있는 헛간까지는 그들의 목소리가 들리지 않았다.

검은 양복의 남자들은 곧 서쪽으로 난 오솔길 쪽으로 움직였다. 그들이 수풀 사이로 들어가자 나는 한숨이 나왔다. 여기까지 따라오다니……. 옷을 툭툭 털고 몸을 일으키려는데, 내 뒷주머니에 들어 있던 휴대폰이 갑자기 큰 소리로 울렸다. 아차!

수풀 속으로 거의 사라지기 직전이던 검은 양복의 남자들이 난데없는 벨 소리에 집 쪽으로 획 고개를 돌렸다. 나는 소스라치게 놀라 휴대폰의 종료 버튼을 서둘러 눌렀다. 그들이 돌아오면 어떡하지? 머릿속이 하얘지고 심장이 쿵쾅쿵쾅 울려 댔다. 문틈에 눈을 대고 바깥을 살피면서, 여차하면 산 위쪽으로 달아나야겠다고 마음의 준비를 하고 있었다.

그때, 마루 쪽에서 매미의 또랑또랑한 목소리가 들려왔다.

"이거요! 민영이 형아가 고장 낸 줄 알았는데 벨 소리는 잘 울리네요, 헤헤헤. 그럼 안녕히 가세요. 다음에 또 놀러 오세요!"

남자들의 검은 그림자가 서쪽을 향해 완전히 사라진 것을 확인하자 나는 다리 힘이 풀리면서 뒤로 엉덩방아를 찧고 말았다.

"형아, 어때? 나 거짓말 되게 잘하지? 헤헤헤."

내가 겨우 정신을 추스르고 헛간 밖으로 나가니 매미 녀석은 마루에 삐뚜름하게 걸터앉아 발가락으로 코딱지를 파고 있었다. 나는 조금 멋쩍어서 흠흠 헛기침을 하며 다가갔다. 고맙다는 말을 해야 할까?

그런데 녀석이 먼저 눈을 동그랗게 뜨며 말했다.

"그 사람들, 아까 내가 형아 전화 연결했던 거 위치 추적해서 온 것 같아. 저 아래 사슴 농장 방향에서 올라오던데, 거기에 휴대폰 기지국이 하나 있거든. 올라오기 엄청 힘든 지형이라서 웬만하면 그쪽으로는 사람이 안 다니는데……. 아마 형아 찾으려고 이 산을 몽땅 뒤진 모양이야."

나는 입을 다물 수가 없었다. 이 녀석, 보기보다 엄청 똑똑하잖아! 바보처럼 행동한 건 단지 상대방의 동정심을 불러일으키려는 얄팍한 노림수였나? 능구렁이 같으니라고! 나는 머리가 엄청 복잡해져서 귓속에서 모터 돌아가는 소리가 들릴 지경이었다.

매미가 그런 내 모습을 이상하다는 듯 올려다보더니 조용히 물었다.

"근데 아까 그 전화, 누구한테 온 거였어?"

아차! 전화가 오는데 종료 버튼을 눌렀다는 걸 깜박했다. 나는 서둘러 휴대폰 통화 내역을 확인했다. 부재중 전화 목록에 형 휴대폰 번호가 있었다. 다행히 안테나도 한 칸 떠 있었다. 나는 깊게 심호흡을 한 뒤 통화 버튼을 눌렀다. 뚜우우, 뚜우우, 신호음이 들리고, 곧 수화기 저편에서 굵직한 목소리가 들려왔다.

"여보세요?"

형의 목소리가 아니었다. 나는 당황해서 말을 더듬었다.

"저…… 저기…… 조준영 씨 휴대폰 아니……?"

내가 미처 말을 마치기도 전에 그쪽에서 갑자기 말을 끊으며 끼어들었다.

"네가 민영이냐? 나 준영이랑 함께 일하는 선배인데, 긴 말 안 하마. 당장 울산으로 내려와라. 준영이가 지금…… 크레인에 올라가서 벌써 20일째 고공 농성 중이야. 준영이가 외부와 연락을 원치 않아서 휴대폰은 그동안 내가 맡아 두고 있었는데, 너한테 아무리 전화를 해도 안 받길래 걱정을……."

무슨 소리를 하는지 전혀 알아들을 수가 없었다. 이게 무슨 말이지……? 형이 도대체 왜? 평소에 노조 활동도 안 하고 일만 하던 성실한 형이 어째서 갑자기 그런 짓을……?

나는 당장 방 안으로 뛰어 들어가서 짐을 꾸렸다. 내 가방 옆에 최씨 아저씨의 수첩이 굴러다니고 있었다. 잠시 그 수첩을 쓰다듬어 보았다. 검은 양복의 남자들은 아마 곧 여기로 돌아올 것이다. 이곳이 위험하다는 사실을 어떻게든 아저씨에게 알려서, 퇴원하면 다른 곳으로 피하게 해야 한다. 만약 아저씨가 살아서 퇴원을 할 수 있다면 말이다……. 정말로, 아저씨는 괜찮을까? 순간 머릿속이 어찔하며 숨이 막혔다. 하지만 어금니를 꽉 물었다. 나는, 아저씨를 안전하게 도피시키고 형도 크레인에서 내려오게 하리라. 반드시! 얼마 안 되는 최씨 아저씨의 짐도 함께 챙겨서 밖으로 나갔다.

내가 가방을 챙겨 나오자, 매미가 머뭇거리며 입을 열었다.

"형아, 가……?"

녀석의 얼굴에 그늘이 져 있었다. 사흘 동안 이곳에 머물면서 처음 보는 표정이었다. 나는 녀석에게 가까이 다가갔다.

"매미야, 혼자 있을 수 있지?"

녀석은 고개를 세게 끄덕였다. 시간이 됐다. 작별 인사를 나눌 시간 말이다. 나는 잠시 헛기침을 했다.

"흠흠…… 매미야, 아까부터 이 말을 해야지 생각했는데 계속 타이밍을 놓쳤어. 너를 오해해서 미안해. 최씨 아저씨 말대로 어쩌면 너한테는 초능력이 있는지도 모르겠다. 닫혔던 마음을 어느새 이렇게 활짝 열어 놓은 것을 보면 말이야."

매미는 고개를 갸웃하더니 빙그레 웃었다.

"초능력? 어…… 역시 형아는 아는구나! 남들한테 얘기는 안 했지만, 사실 나…… 어떨 땐 눈에서 레이저 빔이 나가. 지잉, 이렇게! 하하하."

한바탕 웃어 젖힌 녀석은 다시 말을 이었다.

"남들 눈에 난 아마도 날개 달린 매미라기보다는 땅속을 기어가는 굼벵이처럼 보일 거야. 생긴 것도 그렇고……. 하지만 모든 굼벵이가 매미가 되고 싶어 한다고 생각해선 안 돼. 매미는 나무 위를 날아다니지만 어두운 땅속 일은 알지 못해. 그건 오히려 굼벵이가 더 잘 알지. 그래서 난 굼벵이인 게 좋아. 게다가 매미라고 불리는 굼벵이는 나밖에 없지 않을까? 나는 굼벵이이기도 하고 매미이기도 해. 어때, 멋지지?"

그래. 모든 장애인이 비장애인이 되고 싶다고 생각하는 것도 편견이겠구나. 나는 가만히 웃으며 고개를 끄덕였다.

매미가 다시 조용히 중얼거렸다.

"형아랑 더 많이 놀고 싶었는데……."

나는 매미를 향해 오른손을 내밀었다.

"또 올게. 그땐 아저씨가 만든 시소를 함께 타자. 알았지?"

매미 녀석은 해맑은 얼굴로 배시시 웃으며 오른쪽 발을 척 들어서 내 손에 살포시 얹어 놓았다. 그러고는 아래위로 힘차게 흔들었다.

"꼭 와야 해, 형아! 자, 약속!"

나는 녀석의 발가락에 새끼손가락을 걸었다. 지금까지 내가 했던 그 어떤 약속과도 다른, 어쩐지 목숨을 걸고 꼭 지켜야 할 것만 같은, 내 생애 가장 특이한 약속이었다.

루돌프 코는 비정상인가?

크리스마스가 가까워 오면 흥겨운 캐럴이 울려 퍼집니다. 그중에서도 <루돌프 사슴 코>라는 노래는 남녀노소 모두에게 오랫동안 사랑받아 온 대표적인 크리스마스 캐럴입니다. 이 노래의 가사는 미국의 동화 작가 로버트 메이(Robert May)가 쓴 『붉은 코의 사슴, 루돌프』(*Rudolf the Red-nosed Reindeer*)라는 동화에서 따온 것입니다.

로버트 메이는 문단에 오르지 못하고 가끔 삼류 잡지에나 글이 실리는 가난한 작가 지망생이었습니다. 1930년대에 경제 공황까지 덮치자 그의 가족은 거의 끼니를 잇기 힘들 정도였어요. 그의 아내는 암 투병 중이라 병상에 누워 있고, 제대로 보살핌을 받지 못한 어린 딸 바버라는 몰골이 지저분한 탓에 아이들에게 늘 놀림을 받곤 했습니다. 딸의 이런 처지를 안타깝게 여긴 로버트 메이는 자신의 어릴 적 경험을 바탕으로 동화를 썼습니다.

반짝거리는 빨간 코를 가졌다는 이유로 친구들에게 따돌림을 받던 루돌프라는 사슴의 이야기였습니다. 못생기고 비정상적이어서 친구들에게 놀림거리가 되던 빛나는 코가 안개 낀 밤하늘을 환하게 밝혀 줄 특이한 능력이라고 인정받기까지 루돌프의 삶은 외롭고 고통스러웠지요. 그 모든 시련을 견디고 드디어 산타 할아버지를 돕는 크리스마스 공식 사슴으로 뽑힌다는 해피 엔딩이 모든 이의 가슴을 따뜻하게 감싸면서, '크리스마스 정신이란 바로 이런 것이구나.' 하고 감동하게 만듭니다. 로버트 메이는 남들과 다른 것은 나쁜 게 아니라 오히려 특별한 것이라는 메시지를 동화 속에 담아 딸에게 들려줌으로써 용기와 자긍심을 심어 주려고 했던 것입니다.

그런데 이 이야기는 우리에게 이 사회의 또 다른 면을 생각하게 만듭니다. 남달리 빨간 코를 가졌다는 이유로 놀림을 받아 온 루돌프처럼, 우리 사회에도 남과 다르다는 이유로 배제와 차별을 받아 온 장애인들이 있다는 사실을 말입니다.

들뢰즈와 가타리가 말하는 철학적 개념 '장애인 되기'도 이와 비슷합니다. 장애인 되기는 신체나 정신에 어려움을 겪고 있는 사람들에게 공감과 배려, 사랑의 행동으로 나서는 행위를 의미합니다. 그렇다고 해서 장애인을 일방적으로 보살핌을 받아야 할 약자라고 생각하는 것은 곤란합니다. 장애인들은 비장애인과는 조금 다른 능력을 지닌 존재이기 때문입니다. 의외의 곳에서 빛을 발하는 루돌프처럼 말이지요.

문제는 대부분의 사람들이 '정상이란 이런 거야.' 하는 기준에 맞춰 판단하려 한다는 것이지요. 정상성의 기준이 생기면 거기에 미치지 못하거나 장애가 있거나 다른 경우는 모두 식별과 차별로 대하게 됩니다. 그런데 이 세상에 정상성이라는 기준에 딱 들어맞는 사람이 과연 몇이나 될까요? 세상 누구나 기준보다 조금 짧거나 길 수밖에 없습니다. 그런 점에서 '우리 모두가 장애인이다.'라는 말이 성립할 수 있습니다. '정상'이라는 어떤 기준이나 표준에 따라 생각하는 것이 아니라, 다양한 신체와 색다른 정신을 지닌 사람들로 가득 찬 세상이라고 생각하는 것이 우리 사회와 공동체를 풍부하게 만드는 길 아닐까요?

故김성수를 추모합니다

8

내 인생의 키다리 아저씨

뛰었다. 길도 모르면서 무조건 산 아래쪽으로 마구 내달렸다. 40~50분쯤 내려왔을까? 매미가 얘기한 포장도로를 만났고, 대전 쪽으로 가는 버스를 정류장도 아닌 곳에서 무작정 세우고 올라탔다. 차창 밖으로 방금 내가 내려온 금마봉이 보이는가 싶더니 이내 눈앞이 뿌옇게 흐려졌다.

'고마워, 매미야! 또 만나자.'

최씨 아저씨는 괜찮을까? 응급 상황을 무사히 넘기더라도 다시 산으로 올라가서는 안 될 텐데……. 이 소식을 반드시 전하고 나서야 나는 울산 가는 열차를 탈 수 있을 것이다. 그런데 어떻게 해야 하지? 어느 병원인지도 모르고, 어찌어찌 찾아간다 해도 검은 양복의 남자들이 내 뒤를 금세 따라붙을 것이다. 그냥 귤에게 전화해서 부탁해 볼까? 안 돼! 이 휴대폰은 이미 그들에게 노출되었다. 귤네 집 전화도 우리가 그 집에 머물 때부터 모두 파악되고 있을 터였다. 그렇다면 나, 귤, 매미네와 직접 연관이 없지만 메시지를 전해 줄 수 있는 사람은……?

이런저런 궁리를 하는 동안 버스가 대전역 앞에 도착했다. 나는 숨을 깊이 들이마셨다. 버스에서 내려 최대한 빨리 뛰었다. 역 광장 너머 양지바른 담벼락 쪽에 노숙자들이 옹기종기 모여 있는 곳부터 눈으로 샅샅이 훑었다. 담장 주변은 올해의 마지막 가을 햇살을 즐기는 노숙자들로 일광욕장을 방불케 했다. 하지만 아무리 둘러봐도 내가 찾는 사람은 없었다. 그다음은 1층 화장실. 칸칸마다 문을 열어 봤지만 역시 없다. 한숨을 푹 내쉬며 2층 대합실로 올라가는 에스컬레이터에 몸을 실었다. 그러나 드넓은 역 대합실에도 그 모습은 보이지 않았다. 혹시나 싶어 구내 음식점이나 매장 안쪽까지 기웃거려 봤지만, 노숙자 차림으로 그런 곳에 들어가 있을 리는 만무했다.

역시 최씨 아저씨의 충고대로 손주들을 만나러 딸네 집에 가신 건가……? 터덜터덜 대합실을 나오려는데, 문득 머릿속을 스치는 것이 있었다. 나는 재빨리 뒤돌아서 열차표 자동 발매기 쪽으로 뛰어갔다. 두 줄로 서서 사이좋게 등을 맞대고 있는 기기들 사이의 좁은 공간으로 머리를 쑥 집어넣었다. 컴컴한 안쪽 바닥에 종이 상자가 깔려 있고, 누가 거기 누워 있었다.

"누구냐!"

어둠 속에서 번뜩이는 눈빛이 뿜어져 나왔다. 낯익은 눈빛이었다. 그제야 나는 안도의 한숨을 내쉴 수 있었다.

그동안의 상황을 전해 들은 용계 아재는, 일단 서둘러 옥천서점으로 사람을 보냈다. 전화는 도청당하고 있을지 모르니까, 서점 누나를 통해 건너건너 연락을 취해 보려는 것이다. 그리고 자기도 곧 옥천으로 내려가 읍내 병원들을 샅샅이 뒤져 볼 테니 너무 염려 말라면서, 내 손에 울산 가는 기차표를 꼭 쥐여 주었다.

울산행 KTX 열차에 앉은 나는 온몸의 긴장이 확 풀리면서 오랜만에 깊은 잠 속으로 빠져들었다. 꿈을 꿨다. 나는 여기 기차에 그대로 앉아 있는데, 저 높이 하늘 위로 형이 보였다. 파란 하늘에 줄을 매 놓고 줄타기를 하고 있었다. 수평으로 들고 있는 긴 장대 끝이 파르르 떨렸다. 형이 앞으로 한 걸음 내딛자, 팽팽하던 줄이 밑으로 쭉 내려왔다가 튕겨 올라갔다. 그때마다 형의 몸은 금방이라도 떨어질 것처럼 위태롭게 뒤뚱거렸다. 그런데도 또 한 걸음 앞으로 나아갔다. 다시 또 출렁, 지켜보는 내 심장도 출렁거렸다. "안 돼, 안 돼, 그만! 형, 위험해! 어서 내려와!" 아마 내 목소리를 듣는다면 형은 그런 위험한 짓을 당장 그만둘 것이다. 나는 젖 먹던 힘까지 짜내어 소리쳤지만, 목소리는 알 수 없는 옹알이가 되어 입안을 맴돌 뿐이었다. 심장이 타들어 가는 듯한 통증을 느꼈다. 그때, 형이 한 발을 앞으로 내디뎠다. 미끌, 줄이 파르르 떨리더니 형의 몸이 거꾸로 곤두박질쳤다. "안 돼!" 그러나 형의 몸은 힘없이 추락해서 내 발 앞으로 툭 떨어졌다. 그런데 그 얼굴을 보는 순간, 나는 숨이 멎을 것만 같았다. 형인 줄만 알았는데 최씨 아저씨였던 것이다.

그 순간 뭔가 써늘한 것이 내 머릿속을 쓱 훑고 지나갔다. 나는 이제 최씨 아저씨를 다시는 만날 수 없을 것이다. 그러자 참고 있던 울음이 비어져 나왔다. 나는 꿈속에서 꺼이꺼이 울었다. 꿈속이라는 것을 어렴풋이 느끼고 있었기에, 남들 눈치 보지 않고 내가 울고 싶은 만큼 실컷 울 수 있었다. 울산역에 곧 도착할 예정이라는 안내 방송이 흘러나왔다. 나는 얼른 가방을 챙겨 들고 자리에서 일어섰다.

한쪽 면이 바다에 인접해 있는 타워 크레인은 지상에서 30미터 정도 높이에 철탑처럼 우뚝 솟아 있었다. 상단 중앙에 자리 잡은 운전석을 기준으로 양쪽에 하나는 짧고 하나는 긴 철제 구조물이 두 팔처럼 벌려져 있는데, 그중 바다 쪽으로 뻗은 긴 팔 한쪽 끝이 반쯤 부러져서 볼썽사납게 흔들리고 있었다. 꺾이지 않은 나머지 철 구조물은 긴 현수막들을 아래로 치렁치렁 내려뜨린 채였다. 현수막은 모두 빨간 글씨의 구호들로 채워져 있었다.

'비정규직 차별 철폐하고 노동 기본권 쟁취하자!'

'현대판 신분제, 비정규직 양산하는 파견 근로제 철폐하라!'

그리고 크레인의 기둥이 되는 철탑 정중앙에 걸린 검은색 현수막에는 흰 글씨로 '故김성수를 추모합니다'라는 문구가 크게 쓰여 있었다. 위협적인 구호들에 살짝 멀미가 날 것 같았지만, 꾹 참았다.

그때, 크레인 위에서 확성기를 통해 귀에 익은 목소리가 들려왔다.

"대봉중공업은 하청 업체 파견 노동자 김성수의 죽음을 보상하라!"

형이었다. 살짝 목이 쉬어서일까? 어쩐지 비통함이 느껴지는 목소리였다.

범생이 같은 형이 갑자기 투사가 되어 크레인에 올라가 있는 이 황당한 상황의 배경은 무척이나 복잡했다. 노조 사람들의 설명을 듣고 있자니, 일단은 비정규직, 파견 노동자, 원청, 하청 등등 내가 알아들을 수 없는 단어들이 너무 많았다. 내가 이해한 수준에서 대충 요약하자면, 형은 그 유명한 대기업 대봉중공업의 정규 직원이 아니라 하청을 받아 일하는 소규모 회사에서 파견된 비정규직이라고 했다. 이 경우 대봉중공업 직원과 나란히 서서 똑같은 일을 해도 월급은 절반밖에 못 받고, 만약 일하다가 사고가 나서 다치거나 죽더라도 대봉중공업이 전혀 책임을 지지 않는다는 것이다. 소속된 하청 회사는 '회사가 가난해서 보상금을 줄 형편이 안 된다'며 버티면 그만이었다. 그런데 알고 보니 형이 소속된 하청 회사의 실소유주가 사실은 대봉중공업이었고, 결국 이 모든 것이 노동자들에게 돈을 적게 주려는 대기업의 꼼수로 밝혀졌다는 게 노조 사람들의 설명이었다.

나는 고개를 끄덕였지만, 아무리 그렇다고 해도 노조라든가 임금 인상 등등에 별 관심이 없던 형이 어째서 갑자기 이런 극단적인 방법을 선택했는지는 여전히 해명되지 않았다. 그러나 내게 전화를 해 주었던 선배라는 분의 설명에 그 의문도 곧 풀렸다.

"지난달부터 준영이가 데리고 다니면서 일 가르쳐 주던 현장 실습생이 사고를 당했거든. 바로 준영이 눈앞에서 말이야. 저 위에 크레인 한쪽 팔 부러진 거 보이지? 바로 거기서. 김성수라고, 걔가 내년 초 공고 졸업을 앞둔 인턴 사원이었으니까 준영이 딴에는 동생처럼 여겼겠지. 그런 아이가 바로 자기 앞에서 크레인

사이에 끼어 피 흘리며 죽는 모습을 봤으니 그 심정이 어떻겠어? 그런 데다가 회사에서는 그 아이의 산재 사망 사고에 아주 형편없는 보상을 한 거지. 정규직도 아니고, 비정규직조차도 아니고, 직원 명단에 이름도 없는 인턴 사원한테 그것도 과하다느니 어쩌니 하면서 말이지. 그 아이는 아픈 할머니와 동생들을 부양해야 하는 가장이었는데. 그래서 그 순한 준영이 녀석 빡이 돌아 버린 거지."

그 이야기를 듣고 형이 더 짠하게 느껴졌다. 죽은 아이의 사정은 어쩌면 형의 이야기가 될 수도 있었을 것이다. 나는 형의 어깨에 걸려 있던 가장이라는 무거운 짐에 대해 처음으로 생각했다.

몇 분 뒤, 드디어 크레인 위쪽의 형과 무전기로 통화를 시도할 수 있었다.

"형, 거기 춥지 않아? 혹시 아픈 데는……?"

"……."

치직거리는 무전기를 통해 전해지는 형의 침묵이 무겁게 느껴졌다.

"형, 괜찮은 거지?"

다시 또 물어도 형은 아무 말 없었다. 그렇게 한참을 머뭇거리다가 겨우 한마디를 했다.

"민영아, 미안하다……."

속에서 뭔가 울컥하고 올라와서 내 입과 눈으로 쏟아져 나올 것만 같았다. 그것을 힘들게 삼키며, 나는 밝은 목소리로 말했다.

"형, 형은 나한테 언제나 자랑스러운 형이야. 형이 뭘 하든 나는 믿고 응원할 거야."

나보다 형이 먼저 울었다. 나는 꾹꾹 눌러 참았다. 내가 울면 형은 더 약해질 것이다. 그런 생각을 했다는 것만으로도 나는 나 자신이 대견하게 느껴졌다. 다만, 내가 앞으로 형을 위해 무엇을 해야 할지 그것을 알 수 없다는 게 답답했다.

농성장 주변을 하릴없이 걸었다. 생각을 정리하기 위해서였다. 한참을 걷다가, 뜻밖의 낯익은 얼굴과 마주쳤다. 검은 양복을 입은 남자였다. 어느새 울산까지 따라온 모양이었다. 그는 나를 오래 지켜보고 있었던 듯, 나와 눈이 마주치고도 별다른 동요가 없었다.

그 앞을 지나가면서 나는 작은 소리로 말했다.

"저를 추궁해 봐야 소용없어요. 최씨 아저씨가 어디 있는지 전 모르거든요."

그도 조용히 말했다.

"네가 있는 곳에 곧 나타나겠지."

"안 그럴걸요……."

남자가 이곳에 와 있는 걸 보면, 아저씨는 잡히지 않은 게 확실했다. 용계 아재가 제대로 전해 주었구나! 내 입꼬리가 씨익 올라가는 것을 보더니, 그의 눈빛이 살짝 흔들리는 눈치였다. 그러거나 말거나 나는 씩씩하게 농성장 상황실 천막 쪽으로 향했다.

그렇게 며칠이 흘렀다. 나는 그동안 노조 아저씨들과 함께 농성 천막에서 생활했다. 크레인 위로 음식이나 생필품을 올려 보내기도 하고, 불침번을 서면서 아저씨들과 이런저런 이야기를 나누기도 했다.

날씨가 점점 추워지고 있었다. 스티로폼을 깔았지만, 밤마다 침낭 속까지 차가운 기운이 스며들었고 아침이면 천막 위에 찬 이슬이 두껍게 내려앉아 있었다. 이곳이 배를 고치는 곳임을 증명이라도 하듯 시퍼런 바다가 바로 옆에 있었다. 바닷바람은 유난히 차가웠고, 밤에는 파도 소리 때문에 잠을 설쳤다.

조선소에서 일하는 작업자들은 농성장을 보고도 못 본 듯 그냥 지나쳤다. 모두 정규직은 아닐 텐데 말이다. 그럴 때면 우리가 마치 투명 인간이 된 기분이 들었다. 우리를 아예 없는 존재처럼 대하는 사람들을 볼 때마다 나는 학교에서 있었던 일들이 떠올랐다. 교실 뒤쪽에서 내가 못된 아이들에게 괴롭힘을 당할 때마다 못 본 척 고개를 돌리던 반장과 부반장, 그리고 한때 단짝이었던 친구들……. 그 얼굴들을 떠올리면, 이 근방을 배회하면서 우리를 늘 주시하고 있는 검은 양복의 남자가 오히려 고맙게 느껴질 때도 있었다.

회사에서 정규직 전환을 미끼로 노조원들을 회유한다는 소문이 돌았다. 얼마 안 되던 파업 농성 참여 인원은 시간이 갈수록 줄어들었다. 어제는 농성장에 앉아 구호를 외치던 얼굴이 오늘 아침에는 출근하는 자전거 무리에 섞여 있기 일쑤였다. 날마다 조금씩 늘어 가는 빈자리가 크게 느껴졌다. 그 모습은 저 높은 크레인 위에서 더 잘 보일 터였다. 30미터 상공에서 초겨울의 차가운 바닷바람을 맞으며 한 달을 버텨 온 형에게 땅에서 벌어지는 일들이 어떤 상실감으로 다가갈지는 굳이 물어보지 않아도 알 수 있었다. 나는 기도하는 심정으로 크레인을 올려다보곤 했다.

형은 아팠다. 무전기를 통해 들리는 목소리는 씩씩한 것처럼 들리지만, 나는 알고 있었다. 형이 지금 많이 아픈데 참고 있다는 사실을 말이다. 어릴 때도 할머니에게 걱정 끼치기 싫어서 병을 끌어안고 참다가, 결국 고열로 쓰러져서 응급실에 실려 간 적이 있었다. 그때처럼 형은, 말수는 줄었지만 가끔씩 과장되게 웃고, 말할 때마다 마치 어금니를 악문 것처럼 기를 썼다. 하지만 늘 그랬듯이 형은 "괜찮냐?"는 내 질문에 "내 걱정 말고 너나 밥 잘 먹고 다녀."라며 딴소리만 했다.

그런데 바로 어제, 크레인에서 내려온 소변통에서 문제가 발견됐다. 붉은색이 섞인 오줌, 혈뇨였다. 그동안 형이 아픈 몸을 감추고 있었던 게 드러난 것이다. 이대로 고공 농성을 접어야 할지도 모를 비상 상황이었다. 상황실 천막 안에서 노조 사람들이 긴급 회의를 열었다. 안에서 가끔씩 큰 소리가 나기도 하고, 크레인 위의 형과 무전기로 교신하는 소리도 들려왔다. 그리고 마침내 결정이 났다. 고공 농성 유지……. 형의 뜻이 워낙 완강하기도 했지만, 노조도 막다른 곳에 몰려 있었다.

그러나 은하계 최강 고집쟁이 조준영 씨도 일단은 크레인에 의료진을 올려 보내서 검사와 치료 정도를 받는 데는 동의했다. 그리고 의료진과 함께 나도 크레인에 오를 예정이다. 도움을 줄 만한 의료진을 알아보는 동안 나도 마음의 준비를 하고 있어야 했다. 드디어, 형을 만나게 된 것이다. 형을 만나서 얼굴을 마주하면 맨 처음 무슨 얘기를 꺼내는 게 좋을까? 여러모로 착잡하고도 오묘한 시간이었다.

의료진과 함께 크레인에 올라가기로 한 날, 나는 몇 가지 물품을 구입하느라 잠시 시장에 다녀왔다. 돌아와 보니 농성장을 둘러싼 분위기가 아까와는 조금 달랐다. 사람들이 갑자기 두 배쯤 늘어난 것이다. 가만히 보니 대봉중공업 작업복을 입은 이주 노동자들이 속속 농성장으로 모여들고 있었다. 어쩐 일인가 싶어 둘러보니, 저쪽에서 낯익은 사람 하나가 대열 속에 끼어서 이주 노동자들과 악수하며 이야기를 나누는 모습이 보였다. 안산 지구마을 여인숙의 미스터 샤였다.

미스터 샤도 나를 봤는지 활짝 웃으며 손을 흔들었다.

"어이, 소년 투사! 오랜만일세, 하하하."

우렁우렁 큰 목소리로 웃는 게 여전했다. 미스터 샤는 그 두툼한 손을 내밀어 나에게도 악수를 청했다.

"울산에도 내가 아는 친구들이 많더군. 안산 공단을 거쳐서 이쪽으로 내려온 경우가 꽤 많더라고. 오늘 여기서 미스터 샤 울산 입성 축하연을 한다고 긴급 공지를 띄워 놓았지, 하하하."

미스터 샤는 속속 새로 도착하는 이주 노동자들을 향해 쉴 새 없이 손을 흔들어 보였다. 참 오지랖도 넓은 아저씨다. 미스터 샤는 나를 향해 엄지손가락을 치켜 보였다.

"네 여자 친구가 정말 대단하더라. 조민영이가 위험에 빠졌으니 구하러 가자고 어찌나 닦달을 하는지……. 옥천에서 안산으로 전화를 하루에도 수십 번씩 하더라니까. 그래도 오기 전에 몇 가지 준비 좀 해야 해서 시간이 걸렸단다."

무슨 준비를 했다는 걸까? 궁금해서 물어보려는데, 등 뒤에서 귀에 익은 목소리가 쩌렁쩌렁 울렸다.

"아, 여자 친구 아니에요. 그냥 여자 사람 친구라니깐, 아저씨는 진짜……."

나는 고개를 획 돌렸다. 귤이었다. 팽 토라져 있던 눈꼬리가 내 얼굴을 보자마자 조용히 웃었다. 그리고 귤의 눈에 눈물이 그렁그렁 맺히는 게 보였다. 하지만 그것도 잠시, 귤은 곧 정신이 들었다는 듯 갑자기 내 옆구리를 사정없이 꼬집었다.

"야, 너 그새 왜 이렇게 말랐어? 밥도 못 먹고 다닌 거야? 어휴, 내가 못 살아!"

"아야야!"

아파서 내가 진저리를 치며 뒤로 물러서자, 이번에는 손바닥으로 내 등짝을 찰싹찰싹 때렸다. 손이 그렇게 매운 줄은 정말 몰랐다. 으악 비명을 지르기 직전인데, 뒤에서 누가 귤의 손목을 잽싸게 잡아채며 혀를 끌끌 찼다.

"야, 야, 야, 좀 떨어져. 누가 보면 니들 엄청 오래 사귄 연인인 줄 알겠다. 이렇게 젊은 엄마가 눈 시퍼렇게 뜨고 보고 있는데, 이것들이 어디서!"

귤 엄마는 역시 쿨했다. 나를 향해 씨익 한번 웃어 보이는 걸로 인사를 대신했다. 세상에 귤 엄마가 그렇게 반가울 줄은 꿈에도 몰랐다. 등짝이 한참 동안 화끈거렸지만, 마음은 그 어느 때보다 설렜다. 내가 보고 싶어 했던 사람들이 이렇게 모였구나, 흐뭇하게 웃으면서 나는 자연스레 이 자리에 없는 그 누군가를 떠올렸다. 가슴이 아려 왔다.

이런 내 마음을 읽기라도 한 것처럼 미스터 샤가 내 귀에 대고 작은 소리로 말했다.

"체도 함께 왔어."

나는 내가 잘못 들은 게 아닌가 하고 미스터 샤를 쳐다봤다. 미스터 샤는 검은 양복 남자가 서 있는 쪽을 눈짓으로 가리키며 걱정하지 말라는 듯 씩 웃었다. 나는 가슴이 뛰기 시작했다. 아저씨가 여기 어디엔가 있다니!

조심스레 고개를 돌리며 주변을 살펴보았다. 하지만 어디 있는지 도무지 알 수가 없었다. 쉽게 눈에 띈다면 그게 더 문제겠지만 말이다. 그때, 수십 명의 이주 노동자들이 똑같은 작업복을 입고 떼로 몰려 있는 농성장이 내 눈에 들어왔다. 피부색도 제각각이고 키도 머리 모양도 제각각이지만, 여느 한국 사람들과는 다르게 생겼다는 점에서 그들은 서로 너무 비슷비슷해 보였다. 누가 누군지 구분하기가 쉽지 않았다. 나는 확신했다. 아저씨는 아마도 저 속에 섞여 있을 것이다.

나는 되도록 표시 나지 않게 그쪽을 힐끔거렸다. 멀찍이 최씨 아저씨처럼 보이는 사람이 있는데, 후드 티셔츠에 달린 모자를 눌러쓰고 고개까지 숙이고 있어서 좀처럼 확신하기가 어려웠다. 거무스름한 피부며 진한 구레나룻과 턱수염까지……. 모자를 벗어 주면 내가 확인할 수 있을 텐데, 그 사람은 야속하게도 모자를 벗을 생각이 없는 듯했다. 아저씨……? 나는 당장이라도 그쪽으로 뛰어가고 싶은 마음을 가라앉히며, 슬슬 검은 양복을 살펴보기 위해 그쪽으로 눈길을 돌렸다.

그런데 이게 웬일인가! 검은 양복의 시선도 그 이주 노동자에게 고정되어 있었던 것이다. 검은 양복도 아저씨 얼굴을 알아본 걸까? 나는 심장이 쿵 하고 내려앉는 느낌이 들었다.

그때 조금 떨어진 곳에서 구급차 사이렌 소리가 들려왔다. 곧 구급차가 농성장을 한 바퀴 빙 돌더니 크레인 바로 아래쪽으로 와서 멈추었다. 구급차 안에서 흰 가운을 입은 사람이 내렸고, 곧

이어 상황실 천막에서 나를 부르는 소리가 들렸다. 나는 마음이 급해졌다. 검은 양복과 고개 숙인 이주 노동자를 번갈아 바라보며 크레인 쪽으로 발길을 옮길 수밖에 없었다. 미스터 샤가 있는 곳을 살폈더니 그는 눈치 없게도 이주 노동자 한 명과 수다를 떨고 있었다. 최씨 아저씨가 위험한데…….

나는 여차하면 소리를 질러야겠다고 생각하며 검은 양복 쪽을 바라봤다. 그가 시선을 한곳에 고정한 채 조용히 이주 노동자 무리 쪽으로 걸어가고 있었다. 오, 맙소사! 안 돼……! 나도 모르게 그쪽으로 발길을 돌렸다.

바로 그때, 누가 내 팔꿈치를 잡았다.

"미농, 나와 함께 올라가기 싫어?"

깜짝 놀란 나는 얼른 뒤를 돌아보았다. 거기, 최씨 아저씨가 있었다. 하얀 의사 가운을 입은 채 내 팔을 잡고서 말이다. 아저씨는 그 유쾌하고 따뜻한 눈길로 나를 바라보며 웃고 있었다.

나는 검은 양복이 걸어간 방향을 돌아보았다. 그곳에는 검은 양복이 주변 사람들에게 멱살을 잡힌 광경이 펼쳐져 있었다. 계속 주시하고 있던 이주 노동자의 모자를 강제로 벗겨 낸 모양이었다. 검은 양복의 당황한 눈이 나와 마주쳤다. 그리고 내 옆의 최씨 아저씨를 확인한 그는 눈이 휘둥그레져서 이쪽을 멍하니 바라보았다.

이제 크레인 위로 올라갈 시간이다. 고공 농성 기간 동안 크레인 위는 오로지 노조의 영토였다. 아무리 회사 사장이라 해도, 경찰이라 해도, 감히 올라올 수 없다. 나는 검은 양복을 향해 경쾌하게 손가락 경례를 날려 주었다. 최씨 아저씨가 먼저 철제 사다리에 올랐다. 다행히 독사에 물린 상처는 다 나은 모양이었다. 여느 때처럼 씩씩하고 또 든든해 보였다. 그렇게 30미터 높이의 아찔한 철제 사다리를 한 발 한 발 올라갔다.

형은 많이 수척해 있었다. 기침을 심하게 했고 호흡이 거칠었으며 열도 꽤 높았다. 으슬으슬 춥다며 전기장판을 아예 온몸에 감고 버티는 중이었다. 나는 그 초췌한 모습에 눈물이 났다. '김성수'라는 사람을 위해 형이 이렇게 목숨까지 건 이유는 묻지 않기로 했다. 나는 아무 말 없이 그저 형을 꼭 안아 주었다.

최씨 아저씨는 가방에서 청진기와 혈압계를 꺼내 진료를 시작했다. 서류에 몇 가지 기록을 하고, 보관함 속 주사기로 혈액을 채취하고, 일회용 컵에 소변을 받게 했다. 그리고 그것들을 모아 생필품 바구니에 넣어서 도르래에 매달아 아래로 내려보냈다.

크레인 아래 구급차에는 비밀리에 모셔 온 진짜 의사가 대기 중이었다. 듣기로는 귤의 외삼촌이라고 했다. 분명히 두 모녀가 갑자기 몰려가서 납치하다시피 강제로 끌고 왔을 것이다. 어쨌든 이제 진짜 의사가 검사 결과를 가지고 돌아올 때까지 두세 시간 정도 기다릴 일만 남았다.

"그러니까 둘이 만나게 된 게, 네가 최씨 아저씨를 구해 줬기 때문이란 말이야? 하하하, 민영이라면 그럴 만해요. 겁도 많고 잡생각도 많아서 뭔가를 결정하려면 남보다 시간이 오래 걸리지만, 일단 옳다고 생각한 일은 거침없이 해내는 편이에요. 아저씨도 벌써 눈치채셨겠지만, 그게 민영이의 매력이죠."

우리가 함께해 온 여정을 듣고 난 형은 감탄사를 연발하면서 내 어깨를 두드렸다. 최씨 아저씨는 내가 가장 좋아하는 '아빠 미소'를 머금고 우리 형제를 번갈아 쳐다봤다.

형이 이 높은 곳에서 혼자 생활하는 데 사용하는 물건들은 아주 간단했다. 1인용 텐트 안에 침낭과 1인용 전기장판, 무전기, 매일매일 밑에서 올려 주는 수통과 간단한 세면도구, 철제 난간에 걸어 놓은 수건들, 그리고 책 몇 권과 트랜지스터 라디오뿐이었다. 때마침 라디오에서 뉴스가 흘러나오고 있었는데, 가만히 듣고 있자니 익숙한 내용 같아서 소리를 키웠다.

"……이에 대해 대봉중공업 관계자는 사유 재산인 크레인에 무단 침입해 시설물을 점거한 것은 형법상 업무 방해에 해당하는 명백한 불법 행위라고 강조하고, 조씨의 고공 시위는 노사 갈등만 부추기는 행동으로 당장 중단돼야 마땅하다고 밝혔습니다. 한편 대봉중공업 노조에서는 이번……."

순간, 형의 눈이 반짝 빛났다. 그러고는 난간 끝으로 가서 발아래 광경을 조심스레 살폈다. 아래쪽 농성장에서는 꽤 많은 인원이 모여 다 함께 구호를 외치고 노래를 부르는 중이었다. 심지어 방송국 카메라도 와 있었다. 지금까지 한 달여 동안 이런 폭발적인 반응은 처음이었다.

그때 무전기가 지직거리며 신호를 보내왔다.

"14호 크레인, 들리나?"

"14호 크레인입니다. 무슨 일입니까?"

"20여 일째 고공 농성 중인 시위자에 대해 법원에서 퇴거 명령을 내렸다는 통지가 왔다. 이젠 진짜 불법 농성이 되어 버렸는데……. 계속할 자신 있나?"

"네, 계속하겠습니다."

"……좋아. 그럼 의사 양반에게 전해 주게. 이제 언론사들도 슬슬 몰려들고 있고 앞으로 진짜 전면전이 펼쳐질 모양이니까, 절대 조준영이 죽게 놔두지 말라고 말이야. …… 곧 검사 결과를 올려 보낼게."

왜 죽게 놔두지 말라는 말까지 하는 걸까? 나는 어쩐지 불안했다. 검사 결과 용지가 올라왔다. 최씨 아저씨는 결과 용지를 한참 들여다보더니 얼굴이 조금 어두워졌다. 급성 폐렴으로 인한 패혈증이 의심되는데, 이 경우 반드시 입원 치료를 받아야 한다는 것이다. 몸을 따뜻하게 안정시키고 항생제를 꾸준히 투여하지 않으면, 온몸에 염증이 퍼져 목숨을 잃을 수도 있다고 했다.

형이 최씨 아저씨에게 물었다.

"이 위에서 죽지 않고 버틸 수 있을까요?"

최씨 아저씨가 형을 바라보며 고개를 끄덕였다.

"우리 힘을 합쳐서 한번 해봅시다."

처방받은 항생제를 비롯해 여분의 전기장판과 물을 끓일 도구들, 그리고 최씨 아저씨가 주문한 신기한 약초와 허브 몇 가지도 올라왔다. 아저씨는 뜨거운 물주머니를 만들어 형의 양쪽 옆구리에 끼워 넣고, 계속 뜨거운 물을 끓였다. 그리고 머리맡에 갈색의 기다란 향을 피워 올리자, 어느새 텐트 안에는 묘한 향이 가득 찼다. 형은 항생제 주사를 맞는 동안 깊은 잠에 빠져들었다.

그 모습을 지켜보며 우리는 두런두런 대화를 나누었다. 그러니까 우리가 헤어진 일주일 전으로 자연스레 거슬러 올라갔다.

"난 용계 아재가 갑자기 병원으로 찾아와서 깜짝 놀랐어. 때마침 매미 아빠가 집에 다녀오려고 출발하려던 참이었거든. 산으로 가면 안 된다 전해 달라고 미농이 대전역까지 찾아와서 부탁했다기에 더 놀랐지. 어떻게 그런 생각을 한 거지? 정말 대단해."

예전 같으면 아저씨의 칭찬을 듣고 아주 우쭐해져서 "알고 보면 내가 이것도 잘하고 저것도 잘하고……." 하며 줄줄이 늘어놨겠지만, 그냥 멋쩍게 웃으며 말했다.

"용계 아재가 잘 알아서 해 주신 거예요. 저는 얼른 울산에 내려와야 했고, 부탁할 사람이 용계 아재밖에 없었으니까……."

나는 머리를 긁적이며 조심스레 내가 느낀 것을 털어놓았다.

"그런데…… 이번에 아저씨와 떨어져 있으면서 생각이 많았어요. 나도 이제는 뭐든 혼자서 할 수 있다고 자부했는데, 모든 게 주변 사람들이 도와준 덕분에 순조롭게 진행될 수 있었구나, 뼛속 깊이 느꼈죠. 그땐 무심하게 지나쳤는데, 나중에 생각해 보니 그런 도움이 없었다면 저 혼자 울산까지 오는 건 불가능했다는 생각이 들더라고요. 그러면서 깨달았어요. 보이지 않는 우군이 내 등 뒤에서 든든하게 떠받쳐 주고 있었구나 하고 말이에요."

최씨 아저씨는 고개를 끄덕였다.

"이런, 미농이 벌써 '투명 인간 되기'에 대해서도 혼자서 이해해 버렸군. 이제 내가 더 설명할 게 없어져 버렸는걸."

아저씨는 일부러 어깨를 들썩하면서 할 일이 없어져 못내 서운하다는 표정을 지어 보였다.

"'투명 인간 되기'요? 그게 뭔데요?"

내가 피식 웃으며 되묻자, 최씨 아저씨도 빙그레 웃었다.

"역시 내 설명이 필요하다고? 그럼 나도 아직은 조금 쓸모가 있는 존재인 모양이네, 하하하. 고마워, 미농. 그러니까 '투명 인간 되기'는, 미농이 여기까지 오는 데 보이지 않게 애써 준 용계 아재나 매미, 귤, 서점 누나 같은 사람들을 생각해 보면 좋을 것 같아. 그들처럼 누군가를 위해 아무 대가도 바라지 않고 무조건 선의를 베풀거나, 도움을 받는 사람조차 누가 그렇게 해 줬는지 모르게 하는 걸 뜻해."

"아, 마니또나 키다리 아저씨처럼 말이죠?"

"그래, 상대방이 알아주지 않고 심지어 하찮게 여길지라도, 그를 위해 보이지 않게 도움을 주는 거지."

"하지만 누구든 자기가 한 일에 대해 상대방에게 인정받기를 원하지, 그냥 일방적으로 주고만 싶어 하지는 않을 것 같은데요."

내가 투덜대자, 아저씨는 내 눈을 가만히 들여다보며 물었다.

"내가 검은 양복 사람들에게 잡히지 않도록 도와 달라고 부탁하지 않았는데 미농은 왜 그렇게 열심히 나를 돕는 거지? 그렇게 하면 누가 큰 상을 주는 건가?"

나는 발끈해서 최씨 아저씨에게 대들 듯이 말했다.

"누가 상을 달래요? 아저씨를 위협하는 사람들이 있는데, 그럼 제가 어떻게 가만있어요?"

괜히 열 받아서 씩씩거리며 대답하자, 아저씨는 나를 바라보며 말없이 씨익 웃었다. 어쩐지 유도 신문에 걸려든 느낌이다.

곰곰이 생각해 보니, 그날 응급실에 실려 간 아저씨를 검은 양복들에게서 지키기 위해 내 생애 가장 열심히 '생각'이라는 걸 했던 것 같다. 아저씨와는 그대로 이별인 줄만 알고 있었으니, 칭찬을 듣자는 것은 아니었다. 생각해 보면 그건 누가 시키거나 돈을 준다고 해서 할 수 있는 일이 아니었던 것 같다. 아저씨를 돕고 싶다는 열망 같은 것이 자연스럽게 흘러나와서 그렇게 하게끔 만들었다. 그러고 보니 문득 떠오르는 게 있었다.

"그러니까 제가 일종의 최씨 아저씨 '되기'를 한 건가요?"

슬그머니 질문을 던졌다. 아저씨는 그제야 바라던 단어가 나왔다는 듯 고개를 끄덕이며 함박웃음을 지었다.

"내가 '되기=사랑'이라고 얘기했었지? 누구를 진정으로 아끼고 사랑하는 마음이 있으면, 아무런 조건 없이 오직 그 사람이 행복해하는 모습만으로 만족할 수 있을 거야. 설령 그 사람이 알아주지 않는다 해도 말이야. 마치 엄마나 할머니가 아이들에게 무조건적이고 일방적인 사랑을 주는 것과 같다고 할까?"

그 말을 들으니 어릴 때 형이 내 가방에 넣어 주곤 하던 백 원짜리 동전들이 생각났다. 우리 집은 너무 가난해서 군것질을 할 만한 여유가 없었다. 늘 빈털터리였던 나는 또래 아이들이 입에 달고 다니는 달달한 주전부리들을 향한 열망이 너무나 컸다. 가끔 할머니 주머니에서 몰래 돈을 훔쳐 젤리나 아이스크림을 사 먹곤 했는데, 어느 날 형에게 들켰다. 형은 다른 건 몰라도 도둑질은 하지 말라면서 주머니를 탈탈 털어 동전 몇 개를 내 손에 쥐여 주었다. 분명 형도 아이스크림이 먹고 싶을 나이였는데……. 나는 자존심이 상하고 죄책감도 들어 형 앞에서 그 동전들을 집어 던지고 울어 버렸다. 지금 생각하면 내가 왜 그랬나 싶지만, 그땐 형의 마음을 몰랐던 것 같다.

그래도 형은 나에게 늘 한결같았다. 그 후로도 가끔씩 내 가방에 동전들을 몰래 넣어 놓곤 했다. 그래서…… '투명 인간 되기'라고 하는 모양이다. 설사 상대방이 알아차리지 못해도 무조건 아낌없이 주는 것이라서 말이다.

내가 묵묵히 생각에 잠겨 있는 동안 최씨 아저씨는 따뜻한 수건으로 형의 이마에 맺힌 땀을 닦아 냈다. 나는 형과 아저씨의 얼굴을 번갈아 쳐다보며 물었다.

"형은…… 괜찮을까요?"

최씨 아저씨는 근심스러운 눈빛을 애써 감추며 고개를 힘차게 끄덕였다. 그 모습이 최선을 다하겠다는 약속처럼 보였다. 형은 잠을 자면서 가끔씩 몸을 파르르 떨었다. 그때마다 관자놀이 부근이 사납게 불끈거렸다. 꿈자리가 사나운 모양이었다. 그 모습을 불안하게 지켜보다가 어느새 나도 깜빡 잠이 들었다.

다음 날부터 내 휴대폰에 불이 나기 시작했다. 이 휴대폰 번호를 어떻게 알았는지 형네 회사 쪽에서 내게 전화를 한 것이다. 그동안 형이 굳이 휴대폰을 가지고 올라오지 않고 무전기로만 소통하려 한 이유를 알 듯도 했다. 그렇다 해도 회사 쪽 전화를 절대 받지 않겠다고 단호하게 말하는 형을 나는 조금 걱정스럽게 바라볼 수밖에 없었다. 그런 내 표정을 봤는지, 형이 깡마른 손으로 내 머리를 쓰다듬었다.

"민영아, 너무 걱정하지 마. 형 믿지?"

형은 애써 웃으며 나에게 말했다. 나는 형의 핼쑥해진 얼굴을 차마 볼 수가 없어서 고개를 떨구고 작은 소리로 중얼거렸다.

"응……. 근데 솔직히 말하면, 걱정이 아예 안 되는 건 아니야. 물론 형이 개인적인 이익 때문에 이러는 게 아니라는 거 알아. 영웅이 되고 싶은 건 더더욱 아닐 거야. 하지만…… 회사 쪽에서는 뭔가 협상을 하려는데 형이 아예 응하지 않는 게 걱정스러워. 난 그냥……. 한시라도 빨리 타결되어야만, 형이 무사히 내려가 병원에서 제대로 된 치료를 받을 수 있을 텐데 싶어서…….”

내가 말끝을 흐리자, 형은 내 손을 꼭 잡고 말했다.

“그래, 네 맘 알아. 하지만 난 협상 같은 거 잘 몰라. 협상은 밑에서 지도부 형들이 하겠지. 내가 원하는 건 딱 하나야. 성수 그 녀석 목숨이, 열여덟 살짜리 새파란 목숨이, 그렇게 싸구려 취급을 받으면 안 되잖아. 단순히 보상금 문제가 아니야. 그 아이를 허망하게 보내고 우리가 아무렇지 않게 일터로 돌아가는 건, 결국 나를 비롯해 여기서 일하는 누구라도 비정규직이라는 이유로 언제든 위험천만한 환경에 파견돼서 어처구니없는 사고를 당해 죽을 수 있다는 현실을 외면하는 거고, 게다가 목숨값이 겨우 그것밖에 안 된다는 사실을 인정하는 셈이 된단 말이야. 난 우리들 한 명 한 명이 다 소중한 사람이라는 걸 확인받고 싶을 뿐이야.”

형은 잡고 있던 손을 힘없이 떨구었다. 이야기를 나누는 것마저 힘에 겨운 모양이었다. 그 모습을 보니 다시 눈앞이 뿌옇게 흐려졌다. 저 아래에서 들려오는 사람들의 구호 소리가 오늘따라 더 애절하게 울려 퍼졌다.

“주농, 아무래도 오늘 밤이 고비가 될 것 같군요.”

최씨 아저씨가 항생제 주사액을 갈아 끼우면서 중얼거렸다. 형의 검은 눈썹이 파르르 떨렸다.

언론사에서도 전화 인터뷰를 요청해 왔지만, 건강이 몹시 나빠져서 통화할 수 있는 상황이 아님을 설명하고 정중히 거절했다. 그랬더니 그것이 더 큰 화제가 된 모양이었다. 한 시간도 채 지나지 않아 라디오에서 이런 뉴스가 흘러나왔다.

"……대봉중공업 파업은 비정규 노조는 물론 사내 하도급 노조까지 파업에 들어가는 등 노사 갈등이 갈수록 첨예한 양상을 보이고 있습니다. 한편 이번 파업의 일환으로 14호 크레인에 올라가 26일째 고공 농성 중인 노조원 조준영 씨는 최근 급격한 건강 악화에도 불구하고 고공 농성을 계속 이어 가겠다는 의지를 밝혔습니다. 현재 내과 전문의 한 명이 크레인 위로 파견되어 치료하고 있지만, 현재 조씨는 위독한 상태로 알려져……."

최씨 아저씨는 형의 침낭을 활짝 열고 물통에 뜨거운 물을 새로 채워 넣었다. 그러고는 배꼽이 드러나도록 윗옷을 걷어 냈다. 아저씨는 도넛 모양의 나무 링을 형의 배꼽에 올려놓고 그 위에 단단하게 뭉친 탁구공만 한 약초 덩어리를 얹은 뒤 꼭대기에 불을 붙였다. 텐트 안은 금세 뿌연 연기로 가득 찼다. 수상쩍은 향이 내 콧속으로 슬금슬금 들어오는가 싶더니 순식간에 심장이 빨리 뛰기 시작했다. 남아메리카 안데스 지역 인디언들이 사용하는 민간요법이라고 했다. 약초의 뜨거운 기운이 혈액 순환을 빨라지게 해서 피가 온몸을 돌면서 몸속의 염증을 스스로 치료하게 만든다고 했다. 우리나라 한방에서 쓰는 뜸과도 비슷해 보였다.

약초 덩어리가 밑동까지 다 타면 새 약초 덩어리로 교체하기를 몇십 차례. 시간은 어느덧 깊은 밤으로 접어들고 있었다. 형은 정신을 온전히 추스르지 못한 것처럼 간간이 신음 소리를 내다가 다시 조용해지기를 반복했다. 이마에는 땀이 빗방울처럼 송송 맺혔다. 나는 머리맡에 앉아서 땀을 닦아 주고, 형이 체온을 적정하게 유지할 수 있도록 뜨거운 물을 끓여서 물통을 갈아 주었다. 땀을 닦아 내고 또 닦아 내고, 주전자에 물을 담아 끓이고, 붓고, 갈아 주고, 다시 또 끓이기를 얼마나 반복했는지 모르겠다.

깜빡 잠이 든 모양이었다. 두런두런 이야기 소리에 눈을 떴다. 옆에서 나는 소리였다. 나는 눈을 반쯤 떴다. 약초 연기는 어느새 사라져 있었다. 저 멀리 동해 바다 쪽에서 희끄무레하게 아침이 다가오는 것이 느껴졌다. 벌써 새벽인가?

누가 쉰 목소리로 낮게 중얼거렸다.

"……분명히 그 사람이라고 생각해요."

아, 형이다. 형이 깨어났구나. 이제 고비는 넘긴 건가? 하마터면 죽을 뻔한 형의 모습이 떠오르면서 나도 모르게 눈물이 핑 돌았다. 자리에서 몸을 일으키려는데, 곧이어 최씨 아저씨의 목소리가 튀어나왔다.

"어떤 근거로 그런 생각을 했죠? 주농은 아직 나를 잘 모르잖아요?"

뜻밖의 반응이었다. 혹시 다투는 건가……? 슬그머니 걱정이 밀려들었다. 형의 대답이 이어졌다.

"민영이에게 그간의 여정을 들었을 때부터, 그리고 이 위험한 곳에 올라와서 제 목숨을 살리기 위해 며칠 밤을 지새우는 모습을 보면서 더욱 확신하게 됐죠. 제가 『체 게바라 평전』을 몇 번 읽었는지 아세요?"

가래가 심해서 형의 목소리는 무겁게 가라앉아 있었지만 왠지 모를 생기 같은 것이 느껴졌다. 그렇지만 분위기가 너무 심각한 것 같아서 나는 깨어났다는 표시도 못한 채 그 자리에 그대로 누워 있었다.

이번에는 최씨 아저씨가 차분한 목소리로 말했다.

"글쎄요, 나 자신도 믿지 못하는 것을 당신은 어떻게 확신하는지 모르겠군요."

아저씨의 말에 형은 낮게 웃었다. 그리고 중얼거리듯 이야기를 시작했다.

"그러게요. 왜 그러는 걸까요? 책에서 읽었던 이미지와 이렇게 다른데……. 그 사람은 강하고 세련되고 멋쟁이지만, 아저씨는 부드럽고 따뜻하고 투박하고 촌스럽거든요. 하지만 그 사람과 아저씨, 둘 다 저에게 같은 메시지를 줘요. 그 책에서 제가 가장 좋아하는 구절이 있어요. '우습게 들릴지 모르지만, 진정한 혁명가를 이끄는 것은 위대한 사랑의 감정이다. 이런 자질이 없는 혁명가는 생각할 수 없다.' 이 말 기억하세요?"

질문이지만 굳이 대답을 기대하지 않았는지, 형은 곧장 자기 말을 이어 나갔다.

"'우습게 들릴지 모르지만'이라고 했지만 전혀 우습게 들리지 않았어요. 위대한 사랑의 감정이야말로 뭔가를 움직이는 원동력이고, 움직이는 것이 곧 변화이고 혁명이니까요."

무슨 소리를 하는 건지 나는 도무지 이해할 수가 없었다. 아저씨가 누구랑 닮았다는 건지, 아니면 아저씨가 '그 사람'이라는 건지…….

최씨 아저씨가 조용히 입을 열었다.

"글쎄요. 나도 내가 누구인지는 알 수 없어요. 내 마지막 기억에서 40년도 더 지난 어느 날, 난데없이 이 대한민국이라는 나라의 외딴 항구에서, 그것도 국적을 알 수 없는 낯선 배의 부서진 컨테이너 박스에서 알몸인 채로 눈을 떴을 때는 그저 당황스러울 뿐이었죠. 당시 내 기억은 볼리비아 밀림 속 라기에라 마을의 작은 학교에서 총소리와 함께 끊긴 상태였으니까요. 하지만 기억이라는 것이 나를 온전히 증명해 줄 수는 없는 일이지요. 기억이란 늘 왜곡되기 마련이니까요. 현대 생명 공학 기술이 어디까지 와 있는지 잘 모르지만, SF 영화에 나오는 복제 인간이나 생체 냉동, 기억 이식 같은 것도 상상해 볼 수는 있겠죠. 혹시 '그들'이라면 그보다 더한 것까지 가능할지 모르니까……."

"그들이란 혹시 CIA……?"

형의 목소리가 떨렸다. 최씨 아저씨도 조금 주저하는 듯 입을 열었다.

"나도 모릅니다. 정체불명이라고 해야 하나? 불명확한 건 그 밖에도 많아요. 다만 세상에는 여전히 해명되지 않은 미지의 영역이 있을 거라는 추측만 할 뿐입니다."

그렇게 말하고 최씨 아저씨는 잠시 생각에 잠긴 듯 말을 멈췄다. 누운 채로 이 모든 이야기를 듣고 있던 나는, 꿈을 꾸고 있는 게 아닌지 혼란스러울 지경이었다. 꿈이라면 제발 이 복잡하고 난해한 상황에서 어서 빨리 깨어나기를…….

그러나 곧 아저씨의 목소리가 여전히 너무나 명료하게 다시 들려왔다.

"처음엔 내가 누구인지 스스로에게 수도 없이 물었어요. 하지만 과거에 내가 누구였는지는 그다지 중요하지 않다는 사실을 깨달았지요. 나는 현재를 살아가고 있고, 미래를 향해 나아가고 있는 존재니까요. 지금 나는 내 기억 속 이름들보다 미농이 불러 주는 '최씨 아저씨'라는 이름이 가장 좋습니다."

아저씨는 그렇게 말하면서 조금 웃었다. 그때 형이 한마디를 내뱉었다.

"하지만 저 말고도 아저씨가 체 게바라가 아닐까 의심하는 사람들이 또 있죠?"

체 게바라…… 어디서 들어 본 이름인데……. 나는 그제야 미스터 샤가 에르네스토 게바라 어쩌구 했던 최씨 아저씨의 본명이 생각나면서 "너무나 비현실적인 일이라서 믿기 어렵지만, 믿어 보기로 했다."던 말도 떠올랐다. 그러고 보니 귤도 그 비슷한 얘기를 한 적이 있다. 최씨 아저씨에 대해 나만 모르는 비밀이 있었던가? 순간 밀려드는 자괴감에 온몸의 힘이 빠져 버린 나는 몸을 일으킬 수조차 없었다. 이런 내 사정을 전혀 알 바 없는 아저씨는 한층 단호해진 목소리로 형에게 말했다.

"글쎄요. 그들은 나를 더 잘 알아서인지 당신처럼 대놓고 묻지 않더군요. 주농, 하나만 부탁할게요. 그 사람은 당신이 읽은 그 책 속에 고이 모셔 두세요. 당신이 책 속에서 만난 사람은 일종의 '우상'이지 결코 내가 아니에요. 아마도 그건 '에르네스토 게바라 데 라세르나'라는 이름을 가진 한 남자의 실제 모습도 아닐 거예요. 한껏 미화되고 과장돼서, 기묘한 방식으로 소비되고 있는지도 모르지요. 거리의 젊은이들이 쉽게 사서 입고 버리는 유행 지난 티셔츠처럼 말이에요. 그냥 지금 현실의 나를 봐 주세요. 가장 가까운 곳에서 삶을 바꾸는 혁명을 하려는 이주 노동자 최씨 아저씨를요."

잠자코 아저씨의 이야기를 듣고 있던 형은 살짝 불만이 섞인 목소리로 말했다.

"그냥 평범한 이주 노동자라고 보기에 아저씨는 너무 별종인 걸요."

그러자 최씨 아저씨는 조금 큰 목소리로 응수했다.

"나는 '그'가 의사이거나 혁명가이거나 국립 은행 총재일 때보다는 소수자일 때가 더 특이한 존재라고 생각해요. 그래서 이주 노동자일 때 더 풍부한 가치를 지니고 있다고 느껴요."

"이주 노동자가 체 게바라보다도 더 가치 있는 존재라는 말인가요……?"

형이 쉰 목소리로 중얼거리듯 물었다. 아저씨는 그 질문에도 즉시 답을 내놓았다.

"당신이 좋아하는 '그'는 권력을 가진 사람이었어요. 만약 대중 사이에 권력자가 끼어들면 반응이 어떨까요? 경직되죠. 풍부해지기보다 획일화될 테고요. 권력에 복속하거나 대항하거나 하면서 말이지요. 하지만 소수자는 그가 속한 공간의 공기마저도 특이하게 만들어요. 이 세상의 풍부함이 만들어지는 비밀이 거기에 있답니다. 나는 세상을 풍미하는 유명인이기보다 한 사람의 소수자이기를 원해요."

최씨 아저씨의 목소리는 부드럽지만 단호했다. 하지만 형의 목소리도 그랬다.

"그래도 전 믿어요. 아저씨가 정말로 그 사람이라고! 체보다도 더 체 같은 진짜 혁명가의 모습을 아저씨한테서 봤으니까요."

둘 사이에 잠시 어색한 침묵이 흘렀다. 나는 몸을 일으킬 타이밍을 잡지 못해 여전히 안절부절못하고 있었다.

그때 무전기에서 다급한 목소리가 들려왔다.

"14호 크레인 나와라. 14호 크레인!"

아저씨가 무전기를 찾아서 건네자 형이 교신 버튼을 눌렀다.

"네, 14호 크레인입니다."

"어젯밤부터 오늘 새벽까지 회사 쪽과 밤새워 협상한 끝에 방금 전인 05시 20분, 드디어 협상안이 타결됐어. 비정규직은 내년 말까지 순차적으로 정규직 전환, 그리고 네가 그토록 열렬히 주장하던 고(故) 김성수 조합원 산재 사망 인정! 그동안 고생 많았어. 안전하게 내려올 수 있도록 곧 사다리차를 준비할 테니 조금만 기다려!"

끝났다, 하고 느끼는 순간 무전기를 쥔 형의 손이 파르르 떨렸다. 나는 조심스레 몸을 일으켜서 형의 어깨를 감쌌다. 내가 할 수 있는 일은 그 감격을 함께 나누는 것뿐, 뭐라 할 말이 없었다.

최씨 아저씨가 만면에 웃음을 띤 채 형에게 악수를 청했다.

"아, 방금 당신은 비정규직이라는 특이함을 잃어버렸군요. 하지만…… 축하해요. 진심으로."

형도 눈물 콧물 범벅이 된 얼굴로 아저씨를 향해 배시시 웃었다. 방금 전까지 날선 공방을 주고받던 사람들이라고는 전혀 생각할 수 없는 모습이었다. 동쪽 하늘이 환하게 밝아 오는 가운데 크레인 아래 농성장에서는 떠들썩하게 박수가 터져 나왔고, 경쾌하게 구호를 외치는 소리가 들려왔다.

새벽에 들었던 대화 내용이 오래도록 내 귓가에 떠돌았다. 나는 멍하니 크레인 아래 광장을 내려다보고 있었다. 노조원들이 모여서 정리 집회를 하는 모습이 보였다. 머지않아 사다리차가 도착했고, 그 옆쪽으로 방송 카메라가 세워졌고, 회사 쪽 사람들 몇 명이 팔짱을 끼고 이 모든 상황을 지켜보는 모습도 내려다보였다. 그리고 점점 밝아 오는 광장 주변으로 조용하지만 발 빠르게 움직이는 몇 사람이 눈에 들어왔다. 낯익은 저 모습……. 검은 양복이었다!

이 크레인에서 내려가면 최씨 아저씨는 분명 저들에게 붙잡히게 된다. 심장이 두근대기 시작했다. 나는 아저씨 쪽으로 고개를 돌렸다. 아저씨도 이 상황을 알고 있을 텐데, 생각보다 태평해 보였다. 뭔가 비밀스러운 작전이라도 있는 걸까?

아저씨가 내 얼굴을 한참 동안 물끄러미 바라보았다. 그리고 내게 손을 내밀었다.

"미농, 이제 우리도 슬슬 헤어질 시간이 가까웠네. 그동안 고마웠어. 미농 덕분에 이주 노동자 최씨 아저씨로 참 행복한 한 달을 보낼 수 있었어. 자, 이리 와. 작별 인사를 해야지."

그러나 나는 차마 다가가지 못하고 머뭇거리며 물었다.

"어디로 가실 건데요……?"

"여기저기, 내가 할 일이 있는 곳으로."

늘 그랬듯이 최씨 아저씨의 눈빛은 맑고 부드러웠다. 내가 좋아하는 그 '아빠 미소'를 머금고, 아저씨가 나를 향해 두 팔을 활짝 벌렸다. 나는 눈을 질끈 감고 아저씨 품으로 뛰어들었다. 우리는 한참을 그렇게 꼭 끌어안고 있었다.

멀리서 구급차 소리가 들려왔다. 헤어질 시간이 다 된 모양이다. 최씨 아저씨는 가만히 내 머리를 쓰다듬고는 크레인 철제 구조물 반대편으로 걸어갔다. 긴 팔이 부러져 덜렁거리는 철제 구조물은 바다 위로 곧게 뻗어 있었다. 시커먼 바닷물은 차가워 보였지만, 다행히 잔잔했다.

크레인 아래에서 고가 사다리가 천천히 올라오고 있었다. 시간이 얼마 없었다. 형도 어깨에 담요를 두른 채 일어서서 최씨 아저씨를 배웅했다. 짐받이가 달린 대형 사다리가 30미터를 다 올라와 크레인에 쿵 소리를 내며 닿는 순간, 최씨 아저씨는 우리를 향해 씨익 웃으며 손을 흔들었다.

그리고 약 2초 후, 바다에서 '풍덩' 하는 소리가 크레인 꼭대기까지 들렸다. 고가 사다리에 온통 쏠려 있던 사람들의 시선이 순식간에 바다 쪽으로 옮겨 갔다.

"바다에 사람이 빠졌다!"

"저쪽에 흰 가운이 물 위로 떠올랐어. 의사 양반인가?"

"사람은? 사람은 아직 안 떠올랐잖아! 죽은 건가?"

"아, 저기 사람이다! 사람이 나온다!"

누가 바닷물에 흠뻑 젖은 채, 항구에 배를 고정하는 데 쓰는 쇠사슬을 부여잡고 기를 쓰면서 땅 위로 기어 올라오는 모습이 보였다. 한눈에도 뭔가 달라 보이는 비만형의 남자였다.

"의사 선생이다! 살았다!"

"앰뷸런스! 앰뷸런스!"

사람들이 바다에서 살아나온 그를 둘러싸고 환호하고 있을 때, 나는 보았다. 크레인 아래 작은 물결 하나가 저 멀리 방파제 쪽으로 유유히 움직이고 있는 것을. 그쪽을 향해 조용히 손을 흔들었다.

안녕, 아저씨.

내 안의 '아낌없이 주는 나무'

『아낌없이 주는 나무』는 사랑하는 소년을 위해 자기가 가진 모든 것을 다 주어 버린, 착해 빠진 한 그루 나무 이야기입니다. 나무는 어린 소년에게 나뭇가지를 늘여서 기꺼이 놀이터가 되어 주고, 열매를 주고, 나뭇가지와 기둥마저 베어 줍니다. 그리고 결국 작은 그루터기밖에 남지 않았지만, 오랜 세월이 지나 꼬부랑 할아버지가 되어 돌아온 소년을 잊지 않고 마지막 휴식처가 되어 줍니다. 마지막까지 그를 위해 무언가를 줄 수 있다는 것에 행복해 하면서 말이죠.

무슨 이런 비현실적이고 어리석은 사랑이 다 있나 하고 한 번쯤 고개를 갸웃해 보았을 겁니다. 하지만 곧 깨닫게 되지요. 물질적인 후원이나 눈에 보이는 애정 표현은 없더라도, 늘 따뜻한 눈으로 바라봐 주고 심리적으로 지지해 주는 존재가 나에게도 있다는 것을 말예요. 그 응원은 때로 따뜻한 말 한마디이거나 수많은 박수 소리에 섞여 있는 그저 하나의 박수 소리처럼 느껴질 수도 있습니다. 어떨 땐 말없이 그저 바라봐 주는 눈길일 수도 있고 따끔한 충고나 잔소리일 때도 있을 겁니다. 그 방식이 어떤 것이든, 나를 응원해 주고 내 편이 되어 주는 사람들이 있다는 사실만으로 힘이 솟곤 합니다. 그런 존재가 바로 나만의 '아낌없이 주는 나무'가 아닐까요?

그런데 우리는 대개 이들의 소중함을 잘 모른 채 지나치곤 합니다. 드러나지 않고 감춰져 있어서, 또는 너무 익숙해서, 때때로 귀찮다는 이유로 말이죠. 나무나 흙, 공기처럼 아낌없이 베풀어 주는 자연은 물론이고 부모 형제나 스승, 친구처럼 내 삶 전반에 걸쳐서 늘 나타나는 존재들도 있지요. 그런가 하면 가끔씩만 또는 한순간에 나타났다가 사라지는 존재들도 있습니다. 예를 들면 길을 가다 갑자기 몸이 아플 때 어깨를 부축해서 병원에 데려다준 이름 모를 사람, 지하철에서 자리를 양보해 준 사람, 볼펜이 없어 난감할 때 빌려준 사람……. 물론 나 자신이 다른 사람에게 이런 존재가 될 때도 있습니다. 스치듯 지나가 버려서 감사 인사도 제대로 받지 못할지라도 우리는 누군가 곤경에 빠졌을 때 그냥 지나치지 않는 미덕을 지녔습니다. 그게 바로 아낌없이 주는 나무가 될 수 있는 기본 자질일지도 모릅니다.

들뢰즈와 가타리가 함께 쓴 책 『천 개의 고원』에서는, 아낌없이 주는 나무처럼 자기가 가진 것을 아까워하지 않고 다른 사람에게 나눠 주는 것을 '지각 불가능하게 되기'라고 설명합니다. 지각 불가능하게 되기란 보이는 영역에서뿐만 아니라 드러나지 않고 눈에 잘 띄지 않는 영역에서도 누군가를 위해 최선을 다하는 것을 말합니다. 여기서 지각 불가능하게 되기는 '투명 인간 되기'와 같은 의미입니다. 그것은 더 작고 낮은 곳을 향해 사랑을 전달함으로써 자기 존재의 발자국과 흔적조차도 남기지 않겠다는 사랑의 궁극과도 같은 것입니다. 보이지 않는 곳에서의 윤리와 미학에 관한 이 개념은 되기(becoming)라는 개념에서 출발하여 여성 되기, 아이 되기, 동물 되기 등을 거쳐 궁극에는 지각 불가능하게 되기로 향한다는 구도를 갖추고 있습니다. 그만큼 지각 불가능하게 되기는 가장 어려운 임무인 셈이지요.

늘 곁에 있었지만 잘 보이지 않는 것들이 있습니다. 그런 '아낌없이 주는 나무'가 내 옆에도 있다는 사실을 깨달은 사람이라면, 나 자신도 기꺼이 다른 사람의 응원군이 되어 진심 어린 박수를 보낼 수 있겠다는 마음을 품게 됩니다. 투명 인간 되기를 통해 누군가에게 진심 어린 사랑이 전달되면, 그 사랑은 다시 더 큰 사랑이 되어 옆으로 옆으로 점점 퍼져 나가는 모양입니다.

사랑, 그 부드러운 혁명으로

결혼식이 오늘이랬나? 청첩장을 꺼내서 확인해 보니 토요일, 오늘 맞다. 아, 놔! 이럴 줄 알았으면 읍내에 나가 이발이라도 좀 하고 올 것을……. 어제 형이 고집을 부리는 바람에 배나무집 단열 공사를 마무리하고 밤늦게 돌아온 터라 아침부터 온몸이 두들겨 맞은 것처럼 뻐근했다. 이 몸으로 결혼식 하객이라니……. 망연자실 거울을 살피다가, 뭐 이만하면 꽤 봐 줄 만하다는 자뻑 반 자포자기 반의 무책임한 결론을 내리기에 이르렀다.

결혼식은 옥천에서 있다. 여기서 버스를 무려 네 번이나 갈아타고 가려면 서둘러야 했다. 나는 창문을 열고 텃밭에서 일하고 있는 형에게 소리쳤다.

"형, 남색 양복 어디다 뒀어? 나 오늘 옥천 가야 하는데……."

어제 그렇게 무리했는데도 형은 아침부터 혼자 텃밭에 나가 부지런을 떨고 있었다. 목에 두른 수건으로 이마의 땀을 닦아 내며 형이 대답했다.

"작은방! 아, 결혼식이 오늘이니? 귤이랑 가족들한테 축하한다고 전해 줘."

나는 "응." 하고 건성으로 답하고는 재빨리 작은방으로 뛰어갔다. 형의 낡은 양복이 벽에 걸려 있었다. 돌아가신 할머니가 형 취직 기념으로 사 주신 양복이다.

형이 대법원에서 최종 선고를 받던 날도 저 양복을 입었더랬다. 그러니까 3년 전 타워 크레인에 올라가 27일 동안 고공 농성을 벌인 일로 형은 징역 1년 집행 유예 2년의 최종 선고를 받았다. 노사 협상을 통해 동료들은 모두 비정규직에서 정규직으로 전환됐지만, 회사 쪽에 찍힐 대로 찍힌 고공 농성 주범 조준영은 홀로 법정으로 보내졌던 것이다. 노조원들은 조준영 조합원을 지키기 위해 2차 파업도 불사하겠다고 나섰지만, 형은 그럴 필요 없다면서 스스로 사직서를 냈다.

그 후 우리 형제는 울산을 떠나 이 한적한 시골에서 새 삶을 시작했다. 농사지을 땅도 없고 농사짓는 법도 모르지만, 형은 무슨 배짱인지 나를 따라 처음 와 본 이곳에 무작정 자리를 잡았다.

밖에서 황구가 컹컹 큰 소리로 짖는가 싶더니, 귀에 익은 목소리가 들려왔다.

"아이구, 이눔이 이거 맨날 보는 사람한티 참 거시기허네. 막말로 내가 거시기도 아니고, 느이 귄한티 일거리 주니라고 온 거여. 야박허니 너무 짓덜 말어, 허허."

이장님이 구수한 사투리로 황구를 달래 보지만 황구는 요지부동이다. 여기가 개 사육장이던 시절부터 이곳을 지켜 온 황구는 벌써 열일곱 살이다. 사람으로 치면 백 살이 넘은 할아범이라서 이젠 거동도 불편하지만 이장님만 보면 그악스럽게 짖기를 그치지 않았다. 술 취한 전 주인과 늘 다투곤 하던 이장님의 방문이 여전히 달갑지 않은 모양이다. 그러나 대부분의 시간은 명상과 낮잠으로 채우며 평화로운 노년을 보내고 있다. 녀석은 아직도 전 주인을 기다리는 것 같다. 개 사육장 남자는 알코올 중독 치료센터에서 6개월인가 1년인가를 치료받고 나와서, 그 뒤로 외항선을 타고 멀리 떠났다고 한다. 물론 이 또한 이장님한테 전해 들은 이야기이다. 황구가 기다린다는 걸 알면 한 번쯤 찾아와 주면 좋겠다. 더 늦기 전에 말이다.

우리는 이곳 개 사육장 안집에 자리를 잡았다. 울산에서 일이 마무리되고 형과 함께 인천으로 돌아가다가 인사차 잠시 청양에 들렀더랬다. 그때 당골네 할매가 형의 손재주를 눈여겨본 모양이었다. 덕분에 당시 반쯤 불에 타 있던 이 집을 싼값에 얻어서 하나하나 고쳐 가며 눌러살게 된 것이다. 이제 형의 집수리 기술은 거의 전문가 수준에 올라서, 우리 집뿐 아니라 동네 어르신들 집도 틈틈이 손봐 주는 경지에 이르렀다. 노인네들 활동 반경을 고려해 방마다 문턱을 없애거나 용접 기술을 이용해 화목 난로를 만들어 주거나 입식 부엌은 싱크대 다리를 잘라서 노인 키에 맞게 높이를 낮추는 방식으로 말이다.

그런 모습을 볼 때마다 나는 최씨 아저씨가 나에게 항상 설명해 주던 '되기'를 생각하곤 한다. 어쩌면 형은 어느 순간부터 '노인 되기'를 스스로 깨달은 게 아닐까?

형을 보면 그동안 나는 무엇을 했나 하는 질문을 던지게 된다. 나는 학교로 다시 돌아가지 않았고, 음, 그러니까 또…… 검정고시를 준비하고 있고……. 도대체 너는 뭘 하고 살았느냐고 묻는다면, 솔직히 할 말이 없다. 사실 검정고시는 뒷전이었다. 나는 늘 어디론가 떠돌아다니는 중이었다. 남들은 그걸 공부라고 하지 않을지 모르지만, 나는 '세상 공부'라고 한다. 여기저기 전국을 돌아다니다가 우연히 과목별 선생님들을 만난다. 집 짓는 공사장을 지나치다가 눌러앉아서 집 짓는 법을 배우고, 농사꾼을 만나면 농사짓는 법을 배우고, 심지어는 장돌뱅이들을 따라 시골 5일장을 다니며 물건을 팔아 보기도 했다. 공부라기보다는 노는 심정으로 그렇게 3년을 살았다.

덕분에 딱히 쓸 데는 없을 잡다한 기술을 꽤 익혔다. 옛날식 온돌 놓는 법이나 유기농 퇴비 만드는 법, 달걀 부화시키는 법, 미장, 목공, 자동차 정비 등등……. 대학에 갈 생각이 아직은 없기 때문에 고교 졸업 자격 검정고시가 썩 필요하다고 느끼진 않지만, 굳이 필요하다면 언제든 시험을 볼 수 있다고 생각한다.

그 과정에서 내 충실한 길동무였던 고물 스쿠터가 얼마 전 운명을 달리했다. 시동이 꺼질 듯 말 듯 오늘내일 하면서도 야무지게 2년을 더 버티더니, 유난히 더웠던 지난여름 추풍령을 넘다가 그만 숨이 툭 끊어지고 말았다. 나는 녀석을 양지바른 곳에 잘 묻어…… 주지는 못했지만, 마음속으로 명복을 빌어 주었다. 생각해 보면 그 스쿠터는 내 삶의 변화 과정을 지켜본 증인인 셈이다. 아직도 나는 그 녀석이 그립다. 형이 웬만해서는 나에게 새 스쿠터를 사 주지 않을 작정이라는 걸 눈치챈 뒤로는 더욱 간절히 그리하다.

아, 시간이 촉박하다. 형의 헌 양복을 단정하게 입고, 형의 구두를 꿰어 신고, 버스 정류장이 있는 마을 회관을 향해 전속력으로 내달렸다. 막 떠나려는 버스에 겨우 몸을 싣고 보니, 큰대문집 골키퍼 소년 현우가 먼저 타고 있다. 녀석은 벌써 중3이 되었는데, 요즘 한창 사춘기인 모양이다. 더 자유로워지고 싶은 아이와 어떻게든 집 안에 들어앉혀서 공부를 시켜 보려는 제 엄마 사이의 신경전이 종종 담장을 넘어서 동네를 시끄럽게 만들곤 한다. 나는 녀석의 예민한 심기를 건드리지 않으려는 의도를 듬뿍 담아 최대한 쿨한 척 물었다.

"어디 가니?"

녀석은 나를 한번 쓱 쳐다보더니 고개를 창 쪽으로 돌리며 심드렁하게 대답했다.

"서울에 촛불집회 가요."

"아……!"

네가 나보다 훨씬 낫구나, 하는 말이 목구멍까지 나왔다가 들어갔다.

대전 시외버스 터미널에 도착해서 바로 옥천 가는 버스를 탈 수도 있었지만, 나는 일부러 대전역에 들렀다. 꽤 오랜만이었다. 역 광장을 한 바퀴 돌고, 1층 화장실도 칸칸마다 열어 보고, 대합실 기차표 자동 발매기 틈새도 한번 훑어보았다. 하지만 내가 찾는 사람은 거기 없었다.

주변의 다른 노숙자들에게 듣기로 용계 아재가 대전역에서 사라진 것은 1년이 조금 넘었다고 했다. 무슨 험한 일을 당한 것은 아닐까, 아니면 딸네 집에 살러 들어간 걸까 이런저런 말이 많지만 정확한 소식을 알고 있는 사람은 없었다.

하지만 나는 가끔 그렇게 대전역 주변을 돌며 용계 아재를 찾아다니곤 한다. 부디 자유롭고 싶다는 그 고집을 꺾고 딸네 집으로 들어가 노후를 따뜻하게 보내고 계시기를 진심으로 빌고 또 빌었다. 노숙인의 삶이란, 한편으로는 자유롭지만 한편으로는 불안하니까 말이다. 자유를 택하느냐, 안정을 택하느냐! 무엇이든 적당한 선을 찾는 일은 그만큼 어려운 것 같다. 가슴 한쪽이 먹먹해지는 것을 느꼈다.

옥천 가는 버스를 타려고 대전역을 빠져나오려는데, 어디서 가녀린 선율이 내 귀를 간지럽혔다. 옹기종기 모여 앉은 노숙자 무리 속에서 누가 하모니카를 불고 있었다. 그 선율이 기가 막히게 아름다웠다. 거리의 철학자에서 이번에는 거리의 예술가인가. 나는 하모니카 소리에 홀린 듯 한참을 서 있다가 천천히 버스 정류장 쪽으로 발길을 돌렸다.

식이 시작되려면 아직 30분쯤 남았지만, 결혼식장은 벌써부터 사람들로 북적이고 있었다. 입구부터 아는 얼굴들이 눈에 띄었다. 나는 조용히 다가가서 먼저 인사를 건넸다.

"와, 감자마녀단은 다들 나이를 거꾸로 드시나 봐요. 지난번 뵀을 때보다 더 젊어지셨네요."

내가 반갑기 때문인지 아니면 나의 달콤한 멘트 때문인지 몰라도, 나를 보고 다들 표정이 밝아지는 기색이었다. 왕할매가 대표로 반갑게 맞아 주었다.

"민영이 너도 인물이 훤해지는구나. 그 뺀질뺀질한 멘트만 빼면 말이다. 애가 커 갈수록 기름져지는 것 같아 큰일이네."

아, 다들 표정이 밝아진 건 확실히 내가 반갑기 때문인 듯하다. 왕할매는 대장암 완치 판정을 받았고, 최근에는 본업인 감자수제비 식당을 다시 열었다. 동업자도 생겼다. 얼마 전 이혼과 동시에 '과수원집'이라는 택호를 버린 전직 과수원집 안주인 말이다. 환갑이 넘은 나이에 황혼 이혼을 결심한 까닭은, 자신의 우울증의 근본적인 원인이 갱년기가 아니라 가부장적이고 권위적인 남편에게 있다는 사실을 깨달았기 때문이라고 한다. 이혼하더라도 자식들 출가한 다음에 하라는 주변 사람들의 만류를 뿌리치고, 더 늦기 전에 자유롭게 살아 보겠다 외치면서 독립을 선언했다.

짱아 엄마는 그사이 '시인'이 되었다. 장애가 있는 아이를 키우는 엄마의 마음을 틈틈이 시로 써 왔는데, 그 시들이 작년에 지역 문예지에 실리면서 등단한 것이다. 조용하고 늘 웃기만 하는 이 젊은 아낙이 옥천감자수제비북클럽의 이름을 만천하에 빛낼 줄 누가 알았겠는가?

하객의 인파를 헤치며 나가다가, 내 레이더망이 드디어 문제적 인물을 포착했다! 영화 〈해리 포터〉 시리즈 속에서 방금 빠져나온 해그리드 아저씨가 자기 손바닥만 한 유모차를 몰고 다가오고 있었다. 유모차 뚜껑을 열어젖히자 장난기로 똘똘 뭉친 매미의 얼굴이 드러났다. 녀석은 난생처음 결혼식에 참석해 보는지 엄청 흥분한 상태였다.

"형아, 신부 봤어? 우아, 정말 아름다워! 난 신부가 되고 싶어졌어. 커서 꼭 신부가 될 거야."

녀석은 오늘 반드시 부케를 받고 말겠다는 의지에 불타고 있었다. 이 녀석의 농담은 어디까지 받아들여야 할지 아직도 잘 모르겠다.

서둘러야 할 시간이었다. 급히 결혼식장 안쪽으로 들어가려다 나는 누군가에게 팔을 붙잡혔다. 우아한 옥색 한복을 차려입고 올림머리를 한 중년의 여인이었다. 내가 아는 사람 중에는 이런 미인이 없는데…….

"민영아, 아줌마도 몰라보니? 내가 오늘 좀 우아하긴 하지? 호호호."

초면에 제 이름을 어떻게……? 의아한 눈으로 한참을 바라보고서야 그 여인이 귤 엄마라는 걸 알아차렸다. 3년 전, 대전역 앞으로 머리에는 까치집을 이고 눈에는 눈곱을 잔뜩 매단 채 깡통 자동차를 몰고 왔던 그분이라고 누가 상상이나 할 수 있을까? 나는 한동안 말을 잊었다.

"아……!"

결혼식장에서 혼주의 차림새라는 것도 신랑 신부의 차림새 못지않게 참 대단하구나 싶어 깜짝 놀라는 중이었다. 한참을 정지 상태에 머물러 있던 나를 깨워 준 건 귤 엄마의 따끔한 한마디였다.

"왜 이제 오니? 귤이 널 얼마나 기다린 줄 알아? 신부 대기실로 가 봐."

귤 엄마는 눈을 살짝 흘기며 내 등을 떠밀었다. 나는 두어 번 심호흡을 하고 천천히 신부 대기실 쪽으로 걸음을 옮겼다. 오늘따라 심장이 더 쿵쾅쿵쾅 뛰었다. 귤을 만나는 건 여전히 설레는 일이지만, 오늘은 그보다 더 큰 뭔가가 기다리고 있기 때문이다. 더 큰 등짝 스매싱이 말이다.

"야, 조민영! 너 내가 오늘 일찍 오라고 했어, 안 했어? 할 일이 얼마나 많은 줄 알아? 이게 느려 빠져 가지고는……."

귤은 부케를 매만지다가 나를 발견하고는 눈에 쌍심지를 켰다. 철없는 아이처럼 뭐든 놀면서 하던 귤이 생전 처음으로 너무 막중한 책임을 부여받은 탓이었다. 부케를 들고 있는 막중한 책임……. 그렇다. 그녀는 오늘, 신부 들러리다.

아침부터 신부 가방 건사하랴, 웨딩드레스 자락 정리하랴, 시시때때로 스냅 사진 촬영하랴, 몸이 열 개라도 부족할 터였다. 그래서인지 신부 들러리인 귤이 신부보다 더 많이 흥분해 있었다.

요즘 귤은 대전에 있는 육아 공동체에서 활동가로 일하고 있다. 앞으로 유아 교육과에 진학해서 좀 더 전문적으로 공부하고 싶다며, 내년쯤 수능을 한번 치러 볼까 고민 중이라고 한다. 하지만 한 번도 정규 교육을 받아 본 적 없는 귤이 대학에서 제대로 적응할 수 있을지 걱정이다. 내가 늘 따라다니며 뒤치다꺼리를 해 주지 않으면 도무지 안심이 안 된다.

올해부터 선거권도 얻고 보호자 동의 없이 결혼도 할 수 있는 성인이라며 자랑질이지만, 예나 지금이나 귤은 천상 아이 같은 아이이다. 한마디로 철이 덜 들었다는 얘기다. 물론…… 가끔은 내 건강에 거의 치명적인 요소가 되기도 한다. 바로 지금처럼 말이다. 연하지만 전에 없이 화장을 해서 그런지 오늘따라 귤은 더 반짝반짝 빛났고, 내 심장은 더 빠르게 콩닥콩닥 뛰었다.

아무리 그래도 나를 '들러리의 들러리'로 삼겠다는 건 좀 너무

하지 않나? 나는 정신없는 귤에게서 신부 가방을 얼른 받아 든 후, 그제야 웨딩드레스를 차려입은 서점 누나에게 정식으로 인사를 할 수 있었다.

"우아! 세상에서 제일 터프한 신부를 기대하고 왔는데, 세상에서 가장 아름다운 신부가 앉아 계시네요!"

어제까지만 해도 가죽 점퍼를 입고 400cc가 넘는 대형 오토바이를 몰던 서점 누나에게 웨딩드레스가 저렇게 잘 어울리다니! 연거푸 감탄하고 있을 때 문제의 신랑이 문 밖에 나타났다. 하지만 잽싸게 신부 대기실 문을 막아선 귤에게 여지없이 걸리고 말았다.

"아니, 신랑이 이러시면 안 된다고 몇 번을 얘기해요? 결혼식 전에 신부를 보면 안 된다니까."

신랑이 띄엄띄엄 어눌하게 반박하는 소리가 들렸다.

"아니, 내 신부 얼굴을 내가 못 본다는 게 말이 되냐고……. 오늘 너무 오래 떨어져 있어서 얼굴 잊어 먹겠다. 좀 봐줘, 귤아! 응? 외삼촌이 용돈 두둑이 줄게."

"뇌물을 주겠다고? 이런 김영란법을 말아먹을 인간 같으니! 아니, 이렇게 한시도 못 떨어져 있을 것을 어떻게 40년을 따로 살았데? 아무리 봐도 우리 삼촌이 엄청난 팔불출이 될 모양이야, 에효."

귤 외삼촌과 서점 누나. 정말 의외이면서도 진짜 잘 어울리는 한 쌍이다. 그리고 나는 남들이 모르는 그 둘의 공통점을 하나 알고 있다. 바로 둘 다 최씨 아저씨의 대역 배우 출신이라는 점이다. 옥천에서는 서점 누나가 아저씨 대신 스쿠터를 타고 나가 눈

속임을 했고, 울산에서는 미리 바다에 들어가 대기하고 있던 귤 삼촌이 방금 크레인 위에서 떨어진 것처럼 물에 흠뻑 젖어서 물 밖으로 기어 나왔다. 그날 귤 삼촌은 감기에 단단히 걸리는 바람에 사흘 밤낮을 옥천 귤네 집에서 생사를 넘나들며 앓아누워 있었다고 한다. 그 덕분에 서점 누나를 운명적으로 만나게 됐으니, 고생한 대가를 톡톡히 챙긴 셈이다.

귤 외삼촌이 어릴 적부터 공부를 잘해서 의사가 되긴 했지만 마흔이 넘도록 연애보다는 프라모델 조립을 더 좋아한 별종 오타쿠였던 건 하나도 안 비밀! 최근에 서점 누나를 따라다니며 바이크 라이딩을 배운다던데, 그래서인지 통통하던 옆구리 살도 살짝 빠진 느낌이다.

드디어 결혼식이 시작되었다. 신랑 신부가 부릉부릉 오토바이라도 타고 입장할 줄 알았는데 생각보다 평범하게 진행되었다. 알록달록한 무슬림 모자를 쓴 미스터 샤가 주례로 연단에 서기 전까지는 말이다. 낯선 이방인의 등장에 하객들이 웅성거리기 시작했다. 그러나 미스터 샤는 전혀 동요하지 않고 또박또박 유창한 한국말로 주례사를 해 나갔다.

"웬 시커먼 외국인이 주례를 한다고 나타나서 많이들 놀라셨습니까? 외국어로 하면 못 알아들으실까 봐 걱정이셨죠? 그런데 제가 이렇게 한국어를 꽤 잘하는 것을 보니까 어떻습니까? 더 놀라셨죠?"

하객들 속에서 까르르 웃음이 터졌다.

"결혼 생활도 비슷하지 않을까요? 수십 년을 완전히 다른 환경에서 자라난 두 사람이 만나면 매 순간 놀라움의 연속일 겁니다. 의외로 비슷한 점을 발견하면서 더 친근하게 느끼고, 반면에 완전히 다른 점을 발견하면서 신비감이나 신선함을 유지할 수 있겠지요. 하지만 비슷하다고 해서 상대방을 뻔하게 보거나 다르다고 해서 적대적으로 느낀다면 결혼 생활이 어떻게 될까요? 오늘부터 새로운 삶을 함께하게 된 두 사람에게 제가 드리고 싶은 말은……."

미스터 샤는 하객들을 웃기고 울리면서 주례사를 이어 갔다. 그것을 듣고 있노라니 더 절실하게 생각나는 한 사람이 있었다. 그러자 갑자기 또 심장이 찡하고 울었다.

최씨 아저씨는 그 뒤 어디로 갔는지 전혀 소식이 없었다. 미스터 샤를 비롯한 안산 게스트하우스 무리 중에도, 인천 대성플라스틱에 근무하던 이주 노동자 중에도 아는 사람이 전혀 없었다. 그냥 어디로 증발해 버렸다는 표현이 정확했다. 사람 사이에 정이라는 게 있는데 어쩜 그렇게 연락을 딱 끊어 버릴 수 있을까 조금은 서운한 마음도 들었지만, 그래도 아저씨가 무사하다는 사실만으로 안도하곤 한다. 아저씨가 무사하다는 것을 어떻게 아느냐 하면, 잊을 만하면 문제의 검은 양복이 찾아와 집 주변을 어슬렁거리다 돌아가기 때문이다.

최씨 아저씨가 떠난 뒤로, 나는 『체 게바라 평전』을 비롯한 여러 가지 책도 찾아 읽고 우리가 함께했던 여정을 더듬어서 다시 여행을 해 보기도 했다. 내가 나름대로 내린 결론은, 최씨 아저씨가 누구건 상관없다는 것이다. 쿠바 혁명의 선두에 섰던 영웅 체 게바라이건 그를 흉내 낸 사기꾼이건, 그냥 과대망상에 걸린 이주 노동자이건 간에 나는 별로 관심이 없다. 다만 그저 나와 같은 시간을 살아가던 최씨 아저씨라는 존재를 좋아했고, 그를 통해 새로운 세상을 알게 된 점이 소중할 따름이다.

나 혼자 그렇게 눈시울을 붉혀 가면서 상념에 빠져 있는 걸 본 귤이 내 옆구리를 쿡쿡 찔렀다.

"너 또 우니……? 헐, 진짜 울보구나! 또 체 아저씨 생각하는 거야? 뭔 남자애가 이렇게 감성이 쩐대? 어휴, 안 되겠다. 이건 내가 좀 더 자료를 찾아보고 나중에 보여 주려고 했는데……."

한숨을 훅 내뱉은 귤이 스마트폰을 꺼내서 뒤적뒤적하더니 내게 불쑥 내밀었다.

"여기 봐. 이 해외 토픽에 나온 사진 말이야. 수용소에서 난민들이 축제를 하듯 악기를 연주하고 노래를 부르기 시작했다는 이 사진, 여기 뒷줄 두 번째 사람 보여? …… 네 생각엔 누굴 닮은 거 같아?"

아……! 나는 한동안 그 사진을 뚫어지게 바라보고만 있었다. 최씨 아저씨였다. 조금 마른 듯했지만 특유의 '아빠 미소'가 입가에 선명하게 어려 있었다.

가슴이 철렁 내려앉은 나는 귤에게 물었다.

"여기가 어디야?"

"헝가리 남부 국경 지역에 있는 임시 난민 수용소래. 자, 이 사진도 한번 봐."

귤이 스마트폰 화면을 넘겼다. 거기에는 일본에서 원전 반대 집회를 하는 사람들의 모습이 담겨 있었다. 그중 귤이 손가락으로 가리키는 곳에 자전거를 탄 사람이 있었다. 사진 설명에는 "일본 국회 앞에서 '잘 가라 원전'이라고 쓴 깃발을 자전거에 매

달고 달리는 사람"이라고 적혀 있었다.

귤이 물었다.

"이 사람은 어때?"

"글쎄…… 닮긴 한 것 같은데 사진이 너무 작아서."

내가 고개를 갸웃거리자 귤은 다시 스마트폰 화면을 넘겼다.

"그럼 이 사진은……?"

네팔 카트만두에서 지진으로 무너진 건물에 깔려 있던 소년을 구조하는 사내의 뒷모습이었다. 뒷모습이긴 하지만 최씨 아저씨가 분명하다는 확신이 들었다. 귤이 다음 사진들을 차례로 보여 주었다. 그다음 사진도, 그다음 사진도, 너무 작아서 얼굴은 알아볼 수 없었지만 어쩐지 닮아 있었다.

귤은 10여 장의 사진을 보여 주고 스마트폰을 닫으며 중얼거렸다.

"시간상으로 봤을 때 아저씨는 울산에서 일본 도쿄, 거기서 다시 후쿠시마로 갔다가 네팔에서 지진이 나자마자 거기로 갔고, 아마 한 달 전까지 헝가리에 있었던 것 같아. 물론 그 중간중간에 아저씨가 어딜 들렀는지는 모르지만……."

귤은 확실히 탐정 기질을 타고난 것 같다. 이러다가는 아저씨를 찾으러 당장 헝가리로 가자고 나올 것만 같았다. 지금 당장 마음이 끌리는 대로 행동하는 게 가장 귤답기는 하지만 말이다.

그렇지만 아저씨가 과연 그것을 원할까? 이곳으로 자기를 찾아오라고, 3년 전 그 느낌 그대로 마음을 모아 다시 뭔가를 해 보자고……? 나는 고개를 저었다. 그리고 조용히 수첩을 꺼내 귤에게 보여 주었다. 원래 최씨 아저씨 수첩에 적혀 있었는데, 마음에 들어서 옮겨 둔 문구다.

“혁명 과정에 관한 한 나는 완전히 행복하다. 왜냐하면 어떤 혁명가도, 어떤 혁명 운동도 없을지라도, 모든 수준에서 혁명이 있을 것이기 때문이다. 그것이 바로 혁명을 하자는 이유이다.”*

메모를 다 읽은 귤이 내 얼굴을 빤히 쳐다봤다. 나는 귤을 향해 고개를 가로저으며 속삭였다.

“아저씨는 지금 혁명을 하고 있는 거야. 우리가 언제까지 그 뒤만 좇고 있을 수는 없어. 나도 이제 내 혁명을 시작해야지. 삶의 내부에서 시작하는 혁명, 도처에서 모든 사람들이 각자 시작하는 혁명 말이야. 아저씨가 이렇게 온몸으로 보여 주고 있잖아. 우리에겐 지금 이 순간이 가장 중요한 시간이야.”

결혼식이 끝났다. 식장 안에 불이 환하게 켜지고, 사랑이라는 이름의 부드러운 혁명이 시작된 것을 알리는 축하의 폭죽이 터지고 있었다.

---

* 펠릭스 가타리, 『욕망과 혁명』, 문화과학사, 2004, 79쪽.

저자 후기

사랑이 곧 혁명이다

우리는 '철학공방 별난'이라는 인문학 공동체를 운영하며 함께 책을 쓰는 부부입니다. 두 사람이면서도, 그 사이와 틈과 여백에 수많은 사람들이 숨어 있습니다. 그래서 우리는 둘이면서도 여럿입니다. 우리는 수없이 많은 시간 동안 이야기를 나누었고, 우리 사이에 있는 수많은 사람들이 꿈꾸고 들뜨고 말하고 열정을 쏟아붓는 것들에 귀를 기울였습니다.

사건의 발생, 색다른 생각의 출현은 순식간이었습니다. 처음에는 영화 〈모터사이클 다이어리〉처럼 스쿠터를 타고 한반도를 가로지르는 체 게바라를 출현시키자는 다소 소재주의적인 발상에서 시작했습니다. 거기에서 최씨 아저씨와 민영, 미스터 샤, 귤, 귤 엄마, 용계 아재, 매미, 준영 등의 색다른 인물들이 등장했고, 그들이 저절로 놀고 춤추고 말하고 노래하고 투쟁하기 시작했습니다. 나중에는 이 책을 쓰는 작가가 우리 둘이 아니라 셋이 되고, 다섯이 되고, 더 나아가 여럿이 되었습니다. 작은 소망은 뜨거운 열망이 되고 웅성거림이 되고 소동과 난장이 되었습니다. 거기에다가 이 책을 쓰는 과정에서 뜨겁게 타오른 거대한 촛불의 물결이 만들어 내는 배음까지 합쳐졌습니다. 우리는 거대한 은하 성좌의 화음을 기록하는 음향 엔지니어였습니다.

이 책이 담고 있는 철학적 배경에는 프랑스의 철학자 질 들뢰즈와 심리 치료사 펠릭스 가타리가 있습니다. 파리 8대학 철학 교수였던 들뢰즈는 1960년대 말 유럽을 달군 68혁명의 와중에, 친구의 소개로 고졸 출신의 괴짜 활동가 가타리를 만났다고 합니다. 그는 가타리와 꼬박 하루 동안 흥미로운 대화를 나눈 후, 그 생각을 바로 지금 당장 책으로 쓰자고 제안합니다. 그래서 만들어진 책이 『안티 오이디푸스』(민음사, 2014)와 『천 개의 고원』(새물결, 2001)이었다지요.

들뢰즈는 자기 자신을 '가타리라는 번개에 맞은 피뢰침'이라고 표현합니다. 그리고 두 사람은 기존 혁명과는 다른 색다른 혁명, 즉 분자 혁명의 지평으로 향합니다. 분자 혁명은 작은 변화가 서로 연결되어 있는 공동체와 사회, 생태계에 돌이킬 수 없는 변화를 준다는 사상입니다. 그리고 분자 혁명의 격발은 바로 당연하고 뻔하게 생각하는 자신의 태도에서 벗어나 색다른 삶을 꿈꾸고 상상하며 타자를 사랑하는 것부터 시작됩니다. 이 책에서 '체'라는 인물이 보여 준 "사랑이 곧 혁명이다."라는 메시지를 두 사람의 사상이 잘 설명해 주고 있는 것이지요.

들뢰즈와 가타리가 이야기하는 '되기'(becoming)는 사랑입니다. 남의 입장에 서서 생각해 보고, 귀를 기울이고, 자신의 느낌을 행동으로 표현하는 모든 사랑의 순간이 바로 '되기'입니다. 그래서 우리는 '나는 누구이다'라고 규정될 수 있는 사람이 아닌 '무엇이 되기 위해' 노력하고 있는 사람이며, '과정과 진행형으로만 드러나는 사람들'일지도 모릅니다. '되기'의 과정은 우리 속에 숨어 있는 사랑의 힘을 해방하는 것이기도 합니다. 그저 똑딱거리는 비루한 삶을 유지하는 데 급급해하는 것이 아니라, 섬광과 같은 사랑의 메시지를 가슴속에 깊이 새기고 그것을 위해 끊임없이 노력하고 실천하는 삶이 그것입니다.

이 책은 혁명의 아이콘 체 게바라의 이미지를 빌려서 독자들에게 열정과 에너지를 전달해 주고자 했습니다. 그런데 우리는 이미 한국사회에서 활동하는 수많은 체 게바라들을 발견할 수 있습니다. 그들은 광장에서 촛불을 밝히고 있습니다. 그리고 그 촛불은 일상에서도, 학교에서도, 가정에서도, 거리에서도 빛을 뿜습니다. 이 사회를 변화시키는 것은 체제를 향해 내리치는 단단한 망치가 아니라 사랑의 부드러운 흐름이라는 사실을 그들을 통해서 깨닫게 되었습니다.

이 책이 나오기까지 많은 우여곡절에도 불구하고 끝까지 기다려주고 도와주신 사계절출판사의 정은숙 팀장과 김혜영 편집자에게 깊은 감사의 마음을 전합니다. 사랑이 곧 혁명이라는 사실을 깨달은 것은 우리 두 사람이 '철학공방 별난'이라는 공동체를 만든 순간부터입니다. 그 깨달음을 주신 별난공방 식구들, 그리고 우리와 희로애락을 함께하는 고양이들 대심이와 달공이에게도 고마움을 전합니다.

2017년 3월

문래동 '철학공방 별난'에서

신승철, 이윤경